크리스챤의 영성계발

(상권)

폴 시다 지음

횃불성경연구소 옮김

신교횃불

책머리에

햇불선교센타는 1992년 11월부터 1993년 8월까지 총 8학차에 걸쳐 미국 시카고 근교 디어필드에 소재한 트리니티복음주의신학교(Trinity Evangelical Divinity School)와 함께 햇불 트리니티 신학강좌를 개설했다. 영성 교육, 선교부흥, 성경관, 윤리 현대신학, 가정사역 리더십 등 오늘날 한국교회에 적실성이 있는 다양한 주제로 폴 시다, 테드 와드, 월터 카이저, 존 우드브리지, 니겔 캐머런, 케네쓰 칸쩌, 찰스 셀, 마크 센터 부부 등 트리니티 신학교의 우수한 교수들이 강의해 주었다. 매학차 평균 500명의 목회자 신학생 및 평신도들이 참석하여 햇불 트리니티 신학강좌는 대성황을 이루었다. 유학가지 않고도 한국에서 세계적인 석학들의 강의를 듣게 된 참석자들은 한결같이 이 프로그램이 개인의 신앙성숙과 한국교회의 발전을 위해 매우 유익한 프로그램이라는 반응을 보여주었다.

햇불선교센타는 이렇게 유익한 신학강좌를 한국교계에 보다 널리 보급하기 위하여 햇불성경연구소 연구원들로 하여금 매강의의 영문을 그대로 녹취하고 그것을 한글로 대역하게 하여 책을 만들게 하였다. 이리하여 매강의마다 두권의 책으로 엮어지게 되고 이렇게 엮어진 책자들은 비디오 테이프, 카세트 테이프와 함께 한국교계에 소개될 것이다.

햇불 트리니티 신학강좌에 직접 참석한 자들은 이런 매체를 통해서 자신이 들은 강의를 다시 확인하면서 공부할 수 있을 것이고, 강의에 참석하지 못한 자들은 해외석학들의 강의를 미리 들어봄으로써 영어와 신학을 동시에 익히는 일석이조의 유익을 볼 것이다. 무엇보다도 개교회의 목회자들은 비디오 테이프 한 개와 여러개의 카세트 테이프 및 책자들을 교회 재직과 교사 등 지도자 교육용으로 활용할 수 있을 것이다.

　이런 의도를 가지고 이번에 총 8학차 중 그 첫번째 학차인 폴 시다 박사의 '크리스챤의 영성계발'이 선을 보이게 되었다. 미국복음주의자유교회(여기서 '자유'는 국교가 아니라는 뜻)의 총회장 폴 시다 박사는 목회자로서도 대성하신 분이고 신학교수로서도 명성이 높은 분이다. 무엇보다 기독교 신앙인격 면에서 저절로 존경이 갈 정도로 성숙한 분이다. 폴 시다 박사는 성숙한 신앙인의 시각과 체험자의 적실성으로 모든 참석자들에게 깊은 감명을 끼쳤다.

　현대는 동양의 종교와 서양의 갈증이 혼거(混居)하여 출산한 뉴 에이지라는 영적 기형아가 마치 보편적 영성의 대표인 것처럼 행세하는 시대이다. 뉴 에이지 영성은 사실상 사단적 영성이다. 다른 한편으로는 기독교적 영성의 미명 하에 온갖 신비주의적 사이비 영성이 유행하고 있다. 영성의 혼선이 미어지는 이런 시대에 폴 시다 박사는 성경과 성령에 근거한 그리스도 중심적 영성을 균형미 있게 제시하였다.

　폴 시다 박사는 서론적으로 영성훈련의 오용을 경고하면서 동시에 그것의 바른 사용을 밝힌 다음, 성령에 지배된 삶, 하나님의 말씀, 효과적인 기도, 교제와 일치, 손님대접과 관대함, 섬기는 지도자상, 검소한 생활과 자족 등 기본적이면서도 구체적인 영성훈련 제목들을 잘 설명해 주었다. 필자는 이 강의의 일부분을 통역하면서 눈시울이 뜨거울 정도의 감명을 받았고, 개인적으로도 그분에게서 풍기는 겸손과 자애에 고개가 숙여지는 것을 느꼈다.

　이 책이 출판되기까지 물심양면의 지원을 아끼지 않는 횃불선교센타와 특히 녹취와 한글대역에 힘을 쏟은 횃불성경연구소 연구원들에게 진심으로 감사를 드리며, 앞으로 이런 책자를 통해서 한국교회가 정화되고 부흥되기를 바란다.

횃불선교센터실행위원장 　김상복
횃불성경연구소 부소장 　권성수

상권 차례
Volume One Contents

책머리에 ·· 3

환 영 사 ·· 9
Welcome Address

제 1강 영성훈련 ·· 15
Session One   Spiritual Disciplines

제 2강 성령에 지배된 삶 ·· 89
Session Two   The Spirit-Controlled Life

제 3강 하나님의 말씀 ·· 199
Session Three   The Word of God

제 4강 효과적인 기도 ·· 309
Session Four   Effective Prayer

크리스챤의 영성계발
(상권)

【Tape 1 】

Welcome Address

Dr. Meyer

It is a great joy and privilege to welcome you to the first sessions of the Torch/Trinity Extension Program. This is an accomplishment that only God could bring about. It was just a few months ago that we made the final decision with Torch, Dr. Lee and Dr. Kim to have these extension seminars. Due to the great cooperation of the people here at Korean Center for World Missions, we are able to be here today. I want to publicly thank Dr. Kim and Dr. Lee for their great efforts.

Now, these are continuing education lectures. So we did not ask you to fill out an application with your degrees and your background in education, because we believe you will receive something even more important than a degree and credit. In the eight sessions, beginning this week and then through July of 1993, it is our belief that you will receive something to help you in your ministry. And our prayer is that your ministries will be more effective for the kingdom of Christ because of these sessions.

You know that you will receive a certificate of completion upon the completion of each seminar. And I, Lord willing, will return in July to give the diploma of completion for all eight courses. And then I will call you Trinity alumni. But again, much more important is the fact that your ministries,

【 테이프 #1 】

환영사

트리니티 신학교 마이어 총장

　횃불 /트리니티 연장 과정의 제1학차에 여러분을 환영하게 된 것은 큰 기쁨이요 특권입니다. 이런 일은 하나님께서만 이루실 수 있는 일입니다. 몇 달 전에야 비로소 횃불선교센타의 이 박사님과 김 박사님을 통해서 이 연장 과정을 하기로 최종 결정하였습니다. 그리고 여기 횃불선교센타 여러분의 협력 덕분에 우리가 오늘 여기 있게 되었습니다. 이 자리를 빌어서 김 박사님과 이 박사님께서 기울인 노력에 감사를 표하고 싶습니다.

　이 과정은 평생교육 강좌들입니다. 그래서 여러분들이 지원서를 작성할 때 학위나 학문적인 배경을 기록해 달라고 요청하지 않았습니다. 그 이유는 학위나 학점 보다 훨씬 중요한 것을 여러분이 얻을 줄로 믿기 때문입니다. 오늘부터 시작하여 1993년 7월에 이르는 8번의 학차 중에서 여러분의 사역에 도움이 될 만한 무엇을 꼭 얻게 될 줄로 믿습니다. 그리고 이 학차들을 통해서 여러분의 사역이 주의 나라에 보다 효과적이 되기를 기도드립니다.

　아시는 바와 같이, 여러분이 각 학차를 마치게 되면 이수증을 받게 됩니다. 그리고 저는 주님이 허락하시면, 전 학차를 마친 분들께 학위를 수여하기 위해서 내년 7월에 다시 오게 될 것입니다. 그때는 제가 여러분을 "트리니티 동창생 여러분!" 하고 부를 것입니다. 그러나 제가 다시 말씀드리지만, 무엇보다도 중요한 것은, 하나님의 은혜로 여러분의 사역

by God's grace, will be impacted.

Let me tell you a bit about your school, because now it is yours. Trinity is a student body of about 1,500 students on our 130 acre campus. We offer 32 master degrees and 4 doctorates. We have a very good Korean student body. About 10 per cent of our students on our campus are Korean. You may have known of someone who has gone to Trinity, and we welcome you all sometime, but not all at once.

May I also remind you that we have an extension program like this and credit extension around the world. There are eleven other extensions in the United States, Europe, and Asia. We have extensions in Asia, in Japan, Taiwan, Hongkong, and now in Korea. Now we have over 3,000 students in our extension program.

Eight of the professors including Dr. Cedar, who is the president of our own denomination, will be with you during the course of these next eight sessions. We have over seventy professors at Trinity and we believe that we are sending you eight of the very best, in fact, theological professors who are at the head of the academical world, but have warm hearts and spirits for our Lord Jesus Christ.

As you can see by your schedule, Dr. Ted Ward and Dr. Walter Kaiser will be here in January. And many of you have probably read some of their books already. Later in the year, in March, Dr. Kenneth Kantzer will be here. He is probably the senior theologian in the United States. He was former editor of *Christianity Today*, and also he has been the former dean at Trinity seminary. All of the eight sessions will be of top quality.

But let me call attention to one more that will be held next year. Dr. Nigel Cameron is a person from Britain who

이 큰 유익을 얻게 될 것이라는 사실입니다.

이제는 여러분의 학교가 되었으니 여러분의 학교(우리 학교)에 대해서 잠깐 말씀드리겠습니다. 트리니티는 130에이커 되는 캠퍼스에 학생은 1,500명쯤 됩니다. 석사과정은 서른둘이고 박사과정은 넷이 있습니다. 한국 학생들도 상당히 많이 있는데 대략 우리 캠퍼스 학생의 10 퍼센트 정도가 한국학생입니다. 여러분들도 트리니티에 온 사람들을 아마 알고 있을 터인데, 우리는 여러분 모두가 장차 오시기를 바랍니다만 한꺼번에는 곤란합니다.

또 한가지를 알려 드려야겠습니다. 우리는 이런 연장 프로그램과 학점 연장 프로그램을 세계 곳곳에 갖고 있습니다. 11개의 다른 연장 과정들이 미국과 유럽, 그리고 아시아에 있습니다. 아시아에는 일본과 대만, 그리고 홍콩에 있는데 이제는 한국에도 있게 되었습니다. 이 연장 과정에는 현재 3,000명 이상의 학생들이 있습니다.

우리 교단의 총회장이신 시다 박사를 비롯한 8명의 교수들이 이 8학차 동안 여러분들과 함께 하겠습니다. 트리니티에는 70여 명의 교수들이 계신데 여러분께 보내드린 8분은 최고의 교수들입니다. 사실, 그들은 학문적인 분야에서 최고인 신학교수들일 뿐 아니라, 우리 주님 예수 그리스도께 대한 뜨거운 마음과 영혼을 가진 분들입니다.

여러분의 시간표에서 보시면, 테드 워드 박사와 월터 카이저 박사가 1월에 오십니다. 여러분 중 많은 분들이 이미 그분들의 책을 보셨을 것입니다. 조금 후, 3월에는 케네쓰 칸쩌 박사가 여기에 옵니다. 이분은 아마도 미국에서 최고의 신학자일 것입니다. 전에 「크리스챤니티 투데이」지의 편집장이셨고 트리니티 신학원의 전 학감이셨습니다. 8학차 모두가 최고의 수준입니다.

내년에 있을 학차에 대해서 한가지만 더 말씀 드립니다. 나이젤 캐머런 박사는 영국출신으로 우리와 함께 가르치시는 분입니다. 그분은 최근에 생명윤리에 관해서 훌륭한 책을 쓰셨습니다. 그분은 안락사와 낙태,

now teaches with us. He has recently written the best book in relationship to bioethics. And he will be talking about how the church must react to euthanasia, abortion, and genetic planning. And this is probably one of the growing problems in the world today.

Let me just remind you of one final session. The dean of our continuing education department, Dr. Mark Senter, will be here with his wife Ruth. They have both written and lectured in the area of youth for Dr. Senter, and his wife Ruth has lectured and written on the role of women and the role of the pastor's wife.

And that brings us to the end of July and commencement. And I will look forward to seeing each and every one of you at that time, and give you a handshake and welcome you to the Trinity family.

Now this week is going to be a wonderful week. Dr. Cedar is not only a personal friend and the leader of the Evangelical Free Church, but he is known as a man of God. And when he speaks of the pastor as servant leader, I want you to know I have seen it as an example in his life. So let me share with what he lectures, he also lives.

And now, I want to thank Dr. Kim again and Dr. Lee for the wonderful start of our Torch/Trinity lectures.

May God bless you.

그리고 유전자 조작에 대해서 교회가 어떻게 대처해야 할 지를 말씀해 주실 것입니다. 이것은 확실히 오늘날 세계적으로 부상되는 문제 중의 하나입니다.

마지막 학차에 대해서 간단히 말씀드립니다. 우리 평생교육부의 학감이신 마크 센터 박사가 사모님(룻)과 함께 여기 오실 것입니다. 두 분 모두 저술과 강연을 하시는 분들로서, 센터 박사님은 청소년 분야이고 그 사모님(룻)은 여성의 역할과 목회자 사모의 역할에 관해서 저술과 강연을 많이 하고 있습니다.

그렇게 되면 7월 말이 되어 졸업식이 옵니다. 저는 여러분 한 분 한 분 모두를 그때 뵙고 악수하면서 트리니티 가족이 되신 것을 환영할 것을 기다릴 것입니다.

이번 주간은 놀라운 주간이 될 것입니다. 시다 박사님은 저의 개인적인 친구이고 복음자유교회의 지도자일 뿐아니라 하나님의 사람으로 유명합니다. 그러므로 이분이 섬기는 지도자로서의 목회자를 말씀하실 때, 저는 그분의 삶에서 그 모범을 되는 것을 보아왔다는 것을 여러분이 아셨으면 합니다. 이제 여러분은 그분이 강의하는 대로 자신이 산다는 것을 보시게 될 것입니다.

저는 횃불/트리니티가 이렇게 훌륭하게 시작된 데에 대해서 김박사님과 이 박사님께 다시 한번 감사를 드리고 싶습니다.

하나님께서 여러분에게 복 주시기를 빕니다.

Session One

Spiritual Disciplines

Introduction

Good morning to all of you. It's a great joy and delight to be with you. My wife Jeannie and I are very honored and privileged to be with you this week. This is my fourth visit to Korea. Each time I have come, I have been blessed greatly. For as you know, our Lord has been at work in a very wonderful and unusual way in your country. The Christian Church in Korea has become known around the world. We praise God for all that he has been doing in and through your lives and ministries.

In the real sense, I believe that I should come to Korea to learn from you, not to teach you. I want you to know that I come as a servant of Jesus Christ, as a learner. In this week, God willing, we will be learning together from the Word of God and from the Spirit of God. Some of the subjects that we will be considering this week are very familiar to you. As I have said, I could learn from many of you on such subjects as prayer. But I pray that which God would have us share would be helpful to all of you.

For we want to speak this week not only to the pastor but to your wife. For as we know, the authentic spiritual life be-

제 1 강
영성 훈련

서 론

여러분 안녕하십니까? 여러분과 함께 하게 되니 대단히 즐겁고 기쁩니다. 제 아내 지니와 제가 이번 주간에 여러분과 함께 하게 된 영광과 특권을 누리게 되었습니다. 제가 한국에 온 것은 이번이 4번째인데, 매번 올 때마다 매우 큰 은혜를 받았습니다. 여러분이 아시는대로 우리 주님께서 이 나라에 아주 놀랍고 비상한 방식으로 역사를 일으키셨습니다. 한국의 교회는 전 세계에 알려지게 되었습니다. 우리는 하나님께서 여러분의 삶과 사역 안에서 그리고 그것들을 통하여 하신 모든 일들에 대하여 하나님을 찬양합니다.

사실 말하자면, 저는 한국에 여러분에게 배우러 와야지 가르치려고 와서는 안 된다고 믿습니다. 또한 여러분이 아셔야 할 것은, 저는 예수 그리스도의 종으로서, 배우는 자로서 왔다는 것입니다. 이번 주간에, 하나님께서 허락하시면 우리는 하나님의 말씀과 그의 성령으로 부터 함께 배우게 될 것입니다.

우리가 이번 주간에 함께 나눌 주제 중 어떤 것들은 여러분에게 대단히 친숙한 주제들입니다. 제가 말씀드린대로 그 주제들 중에 기도와 같은 것은 제가 여러분 중의 많은 분에게 배워야 하겠지요. 그러나 저는 우리가 나누는 것이 여러분 모두에게 도움이 되기를 기도합니다.

gins in our homes. No one knows our strengths and weaknesses more deeply than our husbands, wives, and children. The true life of the spirit must begin at home. I would pray that for your life and ministry and for mine.

As we begin together this morning, I'd like to begin with a key passage of the Scripture found in Ephesians 4 : 11 ~ 13. I realize this is a very familiar portion of Scripture, but it also is a very important one to understand for the spiritual life. Dr. Kim will read verses 11 to 13.

> It was he who gave some to be apostles, some to be prophets, some to be evangelists, and some to be pastors and teachers, to prepare God's people for works of service, so that the body of Christ may be built up until we all reach unity in the faith and in the knowledge of the Son of God and become mature, attaining to the whole measure of the fullness of Christ.

In these verses, we find the very purpose, the very reason for the Church. It is to help men, women, young people and children grow to become more and more like Jesus Christ. Verse 13 provides for us an ultimate definition of the true spiritual life. It is God's desire for all of us to grow to the fullness of Jesus Christ. For our lives to be measured by nothing less than the life of Jesus himself.

The great reformer, Martin Luther, once spoke about this important fact. Although he shared this statement generations ago, it is still very important for us. Dr. Luther said what the world needs more than anything else are little Christs. In other words, people who live like Jesus Christ. And that is the goal of our week together.

우리는 이번 주간에 목회자 뿐 아니라 사모들에 대해서도 말하려고 하는데요, 그 이유는 진정한 영적 생활은 우리의 가정에서부터 시작되기 때문입니다. 누구도 우리 남편이나 아내, 또는 아이들만큼 우리의 장점과 약점을 잘 알지는 못하거든요. 진실한 영적 생활은 가정에서 시작되어야만 합니다. 저는 여러분과 저의 생활과 사역에 대해서 기도하려고 합니다.

이 아침을 함께 시작할 때 에베소서 4 : 11~13에 나오는 중요한 말씀에서부터 시작하고 싶습니다. 이 부분은 대단히 친숙한 성경말씀인 줄을 알지만 이것은 또한 영적 생활을 이해하려는 사람들에게는 대단히 중요한 것입니다. 김 박사님께서 읽어 주시겠습니다.

그가 혹은 사도로, 혹은 선지자로, 혹은 복음 전하는 자로, 혹은 목사와 교사로 주셨으니 이는 성도를 온전케 하며 봉사의 일을 하게 하며 그리스도의 몸을 세우려 하심이라 우리가 다 하나님의 아들을 믿는 것과 아는 일에 하나가 되어 온전한 사람을 이루어 그리스도의 장성한 분량이 충만한 데까지 이르리니

이 구절에서 우리는 교회의 목적과 존재 이유를 발견하게 됩니다. 그것은 남자와 여자, 그리고 청년과 어린이가 예수 그리스도를 더욱 더 닮아 가도록 도와 주는 것입니다. 13절은 참된 영적 생활의 궁극적인 정의를 우리에게 가르쳐 줍니다. 하나님은 우리 모두가 예수 그리스도의 장성한 분량에까지 자라는 것을 원하십니다. 우리의 삶은 바로 예수님 그분의 삶에 비추어 평가되기 때문입니다.

위대한 개혁자 마틴 루터도 언젠가 이 중요한 사실을 언급했습니다. 비록 오래 전에 한 말이지만 그것은 우리에게 여전히 대단히 중요합니다. 루터는, "세계는 그 무엇보다도 작은 그리스도들을 필요로 하고 있다"고 했습니다. 다시 말하면, 예수 그리스도처럼 사는 사람들 말이지

We will be reviewing together spiritual disciplines. How in our own lives we can grow to become more and more like Jesus Christs How in our ministries and local churches we can help others grow to become more like Jesus.

Before we begin our study together, may we bow once more for a word of prayer :

Our Father and our God,
We invite you to be our teacher this week.
We pray that all of us may see Jesus Christ high and lifted up,
That we may desire to grow to be more like Him,
That we would be helped and empuwered by the Holy Spirit
to be more like Jesus.
We commit ourselves and our study together.
In Christ's name. Amen.

A. Definition of Terms

1. Spiritual

Let us begin with a few definitions of terms. We are going to talk about the spiritual life, about spiritual disciplines. I understand that the word discipline is somewhat difficult to translate from English into Korean. So let us simplify it as much as we can. Let us refer to it as the spiritual life.

All of us know the difference between the life of the spirit and the life of the flesh. Turn with me in your Bible to Ephesians 5. Dr. Kim will read for us Eph. 5 : 15～18.

Be very careful, then, how you live — not as unwise but

요. 그것이 이 주간 우리가 함께 추구할 목표입니다.

우리는 영성 훈련을 함께 살펴 볼 것입니다. 어떻게 하면 우리 자신의 삶이 예수 그리스도를 더욱 더 닮아 갈 수 있을까? 어떻게 하면 우리의 사역과 개 교회에서 다른 사람들이 예수님을 더욱 더 닮아 가도록 도울 수 있을까? 우리의 강의를 시작하기 전에 한번 더 기도합시다.

우리 아버지, 우리 하나님
이 주간에 우리의 교사가 되어 주시옵소서
기도하오니 우리 모두가 높이 올리우신 예수 그리스도를 보게 하사
우리가 더욱 주를 닮아 자라기를 소원하게 하시며
성령의 능력으로 예수님을 더욱 닮도록 도와 주시옵소서
우리 자신과 우리 강의 모두를 다 주께 맡깁니다.
예수님의 이름으로 기도드립니다. 아멘.

A. 용어 정의

1. 영적(영성)

먼저 몇개의 용어를 정의 합시다. 우리는 영적 생활과 영성 훈련에 관해서 애기하려고 합니다. 제가 듣기로는 훈련이라는 단어를 영어에서 한글로 옮기기가 좀 어렵답니다. 그러니까 될 수 있는대로 단순화하겠습니다. 그것을 영적 생활이라고 합시다.

우리 모두는 영적인 삶과 육적인 삶의 차이를 알고 있습니다. 저와 함께 에베소서 5장을 보겠습니다. 김 박사님이 우리를 위해서 15~18절을 읽어 주시겠습니다.

그런즉 너희가 어떻게 행할 것을 자세히 주의하여 지혜 없는 자같
이 말고 오직 지혜 있는 자같이 하여 세월을 아끼라 때가 악하니라

as wise, making the most of every opportunity, because the days are evil. Therefore do not be foolish, but understand what the Lord's will is. Do not get drunk on wine, which leads to debauchery. Instead, be filled with the Spirit.

If we are to be truly spiritual, we must be filled with the Holy Spirit. We will speak more in detail about that this afternoon. But for now, let me just make one simple statement. We can never be spiritual without being filled with the Holy Spirit. As we know, all of us very naturally would live in the flesh. In Galatians 5, we have a list of the works of the flesh or the acts of the flesh which are natural to all of us. We would have Dr. Kim read from Galatians 5 : 19~21.

The acts of the sinful nature are obvious : sexual immorality, impurity and debauchery; idolatry and witchcraft; hatred, discord, jealousy, fits of rage, selfish ambition, dissentions, factions and envy; drunkenness, orgies, and the like. I warn you, as I did before, that those who live like this will not inherit the kingdom of God.

Our world is full of people who live the acts of the flesh. This list of the acts of the flesh is a description of most Americans. And although I'm a guest, in your country, I would guess it is a description of most Koreans, unless they are filled with the Holy Sprit. Then the fruit of the spirit replaces the acts of the flesh.

It is a contrast between darkness and light. Between the old life of the flesh and the new life in Jesus Christ. It is the difference between the Apostle Peter in the Gospels and the

그러므로 어리석은 자가 되지 말고 오직 주의 뜻이 무엇인가 이해하라 술 취하지 말라 이는 방탕한 것이니 오직 성령의 충만을 받으라.

우리가 참으로 영적이고자 한다면 우리는 성령으로 충만해야만 합니다. 여기에 대해서는 오늘 오후에 자세히 말씀드리겠습니다. 지금은 단지 한 말씀만 드리겠습니다. 우리는 성령의 충만함이 없이는 절대로 영적일 수가 없습니다. 아시는 바와 같이, 우리 모두는 아주 자연스럽게 육적인 삶을 살게 됩니다. 갈라디아서 5장에서 우리는 우리 모두에게 아주 자연스러운 육체의 일 혹은 행사의 목록을 봅니다. 김 박사님께서 19~21절을 읽어 주시겠습니다.

육체의 일은 현저하니 곧 음행과 더러운 것과 호색과 우상 숭배와 술수와 원수를 맺는 것과 분쟁과 시기와 분냄과 당 짓는 것과 분리함과 이단과 투기와 술 취함과 방탕함과 또 그와 같은 것들이라 전에 너희에게 경계한 것같이 경계하노니 이런 일을 하는 자들은 하나님의 나라를 유업으로 받지 못할 것이요

이 세상은 육체의 일을 하는 사람들로 가득차 있습니다. 이 육체의 일의 목록은 대개의 미국사람들에 대한 묘사입니다. 그리고 아마도 이 나라, 한국 사람 전체 또는 대부분을 묘사하는 것이라고 생각됩니다. 만일 그들이 성령으로 충만하지 않다면 말입니다. 그때(성령으로 충만할 때)는 성령의 열매가 육체의 일을 대체하게 됩니다.

마치 어두움과 빛이 대조되듯이 육체를 위한 옛 삶과 예수 그리스도안의 새 삶은 대조가 됩니다. 이것은 복음서의 베드로와 사도행전의 베드로와의 차이점과도 같습니다. 이것은 바로 진정한 기독교 신앙과 자연인의 생활과의 차이점인 것입니다.

Apostle Peter in the book of Acts. It is the difference between authentic Christianity and the natural life.

In 2 Corinthians 3 : 6, we have a summary of this distinction : "the letter kills, but the spirit gives life." The life of the spirit is the life of Jesus Christ himself, Jesus Christ living in us and through us in the person of the Holy Spirit. Where there is a spiritual life, there is Jesus Christ living in our hearts and controlling our behavior. When we talk about the spiritual life, we are talking about the Jesus life.

2. Disciplines

Now let us talk for a moment about the word "disciplines." As we know, the word discipline comes from the same word as disciple. A disciple is a learner. A Christian disciple is one who is learning from Jesus Christ.

Let us turn in our Bibles to Mark 8. And let us have Dr. Kim read Mark 8 : 34~37.

Then he called the crowd to him along with his disciples and said : "If anyone would come after me, he must deny himself and take up his cross and follow me. For whoever wants to save his life will lose it, but whoever loses his life for me and for the gospel will save it. What good is it for a man to gain the whole world, yet forfeit his soul? Or what can a man give in exchange for his soul?"

In this passage, we have the basic definition of what it means to be a disciple of Jesus Christ. All of us who are disciples of Christ have taken these three basic steps. First of all,we have denied ourselves. Secondly, we have taken up

고린도후서 3 : 6에서 이런 구별을 요약해서 볼 수 있습니다. "의문은 죽이는 것이요 영은 살리는 것임이니라." 성령의 삶은 곧 예수 그리스도 자신의 삶입니다. 예수 그리스도께서 성령의 인격으로 우리 안에서, 우리를 통하여 사시는 것입니다. 영적인 생활이 있는 그곳에, 우리의 마음에 거하시며 우리의 행동을 주장하시는 예수 그리스도가 계시는 것입니다. (그러므로) 영적 생활을 얘기하는 것은 예수님의 삶에 관해서 얘기하는 것입니다.

2. 훈련

'훈련'이라는 단어에 대해서 조금 생각해 봅시다. 아시는 대로 훈련이란 단어는 '제자'라는 단어와 같은 데서 나온 것입니다. 제자는 배우는 사람입니다. 그리스도의 제자는 예수 그리스도에게서 배우는 사람입니다.

마가복음 8장을 봅시다. 김 박사님이 34~37절을 읽어 주시겠습니다. 무리와 제자들을 불러 이르시되 아무든지 나를 따라 오려거든 자기를 부인하고 자기 십자가를 지고 나를 좇을 것이니라 누구든지 제 목숨을 구원코자 하면 잃을 것이요 누구든지 나와 복음을 위하여 제 목숨을 잃으면 구원하리라 사람이 만일 온 천하를 얻고도 제 목숨을 잃으면 무엇이 유익하리요 사람이 무엇을 주고 제 목숨을 바꾸겠느냐

이 구절에서 우리는 예수 그리스도의 제자됨의 의미에 대한 기본적인 정의를 봅니다. 우리 모두는 그리스도의 제자로서 이 세가지 단계들을 거쳐 왔습니다. 우선, 우리 자신을 부인하였습니다. 둘째, 자기 십자가를 졌습니다. 셋째, 우리 삶의 주인으로 예수님을 따르기로 헌신하였습니다. 이런 일들을 하지 않고는 누구도 예수님의 참된 제자가 될 수 없습니다.

our cross. And thirdly, we have committed ourselves to follow Jesus, as the Lord of our lives. No one can be a true disciple of Jesus unless and until we do these things.

But that is not only how we begin the life, it is how we continue the Christian life. In Luke 9 : 23, we have a parallel passage. And in that context, it is shared in this way : "If anyone will come after me, he must deny himself and take up his cross daily and follow me."

Everyday we have the opportunity to deny ourselves. We have the choice as to whether we will go God's way or our own way. Whether we will do what is natural to us or whether we will do God's will. Every day we have the opportunity to take up the cross once again. To be crucified to ourselves and alive to Christ.

Remember that was the testimony of the Apostle Paul. In the great resurrection chapter, 1 Corinthians 15, Paul said, "I die daily." Every day we have the opportunity to die to self and be alive to God, and then to follow Jesus.

Most people follow their own desires. They go their own way. Unfortunately many people who profess to be Christians live that way. Unfortunately many people who are in the Gospel ministry, in the pastorate, live that way. There is no reason to study spiritual disciplines or the spiritual life if we are not willing to die daily, to allow Christ to live in us and through us, to live and minister by the power of the Holy Spirit, by the love and the grace of Jesus Christ.

The spiritual life denotes the presence of Christ, the Lordship of Jesus Christ, the love of Jesus Christ, the grace of Jesus Christ, and the power of the Holy Spirit. The spiritual life is not what we do for God. It is not legalism. It is not a

그런 삶은 단지 우리가 어떻게 제자의 삶을 시작하는가 하는 데 뿐아니라 우리가 그리스도인의 생활을 어떻게 유지하는가 하는 데 있어서도 중요합니다. 눅 9 : 23에 병행구절이 있습니다. 거기에서는 이렇게 말씀합니다—누구든지 나를 따라오려거든 자기 자신을 부인하고 날마다 자기 십자가를 지고 나를 좇을 것이니라.

날마다 우리는 우리 자신을 부인하는 기회를 갖습니다. 우리는 하나님의 뜻을 따를 것인지 우리 자신의 길을 따를 것인지를 선택하게 됩니다. 우리 자신에게 자연스러운 일을 행할 것인지, 아니면 하나님의 뜻을 행할 것인지? 날마다 우리는 다시 한번 십자가를 질 기회를 갖습니다. 우리 자신에 대해서 죽고 그리스도에 대해서 사는 것입니다.

그것이 바로 사도 바울의 간증이었다는 것을 기억하십시오. 그 유명한 부활 장인 고린도전서 15장에서 바울은 이렇게 말씀하였습니다. "나는 날마다 죽노라." 날마다 우리는 우리 자신에 대해서는 죽고 하나님께 대해서는 살아서 예수님을 좇는 기회를 갖는 것입니다.

대부분의 사람들은 자신의 소원을 따르고 있습니다. 사람들은 각기 제 길을 갑니다. 불행하게도 그리스도인이라고 고백하는 많은 사람들이 그렇게 삽니다. 불행하게도 복음 사역과 목회를 하시는 많은 분들도 그렇게 삽니다. 만일 우리가 날마다 죽고 그리스도가 우리 안에서 우리를 통하여 사시도록 하지 않는다면, 그리고 성령의 능력과 예수 그리스도의 사랑과 능력으로 섬기는 삶을 살려고 하지 않는다면, 영적 생활과 영성 훈련에 대해서 배워야 할 아무런 이유가 없는 것입니다.

영적 생활은 그리스도의 임재를 나타내는 것이며 예수 그리스도의 주재권과 예수 그리스도의 사랑하심, 예수 그리스도의 은혜, 그리고 성령의 능력을 나타냅니다. 영적 생활은 우리가 하나님을 위하여 무엇을 하는 것이 아닙니다. 그것은 율법주의입니다. 그것은 우리가 따를 규칙 목록이 아닙니다. 그것은 가장하거나 연극을 하는 것도 아닙니다. 그것은 성령의 충만함 가운데 예수 그리스도의 통제 아래 있는 것입니다. 그것

list of rules that we follow. It is not pretending or acting. It is being under the control of Jesus Christ, being filled to overflowing by the Holy Spirit. It is not what we do for Christ. It is what we allow Christ to do through us. That is the true spiritual life.

B. A List of Spiritual Disciplines

But what are the spiritual disciplines? For many centuries the church has had a list of what are called classic spiritual disciplines. You will find on the next page of your notebook a place for a list of 25 spiritual disciplines. Now I want you to know that there are different spiritual disciplines on different lists of people. And so you may prefer to use a different list. But for the common denominator of this class, let us review this list together.

This is a list compiled by a number of scholars in the United States, as they have studied the classical spiritual disciplines. Because our time is limited, we will go through the list rather quickly, and make just a few comments about each.

Number one is prayer. There is no church in all the world that knows more about prayer than the Korean church. The first time I came to Korea, I came to an international prayer conference. I learned so much about prayer during the time I was here, but I am still learning more and more about prayer. And God willing, we will spend tomorrow afternoon examining the important subject of prayer.

Number two is fasting.

Number three is worship. We will spend time worshipping God as we are be together, I am sure.

은 우리가 그리스도를 위하여 무엇을 하는 것이 아닙니다. 그리스도께서 우리를 통하여 역사하시게 하는 것입니다. 그것이 참된 영적 생활입니다.

B. 영성 훈련의 내용

그럼 영성 훈련이란 무엇입니까? 오랜 세월 동안 교회에는 소위 고전적인 영성훈련의 목록이 있었습니다. 여러분의 강의안 다음 면에서 그것의 25가지 목록을 보실 것입니다.

그러나 여러분이 아셔야 할 것은 사람마다 그 목록이 다르다는 사실입니다. 여러분들도 다른 목록을 선호하실 수 있습니다. 그러나 이 강의의 공통분모로서 이 목록을 살펴 보기로 합시다.

이것은 미국의 여러 신학자들이 고전적인 영성 훈련을 연구하면서 모은 목록입니다. 우리의 시간이 많지 않기 때문에 좀 빠르게, 각각에 대해서 간단히 언급하고 지나가겠습니다.

1번은 기도입니다. 온 세계의 교회 중에서 한국 교회 만큼 기도에 대해서 잘 아는 교회는 없을 것입니다. 제가 처음 한국에 왔을 때 세계 기도 회의에 왔었습니다. 그때 여기에서 기도에 대해서 참 많이 배웠는데, 저는 아직도 기도에 대해서 더 많이 배우고 있습니다. 주님이 허락하시면 우리는 내일, 기도한다는 이 중요한 주제를 살펴 볼 것입니다.

2번은 금식입니다.

3번은 경배입니다. 제가 확신하건대 우리는 모일 때마다 하나님을 경배하는 시간을 가질 것입니다.

4번은 하나님의 말씀 또는 성경입니다.

5번은 묵상 즉 하나님의 말씀에 촛점을 두는 묵상입니다. 시편 기자가 말씀한대로 우리가 하나님의 말씀을 주야로 묵상한다면 형통할 것입니다.

Number four is the Word of God, or the Scriptures.

Number five is meditation, that is, focusing upon meditation of the Word of God. As the Psalmist said, "we would do well to meditate on God's Word day and night."

Number six is praise. Praise, of course, is very much related to worship. As I will share later in the course, I believe, praise is a lifestyle that God wants all Christians to live. That we would learn to continually offer to God the sacrifice of praise.

Number seven is quietness. To be quiet and to listen to Him. Not only do most Westerners speak too much, most ministers tend to speak too much. We need to practice the spiritual discipline of quietness.

Number eight is study. The study of the Word of God, the study of church history, the study of truths of God.

Number nine is confession. How important it is that we practice confession continually. For our hearts to be continually cleansed through the blood of Jesus Christ.

Number ten is giving. Generosity and hospitality. One who is living the spiritual life does not live with clenched fists. Instead, we live with open hands and open hearts and open lives. We do not merely consume the blessings that God gives us. We share the blessings with others. Jesus shared it in this way. "He who saves or tries to hold on to his life will lose it, but he who loses his life or gives his life away will save it."

That is a wonderful way to live, as you know. The more we give away of God's grace, the more of his grace he gives to us. Our lives become like a wonderful flowing river of God's grace. That's what Christian generosity and hospitality is all about. The early Christians were very generous

6번은 찬양입니다. 물론 찬양은 경배와 매우 밀접한 관계가 있습니다. 이 과정 중에 나누게 되겠지만, 저는 이것은 하나님께서 모든 그리스도인들에게 원하시는 삶의 양식이라고 믿습니다. 우리는 찬양의 제사를 하나님께 계속적으로 드리는 것을 배울 것입니다.

7번은 침묵입니다. 그를 듣는 것입니다. 서양사람들만 말을 많이 하는 것이 아니라 대개의 목사님들도 너무 말을 많이 하는 경향이 있습니다. 우리는 침묵 훈련을 필요로 합니다.

8번은 연구입니다. 하나님의 말씀을 연구하고, 교회의 역사와 하나님의 진리를 연구합니다.

9번은 고백입니다. 고백을 지속적으로 시행하는 것이 우리에게 얼마나 중요합니까! 우리 마음이 예수 그리스도의 보혈로써 계속적으로 씻음받기 때문입니다.

10번은 주는 것입니다. 관대함과 환대입니다. 영적 생활을 하는 사람은 주먹을 움켜쥐고 살지 않습니다. 오히려 손을 열고 마음을 열고 우리의 삶을 열고 삽니다. 우리는 하나님이 우리에게 주신 축복들을 (혼자) 다 써버리면서 살지 않습니다. 우리는 다른 사람들과 그 축복들을 나눕니다. 예수님은 그것을 이렇게 말씀하셨습니다. "누구든지 자기의 목숨을 건지고 붙잡으려고 하는 자는 잃어 버릴 것이나, 자기의 목숨을 잃고 주어 버리는 자는 건질 것이다."

아시는 대로, 그것은 놀라운 길입니다. 우리가 하나님의 은혜를 더 많이 주면 줄수록 하나님께서는 우리에게 더 많은 은혜를 주십니다. 우리의 삶은 하나님의 은혜가 넘쳐 흐르는 강처럼 됩니다. 그리스도인의 관대함과 환대는 모두가 그렇습니다. 초대 교회의 성도들은 대단히 관대한 사람들이었습니다. 그들은 놀라운 환대를 계속 베풀었습니다. 그들은 이 집 저집 다니면서 한결같은 기쁨을 나누었습니다. 우리도 이런 삶을 즐기기를 기도합니다.

11번은 단순함입니다. 우리는 아주 다양하고 복잡한 사회에서 살고 있

people. They practiced wonderful hospitality. They shared from house to house with unaffected joy. I pray we will enjoy that kind of lifestyle.

Number eleven is simplicity. We live in a very complex world, in a very complicated world. I read a very interesting fact the other day in the newspaper. It shared this truth : one day's issue of the <u>New York Times</u> contains more information than an average person assimilated in their whole life in the sixteenth century. No wonder we can't remember everything. We need the simple life. And the simple life leads to contentment. The Apostle Paul said he learned to be content. He learned to enjoy the simple things of life. And he learned to enjoy the blessings of life.

You are wonderful hosts as we are here with you, and we are guests in a beautiful home. It is a much more beautiful home than we've ever lived in all of our lifes. We are learning a little bit of what the Apostle Paul said, to learn to be content when we are abounding. But in the ministry, most of us have even more opportunities to learn to enjoy the simple life. The spiritual life learns to be content in every situation. The Apostle Paul and Silas could even sing praise and worship in the Philippian jail. Let us pray that God would teach us to be content.

Number twelve is single-mindedness. In the Sermon on the Mount, Jesus said, "You can not serve two masters. You are to either love the one and hate the other, cling to one, despise the other." Our minds need to be singly focused on Jesus Christ.

Number thirteen are acts of love or acts of charity. Jesus said, "By this shall all men know that you are my disciples, that you have love for one another." That love must be tran-

습니다. 일전에 신문에서 아주 재미있는 사실을 본 적이 있는데, 이런 내용이었습니다. "뉴욕 타임즈 신문의 하루치 기사에는 16세기 사람이 평생동안 얻은 평균 정보량 보다 많은 정보가 실려 있다." 그러니 우리가 모든 것을 다 기억 못하는 것이 당연합니다. 우리는 단순한 삶이 필요합니다. 단순한 삶은 자족하게 합니다. 사도 바울은 자족하기를 배웠다고 하였습니다. 그는 삶의 단순한 것들을 즐기는 것을 배웠습니다. 곧 삶의 축복을 즐기는 것을 배운 것입니다.

우리가 여기 있는 동안 여러분께서 놀라운 대접을 해 주십니다. 아주 좋은 집에 묵고 있습니다. 우리 일생 중에 이렇게 좋은 집에서 살아 본 적이 없습니다. 우리는 사도 바울이 풍부에도 자족하기를 배웠다 하신 말씀을 약간 배우고 있습니다. 그러나 목회사역에서 우리 대부분에게는 단순한 삶을 즐기는 것을 배우는 기회가 더 많습니다. 영적 생활은 어떠한 상황에서도 자족하기를 배우는 것입니다. 사도 바울과 실라는 빌립보 감옥 안에서도 찬송하고 찬양하고 경배할 수 있었습니다. 하나님께서 우리가 자족할 수 있도록 가르쳐 주시기를 기도하십시다.

12번은 한 마음을 갖는 것입니다. 산상수훈에서 예수님이 말씀하십니다. "한 사람이 두 주인을 섬기지 못할 것이니 혹 이를 미워하며 저를 사랑하거나 혹 이를 중히 여기며 저를 경히 여김이라." 우리의 마음은 한 가지로 예수 그리스도에 촛점을 맞출 필요가 있습니다.

13번은 사랑의 역사입니다. 예수님이 말씀하셨습니다. "너희가 서로 사랑하면 이로써 모든 사람들이 너희가 내 제자인 줄을 알게 되리라." 사랑은 행위로 나타나야만 합니다. 우리는 요한일서 3장에서 사랑은 참으로 말과 혀의 일이 아니라는 말씀을 읽습니다. 사랑은 참으로 행동으로 나타내야 합니다. 예수님이 계신 곳에 사랑이 있습니다. 왜냐하면 하나님은 사랑이시기 때문입니다. 우리의 삶이 성령으로 충만하다면 그 성령의 첫 열매는 바로 사랑입니다.

14번은 교제입니다. 이 훈련에 대해서는 후에 좀더 말씀드리겠습니다.

slated into action. In 1 John 3, we read that love must not really be a matter of word or talk. It must be genuine and show itself in action. Where there is Jesus, there is love. Because God is love. If our lives are filled with the Holy Spirit, the first fruit of the spirit is love.

Number fourteen is koinonia. Again we will speak more about this discipline later. But koinonia leads to unity. One of the great needs of the church of Christ today is unity.

Number fifteen is obedience. Learning to obey God.

Number sixteen is submission. Learning to submit to God and learning to submit to each other, for Christ's sake. It is not natural to submit to anyone. Only the spiritual life will lead us to submit ourselves to God.

Number seventeen is openness. An openness to the spirit of God. In the United States we sing a spiritual song, which says, "Fill my cup Lord, fill it up Lord." In order for the cup of our lives to be filled, they must first be empty. The Apostle Paul speaks about our lives being jars of clay filled with Jesus Christ. In order for that to happen, we must be open to the Spirit of God.

Number eighteen is guidance. Throughout the Bible, we find men and women and young people who are guided by the Lord. All of us desire to be guided by the Lord. One of the deepest desires of my own heart and life is to be guided by the Lord in all I do. I pray it for you and I pray it for me.

Number nineteen is service. That includes servant leadership. Jesus said that, in my kingdom, there is a whole different kind of leadership. The one who is the greatest in my kingdom is the one who learns to serve. Just as the Son of Man came not to be served, but to serve, and give his life a ran-

교제는 하나되게 합니다. 그리스도의 교회에 가장 필요한 것 중의 하나는 (바로 이) 하나됨입니다.

15번은 순종입니다. 하나님께 순종하는 것을 배우는 것입니다.

16번은 복종입니다. 그리스도 때문에 하나님께 복종하는 것을 배우고 서로에게 복종하는 것을 배우는 것입니다. 복종하는 것은 누구에게나 자연스러운 것이 아닙니다. 오직 영적 생활만이 우리 자신을 하나님께 복종하게 만듭니다.

17번은 개방성입니다. 하나님의 성령에 대한 개방성입니다. 미국에서 우리는 이런 복음송을 부릅니다. "주님, 채우소서, 나의 잔을 끝까지 채우소서." 우리의 삶의 잔이 채워지기 위해서는 먼저 비워져야만 합니다. 사도 바울은 우리의 삶에 대해서 예수 그리스도로 충만한 질그릇이라고 말씀합니다. 그렇게 되기 위해서 우리는 하나님의 성령에 대해서 개방되어야만 합니다.

18번은 인도받음입니다. 성경 전체를 통하여 우리는 주님의 인도하심을 받은 (많은) 남자들과 여자들, 젊은 사람들을 발견합니다. 우리 모두는 주님의 인도하심을 바라지요. 나의 마음과 삶의 가장 깊은 소망은 내가 하는 모든 일에서 주님의 인도하심을 받는 것입니다. 여러분과 제가 그러하기를 기도합니다.

19번은 봉사입니다. 그것은 섬기는 지도력을 포함하고 있습니다. 예수께서 말씀하셨습니다. "내 나라에는 전혀 다른 지도력이 있다. 내 나라에서 가장 큰 자는 섬기는 것을 배우는 자이다. 마치, 인자가 섬김을 받으려 함이 아니라 섬기고 자기의 목숨을 많은 사람의 대속물로 주려 함과 같다."

20번은 책임입니다. 하나님 앞에 책임을 지는 것입니다.

21번은 아주 좋은 것인데, 그것은 웃음의 영적 훈련입니다. 저는 수년간 목회의 삶을 살면서 이런 진리를 발견했습니다. "진짜로 영적인 사람치고 웃음의 은사가 없는 사람은 없다." (그것은) 주님의 기쁨입니다.

som for many.

Number twenty is accountability. Being accountable to God.

Number twenty-one is a good one. It is a spiritual discipline of laughter. I have lived now for a number of years in the ministry, I have come to observe this truth. I have never met a truly spiritual person who does not have the gift of laughter. It is the joy of the Lord that brings joy to our hearts and laughter to our lips. God wants us to enjoy laughter.

Number twenty-two is listening. Not just being quiet but listening, listening to God as he speaks through his Word, listening to God as he speaks to us through the Holy Spirit.

Number twenty-three is a subject that makes most pastors uncomfortable, but it is a very important one. It is the spiritual discipline of modeling or of being an example. The Apostle Paul spoke about this in 1 Cor. 11 : 1. He said, "Imitate me as I imitate Christ." People should be able to look at us and see Jesus. We should not only tell people how to live like Jesus, we should show them to be an example, by allowing Christ to rule our hearts and lives.

Twenty-four is another classic discipline. But it is one that God does not call every Christian to pursue. As we know, Roman Catholic priests have observed this discipline. It is the discipline of celibacy or remaining single to the glory of God.

Twenty-five is a wonderful way to close this list. It is the spiritual discipline of celebration. The spiritual life is a life of celebration. In all that God is doing in us and through us. Even when life is difficult, we can celebrate. Again as Paul and Silas celebrated in the Philippian jail, they had been beat-

그 기쁨은 우리의 마음에 기쁨을 주고 우리의 입술에는 웃음을 줍니다. 하나님은 우리가 웃음을 즐기기를 원하십니다.

22번은 귀를 기울이는 것입니다. 단지 조용한 것이 아니라 귀를 기울이는 것입니다. 하나님이 그의 말씀을 통하여 또한 성령을 통하여 우리에게 말씀하실 때 귀를 기울이는 것입니다.

23번은 목사님들을 좀 불편하게 만드는 주제이지만 아주 중요한 것입니다. 그것은 모델 혹은 모범이 되는 훈련입니다. 사도 바울은 고전 11 : 1에서 이것에 대해 이렇게 말씀했습니다. "내가 그리스도를 본받은 것 같이 너희도 나를 본 받으라." 사람들은 우리의 신실하신 주님을 볼 수 있어야 합니다. 우리는 사람들에게 예수님처럼 사는 것이 어떤 것인지 가르쳐 줄 뿐 아니라, 그리스도께서 우리의 마음과 삶을 다스리시게 함으로써 그들에게 (그런 삶의) 실례를 보여주어야만 하는 것입니다.

24번은 좀 다른 고전적인 훈련입니다. 이것은 모든 그리스도인들이 그렇게 하도록 부르시는 것은 아닙니다. 우리가 아는 대로 로마 가톨릭 사제들은 이 훈련을 지킵니다. 그것은 동정(童貞) 훈련 또는 하나님의 영광을 위하여 독신으로 지내는 것입니다.

25번은 이 목록을 마무리하기에 아주 좋은 것입니다. 그것은 축하의 영적 훈련입니다. 영적 생활은 축하의 생활입니다. 하나님께서 우리 안에서, 우리를 통하여 이루신 모든 것을 축하하는 것입니다. 우리의 삶이 어려울 때에도 우리는 축하할 수 있습니다. 다시 말씀드리지만, 바울과 실라는 빌립보 감옥에서 축하하였습니다. 그들은 매맞았고 사슬에 매였습니다. 그러나 그들의 생활엔 주님의 기쁨이 넘쳐 흘렀습니다. 그래서 축하하였던 것입니다.

우리가 함께 하는 4일 동안 이 모든 25가지의 훈련들을 살펴 보는 것은 분명히 불가능합니다. 여러분의 강의안 첫 장을 열면 제목이 있는데요, 저는 우리가 휴식시간을 갖기 전에 우리가 살펴볼 훈련들을 알려드리고 싶습니다. 1면입니다.

en, they were in chains. But their lives were filled to overflowing with the joy of the Lord, and they celebrated.

It is obvious in our four days together, we can not review all 25 of these disciplines. If you will turn back to the first page of your notebook, the title page, I will just remind you before we take our break what disciplines we will be looking at. Page number one.

We will be talking about the spirit-controlled life. About the Word of God, the Scripture. About effective prayer. About koinonia and unity. About hospitality and generosity. About servant leadership. And our last afternoon together, we'll speak about simplicity and contentment.

Now, I know if you want to be content now, you want to take a break. So we'll take a break and we will come back at what time?

Thank you and God bless you.

【Tape 2】

C. Warnings about The Misuse of Spiritual Disciplines

One of the things that Jesus disliked the most was hypocrisy. As we know, hypocrisy is pretending to be something we are not. During the years I ministered in Hollywood, I ministered with a number of actors and actresses. Many of them have become very skilled in their profession. It is very difficult to tell whether a good actor is pretending or whether they are being true. That is one of the dangers of the spiritual disciplines. It is very important that we do not merely become actors.

　　우리는 성령의 지배를 받는 삶에 관해서 말할 것입니다. 그리고 하나님의 말씀인 성경에 관해서, 효과적인 기도에 관해서, 교제와 하나됨에 관해서, 환대와 관대함에 관해서, 그리고 섬기는 지도력에 관해서 입니다. 마지막날 오후에는 단순함과 자족에 관해서 함께 나눌 것입니다.

　　자, 이제 자족하시려면 휴식을 취해야 하겠지요? 쉬시고 잠시 후에……… 몇 시에 모입니까?

　　감사합니다. 하나님께서 여러분에게 복 주시기를 빕니다.

【테이프 #2】

C. 영성 훈련의 오용에 대한 경고

　　예수님이 가장 싫어하셨던 것은 위선입니다. 우리가 아는 대로, 위선은 사실은 그렇지 않은데 그런 척하는 것입니다. 제가 헐리우드에서 목회할 때에 우리 교회에는 많은 남녀 배우들이 있었습니다. 그분들 중에 많은 분들은 아주 뛰어난 배우들이어서, 그 배우가 연기를 하고 있는 것인지 아니면 실제로 그런 것인지 구별하기가 매우 힘들었습니다. 그런 것이 영성 훈련의 위험성 중의 하나입니다. 우리가 실제로 배우처럼 되지 않는 것은 참으로 중요한 것입니다.

　　영적 생활은 내적 생활에서부터 나와야 합니다. 우리 안에 거하시는

The spiritual life must flow from the inner life. It must flow from the life of Jesus within us. None of us want to become like the Scribes and the Pharisees. They obeyed the letter of the law but their lives were spiritually empty. And so there are some very important warnings about the misuse of the spiritual disciplines.

I want to share seven warnings with you. You will find them on page 4 in your notebook. These come from a lecture delivered by Dr. Richard Foster. Dr. Foster has written a book on the spiritual disciplines, and it is being used very effectively in lecturing on this subject.

1. To Turn the Disciplines into Law

The first warning is that we do not turn the disciplines into law. In other words, that we do not become legalists, that we do not become like the Scribes and the Pharisees. Legalism is death. A person who is a rigid person is not spiritually disciplined. Again I refer to 2 Corinthians 3:6. "The letter kills, the spirit gives life." If we merely act out the disciplines, we will not be truly spiritual. Only as our lives are controlled by the Holy Spirit can we demonstrate true spiritual discipline.

2. To View the Disciplines As an End in Themselves

The second warning is also very important. We should never view the disciplines as an end in themselves. That's what legalists do. They believe there is a certain kind of behavior that is important. And if you just live that kind of behavior, you will, therefore, be spiritual or holy. Our Lord warns us very clearly about that kind of theology. "Man looks at the outward appearance, but the Lord looks upon the heart."

예수님의 삶에서 나와야 합니다. 우리 중에는 아무도 서기관이나 바리새인 처럼 되기를 원하는 사람은 없습니다. 그들은 율법의 문구는 지켰지만 그들의 삶은 영적으로 텅 비어 있었습니다. 그러므로 영성 훈련의 오용에 대한 경고가 매우 중요한 것입니다.

저는 7가지 경고를 말씀 드리려고 합니다. 여러분의 강의안 4면에 있습니다. 이것은 리챠드 포스터 박사의 강의에서 발췌한 것입니다. 포스터 박사는 영성 훈련에 대한 책을 한권 썼는데, 그 책이 이 주제에 대해서 아주 효과적으로 쓰이고 있습니다.

1. 훈련을 율법화 함

첫번째 경고는 훈련을 율법화 해서는 안된다는 것입니다. 다른 말로 하면, 율법주의자가 되지 말라는 것입니다. 서기관과 바리새인 같이 되지 않아야 합니다. 율법주의는 죽는 것입니다. 완고한 사람은 영적으로 훈련이 안된 사람입니다. 고린도후서 3 : 6을 다시 말씀드립니다. "의문은 죽이는 것이요 영은 살리는 것임이니라." 만일 단지 이 훈련들을 흉내만 낸다면 우리는 절대로 참으로 영적일 수 없습니다. 오직 우리의 삶이 성령에 의해서 통제를 받을 때에만 우리는 진정한 영성 훈련을 보여 줄 수 있습니다.

2. 훈련 자체를 목적으로 봄

두번째 경고는 아주 중요한 것인데, 훈련 자체를 목적으로 보지 않아야 한다는 것입니다. 율법주의자들은 그렇게 합니다. 그들은 어떤 종류의 매우 중요한 행동이 있다고 봅니다. 그러므로 누가 그 행동을 하면서 살면 영적이다, 거룩하다고 합니다. (그러나) 우리 주님은 그런 신학에 대해서 아주 분명하게 경고하십니다. "사람은 외모를 보거니와 주는 마음을 보시느니라." 하나님은 우리가 무슨 일을 하는가에도 관심을 가지시지만 왜 우리가 그 일을 하는가에도 관심을 가지십니다. 하나님은 우

God is concerned not only about what we do but why we do it. He knows our hearts, he knows our motives, he knows why we do what we do.

Spiritual disciplines have no virtue in themselves. The purpose of the disciplines is not to make us religious. It is not to impress others with our behavior. The purpose of the disciplines is to bring us into communion with God, to live in the flow of His Spirit, to do His will. And friends, I believe, that is the key of true fulfillment.

3. To Center on the Disciplines Instead of Christ

A third warning is this. Be careful not to center on the disciplines instead of on Jesus Christ. The Apostle Paul shared this truth very clearly with the Christians in Galatia. In Galatians 6:14, he shared these words: "God forbid that I should glory, except in the cross of my Lord Jesus Christ by whom the world is crucified unto me, and I unto the world."

Turn with me to the book of Colossians chapter 1. As you remember, Col. 1 and 2 speak about Jesus Christ in His centrality. He is the first born in all creation. He is the creator of all things. All things were created by Him and for Him. He is the head of the church. He is the beginning and the end. Jesus Christ is the center of human history and all creation.

And notice, if you will, Col. 1:27: "Christ in you, the hope of glory." That is the reason for the disciplines. Not to focus on the disciplines, but to focus on Christ. The spiritual disciplines bring us to Christ. They are a means to the end, not the end. The end is Christ in us, the hope of glory.

We have three children. They are now grown and live away from our home. But we are very close and loving fam-

리의 마음을 아시고 우리의 동기 즉, 우리가 하는 일을 어째서 우리가 하는지도 아십니다.

영성 훈련 그 자체에 효력이 있는 것이 아닙니다. 영성 훈련의 목적은 우리를 종교적으로 만드는 것이 아닙니다. 우리의 행위로 다른 사람에게 감동을 주는 것이 아닙니다. 영성 훈련의 목적은 우리를 하나님과 교제하도록 만들고 하나님의 뜻을 행하기 위하여 성령의 흐름 안에서 살게 하는 것입니다. 여러분, 저는 그것이 진정한 충만의 열쇠라고 믿습니다.

3. 그리스도 대신 훈련에 집중함

세번째 경고는 이것입니다. 예수 그리스도가 아닌 훈련 자체에 관심을 집중하지 않도록 주의하라. 사도 바울은 갈라디아서에서 이 진리를 아주 명백하게 말씀하였습니다. 갈라디아서 6 : 14에서 이렇게 말씀했습니다. "그러나 내게는 우리 주 예수 그리스도의 십자가 외에 결코 자랑할 것이 없으니 그리스도로 말미암아 세상이 나를 대하여 십자가에 못 박히고 내가 또한 세상을 대하여 그러하니라."

골로새서 1장을 봅시다. 기억하시는 대로, 골로새서 1장과 2장은 예수 그리스도와 그의 중심되심에 관해서 말씀합니다. 그는 만물보다 먼저 나신 자요, 만물의 창조자이십니다. 만물이 그로 말미암아 그를 위하여 창조되었으며 그가 교회의 머리이십니다. 그는 처음이요 나중이십니다. 예수 그리스도는 인간 역사와 모든 창조의 중심이십니다.

골로새서 1 : 27을 기억하시기 바랍니다. "너희 안에 계신 그리스도, 영광의 소망." 그것이 바로 영성 훈련에 대한 이유입니다. 훈련자체에 관심을 집중하는 것이 아니라 그리스도에게 관심의 촛점을 두는 것입니다. 영성 훈련은 우리를 그리스도에게 인도합니다. 훈련은 목표를 이루는 수단이지 목표가 아닙니다. 목표는 우리 안에 계시는 영광의 소망이신 그리스도입니다.

저희 집에는 아들이 셋 있습니다. 이제는 다들 장성하여 분가하였습니

ily, we stay in close touch with our children. Our oldest son is named Daniel. I'd like to tell you a story about Daniel when he was a little boy.

For a number of years I had the privilege of working for Dr. Billy Graham. I served him as a crusade director. The first crusade in which I ever worked was in Omaha, Nebraska in the United States. It was a very hot, humid summer, very much like the summers you have here in Seoul. We did not have any air conditioning, and the temperature became warmer and warmer.

One evening when I came home from the office, little Dan met me at the door. He was about 4 years old. He was very excited. He was in his swimming suit. And he said, "Dad, guess what? I learned to swim today." I said, "Dan, that's wonderful. Did your mother take you to a swimming pool?" He surprised me when he said, "No, she took me to the library. And I got this wonderful book, and have got the directions, and I can swim." And then he got down on the floor and showed me how to swim. I took him to the swimming pool a couple of days later. He almost drowned. He had the directions, but he couldn't swim.

That's how we can misuse spiritual disciplines. We can look at them as the directions, and the directions are very helpful. But they only help us come to Christ. The ultimate purpose of the disciplines is to come to Christ in fullness.

I've heard about a wonderful soccer team in Korea called the Hallelujah Team. I've heard they are the most wonderful soccer team in the world. And they won a championship yesterday. Many of you know how to play soccer. And some of you may have a rule book. Some of you may even memorize the rule book, you may know all the rules. But that does not

다만 우리는 아직도 가깝게 사랑을 나누고 있으며 우리 아이들과 긴밀한 교제를 하고 있습니다. 큰 아이 이름은 다니엘입니다. 그 아이가 어렸을 때의 일을 말씀드리려고 합니다.

수년 동안 저는 빌리 그래함 박사를 위해서 일하는 특권을 가졌었습니다. 대학생 선교회(C. C. C.)의 디렉터로 일했습니다. 선교회가 맨 처음에 조직된 곳은 미국의 네브라스카 주의 오마하였습니다. 그때는 아주 무덥고 습기찬 여름이었는데 이곳 서울의 여름과 상당히 비슷했습니다. 우리는 에어컨도 없었는데 온도는 날로 높아만 가고 있었습니다.

어느날 저녁에 제가 사무실에서 집에 왔을 때, 문에서 어린 다니엘을 만났습니다. 한 4살 쯤 되었을 때입니다. 아이는 아주 흥분해 있었고 수영복을 입고 있었습니다. 저에게 이렇게 말했습니다. "아빠, 저 오늘 수영 배웠어요." 그래서 제가 "야, 좋았겠구나. 엄마가 수영장에 데려가셨니?" 하자 그 아이 말이 아주 재미있었습니다. "아니요. 엄마가 도서관에 데려가셨어요. 거기서 아주 좋은 책을 발견했는데요, 거기 보니까 수영하는 방법이 있었어요. 저는 수영할 수 있어요." 그러더니 마루에 엎드려서는 어떻게 수영하는 지를 보여주었습니다. 몇일 후에 제가 그 아이를 수영장에 데려 갔지요. 거의 빠져 죽을 뻔 했습니다. 아이는 수영하는 방법은 알고 있었지만 수영은 못했습니다.

영성 훈련을 오용하는 것은 그런 것과 같습니다. 우리는 그 훈련들을 지침처럼 여길 수 있고 또 그 지침들이 유용하기도 합니다. 그러나 그것은 단지 우리를 그리스도께 오도록 도와줄 뿐입니다. 영성 훈련의 궁극적 목적은 그리스도와 그의 장성함에 이르게 하는 것입니다.

할렐루야라는 아주 훌륭한 축구팀이 한국에 있다는 말을 들었습니다. 세계에서 가장 훌륭한 축구팀이라고 합니다. 어제 우승을 했다고 들었습니다. 여러분 중 많은 분들이 축구를 할 줄 아실 겁니다. 아마 축구 교범을 가진 분도 있을 겁니다. 어쩌면 그 교범을 다 암기하거나 모든 규칙을 아는 분도 계실 겁니다. 그러나 그것은 여러분이 훌륭한 축구 선수라는

mean you are a good soccer player.

Same thing is true of the spiritual disciplines. You can know all about them. You can read many books about them. You can even write a book about them. But that will not make you spiritual. Only Jesus Christ can make you truly spiritual. Only the Holy Spirit controlling our lives will make us truly spiritual.

4. The Tendency to Elevate One Spiritual Discipline Above Another

There is the fourth warning. It is the tendency to elevate one spiritual discipline above another. In other words, to make one spiritual discipline more important than another. The same thing can be true of spiritual gifts. One person can have a spiritual gift and be very proud about it. Anyone who is proud about a spiritual discipline or a spiritual gift is not understanding it. The true gifts of God should make us humble.

We should understand that one man plants and another waters, but God always gives the increase. Our enemy, the devil, wants to get us off track. And so in the days of the Apostle Paul, he shared this truth : "One claims to follow Paul, another one Cephas, another one Apollos." That's wrong. We should follow Christ. And that's why Paul said, "Follow me as I follow Christ."

The Christian life is a life of balance. It is the Lord who gives spiritual gifts. He gives them as He wants to. As we read in 1 Cor. 12, we need to keep our lives in balance. We must be careful not to divide into little camps, little groups. No single person will have all the spiritual gifts. No single person will master all the spiritual disciplines. We need Chris-

말은 아닙니다.

영성 훈련도 마찬가지입니다. 여러분은 영성 훈련에 대해서 모든 것을 알 수 있습니다. 그에 관한 책을 많이 읽을 수도 있습니다. 그에 관해서 책을 쓸 수도 있습니다. 그러나 그것이 여러분을 영적으로 만들어 주지는 않습니다. 오직 예수 그리스도만이 여러분을 참으로 영적으로 만드실 수 있습니다. 오직 성령이 우리의 삶을 지배하실 때 우리는 참으로 영적으로 됩니다.

4. 한가지 영성을 다른 영성보다 우위에 두려는 경향

네번째 경고가 있습니다. 그것은 한가지 영성을 다른 영성 보다 우위에 두려는 경향입니다. 달리 말하면, 한가지 영성을 다른 것들 보다 훨씬 중요하게 만드는 것입니다. 성령의 은사에 대해서도 같은 말을 할 수 있습니다. 어떤 사람은 한가지 영적 은사를 가지고 그것을 자랑할 수 있습니다. 그러나 누구든지 한가지 영성 훈련이나 성령의 은사에 관해서 자랑하는 사람은 그것을 이해하지 못하는 사람입니다. 참된 하나님의 은사는 우리를 겸손하게 만듭니다.

한 사람은 심었고 한 사람은 물을 주었으되 언제나 자라게 하시는 분은 하나님이시다는 말씀을 우리는 이해하여야 합니다. 우리의 대적 마귀는 우리가 탈선하는 것을 바라고 있습니다. 사도 바울의 시대에도 그러했습니다. 그래서 이렇게 말씀한 것입니다. "한 사람은 나는 바울에게, 다른 이는 나는 게바에게, 또 다른 이는 나는 아볼로를 좇는다 주장하지만 그것은 잘못이다. 우리는 그리스도를 좇아야 한다." 그러므로 바울은 "내가 그리스도를 좇는 것처럼 너희는 나를 좇으라"고 말씀한 것입니다.

그리스도인의 생활은 균형잡힌 생활입니다. 영적인 은사들을 주시는 분은 주님이십니다. 그가 원하시는 대로 은사를 주십니다. 고린도전서 12장에서 우리가 읽는 대로 우리는 우리의 삶에 균형을 잡을 필요가 있습니다. 작은 분파나 작은 그룹으로 나누어지는 것을 조심해야 합니다.

t, and we need each other to use our gifts and disciplines to minister to each other. We must be very careful to not get out of balance.

5. The Tendency to Believe that Our List of Disciplines Will Exhaust

There is the fifth warning that we need to share. And that is the tendency to believe that our disciplines will exhaust God's grace. That somehow if you master all the disciplines, you will have no more of God's grace available. Turn with me to 1 Peter 4. And Dr. Kim will read 1 Pet. 4 : 10~11.

Each one should use whatever gift he has received to serve others, faithfully administering God's grace in its various forms. If anyone speaks, he should do it as one speaking the very words of God. If anyone serves, he should do it with the strength God provides, so that in all things God may be praised through Jesus Christ. To him be the glory and the power for ever and ever. Amen.

The spiritual disciplines are not God's grace. They are merely a means to get us in the flow of God's grace. We never graduate from the Christian life. We will continue to grow in the grace and knowledge of Jesus Christ until He takes us home.

God's grace is never exhausted. It flows to our lives. But it is not to be kept in our lives like the water flowing into the Dead Sea. Many Christians live very selfish, stagnant lives. They allow God's grace to flow into their lives but not to flow out. And so their lives become like a stagnant pond, it

아무도 모든 은사들을 받지는 못합니다. 누구도 모든 영성 훈련에 정통한 사람이 될 수는 없습니다. 우리는 우리의 은사와 훈련들을 사용하여 서로를 섬기기 위해서 그리스도가 필요하고 또한 서로가 필요합니다. 우리는 균형을 잃지 않도록 아주 조심해야만 합니다.

5. 영성 훈련 목록은 우리를 고갈되게 한다고 믿는 경향

우리가 나누어야 할 다섯번째 경고가 있습니다. 그것은 우리의 영성 훈련이 하나님의 은혜를 고갈되게 할 것이라고 믿는 경향입니다. 즉 어떻게든 여러분이 모든 영성 훈련을 마스터하고 나면 더이상 하나님의 은혜를 바랄 수 없다고 믿는 것입니다. 베드로전서 4장을 봅시다. 김박사님께서 10~11절을 읽어 주시겠습니다.

각각 은사를 받은 대로 하나님의 각양 은혜를 맡은 선한 청지기같이 서로 봉사하라 만일 누가 말하려면 하나님의 말씀을 하는 것같이 하고 누가 봉사하려면 하나님의 공급하시는 힘으로 하는 것같이 하라 이는 범사에 예수 그리스도로 말미암아 하나님이 영광을 받으시게 하려 함이니 그에게 영광과 권능이 세세에 무궁토록 있느니라 아멘

영성 훈련은 하나님의 은혜가 아닙니다. 그것들은 하나님의 은혜의 흐름으로 우리를 인도하는 수단일 뿐입니다. 우리는 결코 그리스도인의 생활을 졸업할 수가 없습니다. 우리는 그리스도께서 우리를 그의 집에 인도하실 때까지 예수 그리스도의 은혜와 그를 아는 지식에서 계속 자라갈 것입니다.

하나님의 은혜는 결코 고갈되지 않고 우리의 삶으로 흘러 들어 옵니다. 그러나 그것은 사해로 흘러 들어간 물처럼 우리의 삶에 고여 있어서는 안됩니다. 많은 그리스도인들이 대단히 이기적이고 침체된 삶을 살고

becomes putrid and obnoxious.

Instead God wants our lives to be like wonderful flowing rivers. With the clear water of His grace flowing through our lives to minister to the lives of the others. That's what this passage in 1 Peter speaks about, that the gifts of grace should be used to serve others.

We become dispensers of God's grace. We do not receive it with closed hands. We allow it to flow through with open hands and open hearts and open lives. Let us never think we can exhaust God's grace. It is more marvelous than we will ever be able to understand. It is by His grace we are saved. And it is by his grace that we serve Him and serve others. And it is by his grace we will go to heaven and live forever.

6. To Fail to Understand the Lifestyle and Social Implication

There is a sixth warning. And that is to fail to understand the lifestyle and the social implications of the spiritual disciplines. In other words, the spiritual disciplines change the way we live. Because they lead us into deep communion with Jesus Christ, and they lead us into living under the Lordship of Jesus Christ. So the fruit of the Spirit naturally become a part of our lives. The Spirit of God becomes the source of our lives. Like a wonderful spring with fresh water flowing. Like this wonderful bottled water that we have here.

The fruit of the Spirit flow from our lives. Love, joy, peace, patience, goodness, faithfulness, all of the fruit of the Spirit. And it makes a difference in the way we live. And so we develop the very heart of Jesus Christ and the compassion of Jesus Christ. So we hurt when other people hurt, and our lives are touched when we see others suffer or when

있습니다. 그들은 하나님의 은혜가 자기의 삶으로 흘러 들어 오는 것은 허용하지만 흘러 나가는 것은 허용하지 않습니다. 그러므로 그들의 삶이 침체된 호수처럼 썩어지고 불쾌해지는 것입니다.

그러나 하나님은 우리의 삶이 놀랍게 흘러 넘치는 강처럼 되기를 원하십니다. 신선한 물이란 다른 사람들을 섬기기 위하여 우리의 삶을 통하여 흘러 넘치는 은혜를 말합니다. 그것이 바로 베드로전서의 이 구절이 말씀하는 것입니다. 하나님의 은사들은 서로를 섬기기 위하여 사용되어야 합니다.

우리는 하나님의 은혜를 나눠주는 자들이 됩니다. 우리는 그것을 움켜 쥐도록 받은 것이 아닙니다. 우리는 하나님의 은혜가 열린 손과 열린 마음, 열린 삶을 통하여 흘러 가도록 허용해야 합니다. 하나님의 은혜가 고갈될 것이라고 절대로 생각지 맙시다. 그것은 우리가 이해할 수 있는 것보다 훨씬 놀라운 것입니다. 하나님의 은혜로 우리가 구원을 얻었습니다. 하나님의 은혜로 우리가 하나님을 섬기고 또한 다른 사람들을 섬기는 것입니다. 하나님의 은혜로 우리가 하늘에 올라가 영원히 살 것입니다.

6. 삶의 양식과 사회적 의미관계를 이해하지 못함

여섯번째 경고는 영성훈련의 삶의 양식과 사회적 의미관계를 이해하지 못하는 것입니다. 다른 말로 하면, 영성 훈련은 우리의 삶의 방식을 변화시킨다는 것입니다. 왜냐하면 그 훈련은 우리를 예수 그리스도와의 깊은 교제 속으로 인도하며 예수 그리스도의 주재권 아래서 살도록 인도하기 때문입니다. 그러므로 성령의 열매가 자연히 우리 삶의 일부가 됩니다. 하나님의 영이 우리 삶의 원천이 됩니다. 마치, 신선한 물이 흘러 나오는 샘과 같은, 여기 있는 훌륭한 (횃불) 생수 처럼 말입니다.

성령의 열매가 우리의 삶에서 흘러 나옵니다. 사랑, 희락, 화평, 오래 참음, 양선, 충성 등등 모든 성령의 열매가 흘러 나옵니다. 그것이 우리

we see others who are hungry. Our lives become more and more like the life of Jesus, and more and more we do what Jesus would do if he were here. Because we allow Him to live His life in us and through us.

A truly spiritual person is not a selfish person. They are compassionate, they have the love of Jesus. They reach out with the love of Jesus to meet the needs of other people. They make a difference in the society in which they live. It is the difference between legalism and spiritual life.

7. To Merely Study the Spiritual Disciplines and Not Experience Them

The seventh and final warning, that we would merely to study the spiritual disiplines and not experience them. That would not to enjoy the benefits and the blessings of the spiritual disciplines. Turn with us to Colossians 3. And I will ask Dr. Kim to read Col. 3 : 1~10.

Since, then, you have been raised with Christ, set your hearts on things above,where Christ is seated at the right hand of God. Set your minds on things above, not on earthly things. For you died, and your life is now hidden with Christ in God. When Christ, who is your life, appears, then you also will appear with him in glory.
Put to death, therefore, whatever belongs to your earthly nature : sexual immorality, impurity, lust, evil desires and greed, which is idolatry. Because of these, the wrath of God is coming. You used to walk in these ways, in the life you once lived. But now you must rid yourselves of all such things as these : anger, rage, malice, slander, and filthy language from your lips. Do not lie to each

가 사는 방식을 다르게 만듭니다. 그것이 우리에게 바로 예수 그리스도의 심정, 예수 그리스도의 동정심을 갖게 합니다. 그래서 다른 사람들이 아플때 우리도 아프게 되고, 다른 사람들이 고통 받는 것을 보거나 배고파 하는 사람들을 볼 때 우리 마음에 동정심이 생기는 것입니다. 우리의 삶은 점점 예수님의 삶을 닮아 가고, 우리는 점점 예수님이 여기 계신다면 하셨을 그런 일을 하게 됩니다. 왜냐하면 우리는 예수님이 예수님의 삶을 우리 안에서, 우리를 통하여 사시도록 하기 때문입니다.

진정으로 영적인 사람은 이기적인 사람이 아닙니다. 그들은 동정적이고 예수님의 사랑을 가진 사람들입니다. 그들은 예수님의 사랑을 가지고 다른 사람들의 필요를 채워 주기 위하여 팔을 벌립니다. 그들은 그 사회에서 변화를 일으킵니다. 그것이 율법주의와 영적 생활 사이의 차이점입니다.

7. 영성 훈련을 배우기만 하고 실천하지 않는 것

7번째이자 마지막 경고는 영성 훈련을 배우기만 하고 그것을 실천하지 않는 것입니다. 그것은 영성 훈련의 이익들과 축복들을 즐기지 않는 것입니다. 함께 골로새서 3장을 봅시다. 김박사님이 1~10절을 읽어 주시겠습니다.

그러므로 너희가 그리스도와 함께 다시 살리심을 받았으면 위엣 것을 찾으라 거기는 그리스도께서 하나님 우편에 앉아계시느니라 위엣 것을 생각하고 땅엣 것을 생각지 말라 이는 너희가 죽었고 너희 생명이 그리스도와 함께 하나님 안에 감취었음이니라 우리 생명이신 그리스도께서 나타나실 그 때에 너희도 그와 함께 영광 중에 나타나리라 그러므로 땅에 있는 지체를 죽이라 곧 음란과 부정과 사욕과 악한 정욕과 탐심이니 탐심은 우상 숭배니라 이것들을 인하여 하나님의 진노가 임하느니라 너희도 전에 그 가운데 살 때에는 그

other, since you have taken off your old self with its practices and have put on the new self, which is being renewed in knowledge in the image of its Creator. Here there is no Greek or Jew, circumcised or uncircumcised, barbarian, Scythian, slave or free, but Christ is all, and is in all.

This is a wonderful passage that shares the purpose of the spiritual disciplines. We need to put to death the old life. We need to die to self and be alive to God. We need to take off the old, filthy clothes of sin, and we need to put on the new self, the clothes of Christ's righeousness. It is not like painting up an old car to make it look nice. You can put all the paint on you want, it's still an old car. It's like getting rid of the old car and getting a new car. If anyone is in Christ, he or she is a new creation, a new creature.

Old things are passed away and all things become new. Spiritual disciplines lead us to the new life in Jesus Christ. It is the life of Jesus. That is why this passage concludes with this statement in verse 11. "There is no Jew or Greek, circumcised or uncircumcised, barbarian, Scythian, slave or free. But Christ is all, and in all."

That is the reason for the spiritual disciplines. That Christ would be all in our lives, that He would reign over our conduct, that He would be Lord of all that we do. Thank God that He offers us with that kind of life.

And so in the same chapter of Col. 3, Paul offers this counsel in verse 17.

And whatever you do, whether in word or deed, do it all in the name of the Lord Jesus, giving thanks to God

가운데서 행하였으나 이제는 너희가 이 모든 것을 벗어버리라 곧
분과 악의와 훼방과 너희 입의 부끄러운 말이라 너희가 서로 거짓
말을 말라 옛 사람과 그 행위를 벗어버리고 새 사람을 입었으니 이
는 자기를 창조하신 자의 형상을 좇아 지식에까지 새롭게 하심을
받는 자니라.

이것은 영성훈련의 목적을 말씀하는 훌륭한 본문입니다. 우리는 옛 생
활을 끝내야 합니다. 우리 자신에 대하여서는 죽고 하나님께 대하여 살
아야 합니다. 우리는 옛 사람, 죄로 더럽혀진 옷을 벗고 새 사람, 예수 그
리스도의 의를 옷입어야 합니다. 그것은 고물 자동차를 좋게 보이기 위
해서 페인트 칠을 하는 것과는 다릅니다. 원하는 대로 페인트를 칠할 수
는 있지만 그래도 여전히 고물차입니다. 그것은 고물 차를 버리고 새 차
를 사는 것입니다. "누구든지 그리스도 안에 있으면, 남자든지 여자든지
그는 새로운 창조물, 새로운 피조물이니라."
　이전 것은 지나 갔고 모든 것이 새로와졌습니다. 영성 훈련은 예수 그
리스도 안에 있는 새로운 삶으로 우리를 인도합니다. 그것은 예수 그리
스도의 삶입니다. 그렇기 때문에 이 본문이 11절의 이 선언으로 결론을
내리는 것입니다. "거기는 헬라인과 유대인이나 할례당과 무할례당이나
야인이나 스구디아인이나 종이나 자유인이 분별이 있을 수 없나니 오직
그리스도는 만유시요 만유 안에 계시니라."
　그것이 영성 훈련의 목적입니다. 즉 그리스도가 우리 삶의 모든 것이
되시는 것이며 그가 우리의 행동을 주장하시고 우리가 하는 모든 일의
주가 되시는 것입니다. 우리로 하여금 그런 삶을 살게 하시는 하나님께
감사를 드립니다.
　그러므로 바울은 같은 장, 골로새서 3 : 17에서 이런 말씀을 주십니다.
또 무엇을 하든지 말에나 일에나 다 주 예수의 이름으로 하고 그를
힘입어 하나님 아버지께 감사하라

the Father through him.

Whatever we do, we do it all in the name of our Lord Jesus Christ. What a wonderful way to live!

D. The Proper Use of Spiritual Disciplines

But now, let's talk about the proper use of spiritual disciplines. Let me suggest 5 ways that we should use the spiritual disciplines. How we would do this to the glory of God?

1. To Live in Constant and Continual Communication with Christ

First of all, number 1, to live in continual communion with Jesus Christ. Can you imagine how wonderful life would be if we were always in communion with God? That is what God created us to do. That's what Adam and Eve did in the garden of Eden. They lived in perfect and wonderful communion with God. And they were in harmony with all of His creation. It was a perfect world until they decided to sin against God. And because they sinned against God, their communion with God was broken. And as we know, as a result, all have sinned and all have come short of the glory of God. All people of every tribe, of every race, and of every language have been broken in their communion with God.

And as we know, that's why Jesus Christ came. To restore our relationship and our communion with God. He alone can provide the way of salvation. Religion can not do it. Philosophy can not do it. Education can not do it. Money can not do it. Political power can not do it. Military power can not do it. Only Jesus Christ can reconcile us to God the

무슨 일을 하든지 우리는 다 주 예수 그리스도의 이름으로 합니다. 얼마나 놀라운 삶입니까!

D. 영성 훈련의 바른 사용

이제는 영성훈련의 바른 사용에 대해서 말해 봅시다. 우리가 영성훈련을 사용해야 하는 방도에 대하여 5가지를 말씀드립니다. 하나님의 영광을 위하여 그것을 어떻게 사용해야 할까요?

1. 계속적으로 끊임없이 그리스도와 교제하는 삶을 살기 위하여

무엇보다도, 제 1번은 예수 그리스도와 계속적인 교제 가운데 사는 것입니다. 우리가 하나님과 항상 교제하는 가운데 산다면 그 삶이 얼마나 놀라울 것인지 여러분은 상상할 수 있습니까? 바로 그것을 위하여 하나님께서 우리를 창조하신 것입니다. 아담과 하와가 에덴 동산에서 그렇게 살았습니다. 그들은 하나님과 함께 완전하고 놀라운 교제를 가졌습니다. 또한 그들은 하나님의 모든 창조물들과도 조화를 이루고 있었습니다. 그 세상은 그들이 하나님을 대항하여 죄를 짓기로 작정하기 전까지는 완전한 세상이었습니다. 그들이 하나님께 죄를 지었을 때 하나님과의 교제가 깨어졌습니다. 우리가 아는대로, 그 결과 모든 사람이 죄를 범하여 하나님의 영광에 이르지 못하였습니다. 모든 민족들, 모든 족속들, 모든 인종들, 그리고 모든 방언들이 하나님과의 교제를 상실하였습니다.

또한 우리가 아는대로, 예수 그리스도께서 바로 그것 때문에 오셨습니다, 우리의 관계와 하나님과의 교제를 회복시키시기 위해. 오직 그만이 구원의 길을 주실 수 있습니다. 종교가 할 수 없습니다. 철학도 할 수 없습니다. 교육도 할 수 없습니다. 돈도 못합니다. 정치적 세력도 할 수 없습니다. 군사력으로도 못합니다. 오직 예수 그리스도만이 우리를 하나님 아버지와 화목시키실 수 있습니다. 오직 우리가 우리 자신을 부인하고

Father. Only when we deny ourselves, we take up our cross, we follow Jesus. Only when we repent of our sins. When we turn from our sins to Christ. Only when we allow His blood to cleanse us from sin. Only when we allow Him to be the mediator, to bring us into fellowship with His Father.

Brothers and sisters, let us be reminded of a very important truth. The only people in all the world who can live in true communion with God are those who are in Christ and allowing Christ to live in us. This is the wonderful mystery: Christ is in us and we are in Christ. And we have communion with Him and communion with one another, as the blood of Jesus Christ cleanses us from all sin. That's the first reason for the spiritual disciplines: to bring us to Christ. So Christ may be all in all in our lives. So that we can live in constant and continual communion with God. What a wonderful way to live!

2. To Be "Set Free" To Soar

There is a second reason for the spiritual disciplines to be set free. To be set free to be all that we can be. To be able to do all that God created us to do. I'd like to use the term of an eagle. That we may be set free to soar like a spiritual eagle, to be and to do God's will, to live in the hollow of His hand, to be truly fulfilled. All human beings seek to be fulfilled. I've asked people, "Why do you take drugs? Why do you drink alcohol? Why do you sin so openly?" They always give the same basic answer: "It is to be fulfilled."

But sin never fulfills. I'd like to ask this question. "What has sin ever given you?" Sin doesn't give. Sin always takes. Sin always removes from our lives. Only the grace of God adds to our lives. People want to soar. And sin invites them.

자기 십자가를 지고 예수님을 좇을 때, 오직 우리가 우리의 죄를 회개할 때, 오직 우리가 우리 죄에서 예수님에게로 돌이킬 때, 오직 우리가 그의 보혈로 우리를 죄에서 씻어 주실 것을 간구할 때, 오직 우리가 예수님을 하나님 아버지와의 교제를 가져오는 우리의 중보자로서 모실 때, 그 때에 하나님과 화목하게 될 수 있습니다.

형제 자매 여러분, 한가지 중요한 진리를 기억합시다. 온 세상에 있는 사람들 중에 하나님과 진정한 교제의 삶을 사는 사람들은 오직 그리스도 안에 있고, 그리스도가 그 안에서 사시도록 하는 사람들입니다. 그리스도가 우리 안에 있고 우리가 그리스도 안에 있다는 것, 이것은 놀라운 신비입니다. 또한 예수님의 피가 우리를 모든 죄에서 깨끗케 하시면 우리가 그리스도와 교제하게 되고 서로와도 교제하게 된다는 것도 신비입니다. 영성훈련의 첫번째 이유는 우리를 그리스도에게로 인도하는 것입니다. 그래서 그리스도가 우리 삶의 모든 것이 되시도록 하는 것입니다. 그래서 우리는 하나님과의 계속적이고 끊임없는 교제 안에서 살 수 있는 것입니다. 얼마나 놀랍게 사는 길입니까!

2. 자유롭게 날아 오르기 위하여

영성 훈련의 두번째 이유는 자유로와지는 것입니다. 자유로와져서 우리가 될 수 있는 모든 것이 되는 것입니다. 하나님이 우리가 하도록 창조하신 모든 것을 할 수 있게 되는 것입니다. 독수리에 비교해서 말씀드리면, 우리는 영적인 독수리처럼 자유롭게 날아 올라야 합니다. 하나님의 뜻대로 되고 하나님의 뜻을 행하기 위해서, 하나님의 손 안에 살기 위해서, 참으로 만족하기 위해서. 모든 사람들은 만족하기를 원합니다. 저는 사람들에게 왜 그러느냐고 질문을 하곤 합니다. 왜 마약을 먹습니까? 왜 술을 드십니까? 왜 당신은 그렇게 공개적으로 죄를 짓습니까? 그들은 언제나 기본적인 동일한 대답을 합니다. 만족하기 위해서라고요.

그러나 죄는 결코 만족을 주지 않습니다. 저는 이렇게 묻습니다. "죄

But it enslaves them. Sinners are in bondage. They are in slavery. They are in prison. Only Jesus Christ can set us free. So that we will be free indeed. As Jesus said, "When you know Me, you will know the truth, and the truth will set you free."

And we have to be very careful not to go back into slavery. That was the Apostle Paul's warning to the Galatian church. Jesus Christ has come to set you free. Don't go back into slavery again. Don't be in the bondage of legalism. Live in the freedom of Jesus Christ. Be set free day by day, moment by moment. Don't be in the pastoral ministry because you have to do it. Be there because Christ has called you to be there, and you can minister to the glory of God. When God calls you to be a minister, you will never be free unless you are. One wise man put it in this way. "If Christ calls you to be a missionary, don't stoop to be a king."

My brothers and sisters, the greatest privilege in life is to follow Jesus Christ. The greatest honor in life is to serve Jesus Christ. And the greatest blessing in life is to be a pastor, to be a shepherd, to be a minister in the church of Jesus Christ. Of all the people in the world, we should be the most blessed. And we should be a blessing to others.

가 여태까지 당신에게 무엇을 준 적이 있습니까" 죄는 주지 않습니다. 죄는 언제나 빼앗아 갑니다. 죄는 언제나 우리의 삶을 탈취해 갑니다. 오직 하나님의 은혜가 우리의 삶에 더해 줍니다. 사람들은 날아 오르기를 원합니다. 그래서 죄가 그들을 유혹합니다. 그러나 죄는 사람들을 노예로 만듭니다. 죄인들은 결박되어 있습니다. 그들은 노예생활을 합니다. 그들은 감옥에 갇혀 있습니다. 오직 예수 그리스도만이 우리를 자유롭게 하실 수 있습니다. 그럴 때 우리는 진정으로 자유로와질 것입니다. 예수께서 말씀하셨습니다. "너희가 나를 알면 진리를 알게 될 것이고 그 진리가 너희를 자유롭게 할 것이라."

우리는 다시 노예 생활로 돌아가지 않도록 주의해야만 합니다. 사도 바울이 갈라디아 교회에게 경고한 것이 바로 그것이었습니다. "예수 그리스도께서 너희를 자유케 하려고 오셨으니 다시는 노예생활로 돌아가지 말라." 율법주의에 매이지 마십시오. 예수 그리스도의 자유함 속에 사십시오. 매일매일, 순간순간 자유로와지십시오. 목회를 할 때에 의무감으로 하지 마십시오. 그리스도가 여러분을 거기에 있으라고 부르셨기 때문에 거기에 계십시오. 그리하시면 하나님의 영광을 위한 목회를 할 수 있을 것입니다. 하나님께서 여러분을 목회자로 부르실 때에 여러분이 자유롭지 않다면 절대로 (목회도) 자유로와질 수 없습니다. 어떤 현인은 그것을 이렇게 표현 했습니다. "그리스도께서 그대를 선교사로 부르시면, 왕이 되려는 마음으로 겸손한 체 말라."

형제 자매 여러분, 인생에서 최고되는 특권은 예수 그리스도를 좇는 것입니다. 인생의 최고되는 영광은 예수 그리스도를 섬기는 것입니다. 그리고 인생에서 최고되는 복은 목사가 되고, 목자가 되고, 예수 그리스도의 교회를 섬기는 자가 되는 것입니다. 세상의 모든 사람들 중에 우리는 최고로 복을 받은 사람들입니다. 그러므로 우리는 다른 사람들에게 복이 되어야 합니다.

3. To Become More and More Like Christ

There is the third way we should use the spiritual disciplines. I have just alluded to it. We should become like Jesus day by day. A few minutes ago, we read from Eph. 4 : 13. We are reminded of the ultimate purpose for the church of Christ. God has given to the church leadership gifts, men and women who have leadership gifts. That includes everyone in this room. I have the privilege of speaking today to church leaders. But God did not give those gifts to us as an end in themselves. He did not give us those gifts so we would become important. He gave us those gifts so we would become servants.

For remember what the passage goes on to say : "God has given leadership gifts in order that leaders will equip the saints. That is our highest calling and greatest privilege : to invest our lives in the lives of others, like shepherds taking care of sheep. A good shepherd loves his sheep. A good shepherd calls his sheep to follow him into safety. A good shepherd feeds and nourishes the sheep. A good shepherd gives his life for the sheep just as the chief shepherd Jesus Christ has given His life for us.

We are not important, Jesus is important. He is the Lord of the Church. We have the privilege of serving Him and serving some of His sheep that He has entrusted to our care. We need to give our lives for the sheep, equipping them for service. That's the third part of the teaching of this passage. God has given leadership gifts to the church in order that leaders would equip others so that they would serve, so that they would minister to others. But even that is not the end of the teaching.

See, the church should be the most unusual environment

3. 더욱 그리스도를 닮아가기 위하여

영성훈련을 사용하는 세번째 방도가 있습니다. 전에 잠깐 말씀드렸습니다만, 그것은 우리가 매일 매일 예수님을 닮아 가야 한다는 것입니다. 조금 전에 에베소서 4 : 13을 읽으면서 그리스도의 교회의 궁극적인 목적을 생각했습니다. 하나님이 교회에 지도력의 은사를 주시고 남녀 지도자들을 주셨습니다. 거기엔 여기에 있는 여러분 각자도 포함됩니다. 저는 지금 교회 지도자들에게 말하는 특권을 누리고 있습니다. 그러나 하나님은 이 은사를, 그 자체가 목적이 되도록 우리에게 주신 것이 아닙니다. 하나님이 우리에게 은사들을 주신 것은 우리가 중요한 사람이 되라고 주신 것이 아닙니다. 하나님이 은사를 주신 것은 우리가 섬기는 사람들이 되라고 주신 것입니다.

그 본문은 계속 말씀하기를, 하나님이 지도력의 은사들을 주신 것은 성도를 온전케 함이라 하였습니다. 목자가 양들을 돌보듯이 우리의 삶을 다른 사람들의 삶을 위하여 쏟을 수 있다는 것은 우리의 최고의 소명이며 최대의 특권입니다. 선한 목자는 자기의 양들을 사랑합니다. 선한 목자는 자기의 양들이 안전하게 따라오도록 양들을 부릅니다. 선한 목자는 양들을 먹이고 살찌웁니다. 선한 목자는 양들을 위하여 목숨을 내 놓습니다. 마치 목자장이신 예수 그리스도께서 우리를 위하여 목숨을 버리신 것처럼 말입니다.

우리가 중요한 것이 아닙니다. 예수님이 중요합니다. 주님이 교회의 주인이십니다. 우리는 주님을 섬기고 또한 우리의 관리에 맡겨진 주님의 몇 양을 섬기는 특권을 받았습니다. 우리는 양들을 위하여 우리의 삶을 드려, 그들이 봉사의 일을 하도록 할 필요가 있습니다. 그것이 이 본문이 가르치는 세번째 부분입니다. 하나님께서 교회에 지도력의 은사를 주신 것은 지도자들이 다른 사람들을 구비시켜서 섬기게 하고 그들이 다른 사람들을 목회하게 하려 하심입니다. 그러나 그것도 가르침의 목적이 되어서는 안됩니다.

in all society. The church should be that strange and wonderful place where people serve God and serve each other. In the United States we suffer from what we call a "consumer mentality. ' That means that many people come to the Christian church to see what the church will do for them. That is legitimate for a non-Christian when they are seeking for Christ. But that is not legitimate for a true Christian. A true Christian is called to serve, to use their spiritual gifts to serve others in the church. The unusual environment where people are not trying to get but they are trying to give, where we are not trying to be served but we are attempting to serve.

The next part of the passage goes on to say that when we are involved in doing this, we will grow to maturity and we will grow to a spiritual unity. We will speak more about unity on another day, but let me say something about spiritual unity here. It is a unity in knowing Jesus.

Notice the preposition, the knowledge of Jesus Christ, not knowledge about Jesus Christ. It is knowing Christ. Remember the Apostle Paul said that was his deepest desire, "that I may know Christ and the power of His resurrection and the fellowship of His sufferings." That is the purpose of the church. That is true spiritual unity, unity in Christ.

Then we come to verse 13. It becomes the major purpose of the church, it is that we will grow to full maturity in Christ. Again the thought that we shared at the beginning of this morning session, that we would come to the fullness of Christ. That is the purpose of the church : to help people grow to become more and more like Jesus. Not to become more like me, not to become more like you, to become more like Jesus.

교회는 모든 사회 중에서 가장 특이한 환경을 가진 사회여야 합니다. 교회는 사람들이 하나님을 섬기고, 서로를 섬기는 이상하고 놀라운 장소가 되어야 합니다. 미국에서는 소위 말하는 소비자의식 때문에 문제입니다. 그것은 많은 사람들이 교회가 자기들을 위해서 무엇을 해 줄 것인가 바라고 온다는 것입니다. 불신자들이 그리스도를 찾아 올 때는 그래도 괜찮습니다. 그러나 진정한 그리스도인에게는 그것이 합당하지 않습니다. 진정한 그리스도인은 섬기도록, 교회에서 다른 사람들을 섬기는데 자기의 영적 은사들을 사용하도록 부름을 받았습니다. 그 특이한 환경이란 바로 얻으려고 하지 않고 오히려 주려 하고 섬김을 받으려 하지 않고 섬기려 하는데 있는 것입니다.

본문은 계속해서 말씀하기를, 우리가 이런 일들에 참여할 때 우리는 장성한 분량이 충만하게 되고 영적인 하나됨으로 자라간다고 말씀합니다. 하나됨에 관하여는 다음에 더 말씀을 드리겠습니다만 여기서는 영적 하나됨에 관하여 몇가지만 말씀드리겠습니다. 그것은 그리스도를 아는 지식에 관한 일치입니다. 전치사에 유의하십시오. <u>그리스도에 관한</u> 지식이 아니라 그리스도를 아는 지식입니다. 그것은 <u>그리스도를 아는</u> 것입니다. 사도 바울이 말씀한 것을 기억합니다. "그리스도와 그 부활의 권능과 그 고난에 참여함을 알게 되는 것이 가장 간절한 소원이라." 그것이 교회의 목적이고 진정한 영적 하나됨, 그리스도 안에서의 하나됨입니다.

이제 13절입니다. 그것, 즉 우리가 그리스도의 장성한 분량까지 자라는 것은 교회의 주요한 목적이 됩니다. 이것들은 오늘 아침 시작 시간에 우리가 나누었던 것들입니다. 우리가 그리스도의 충만함에 이른다는 것입니다. 교회의 목적은 사람들을 도와서 더욱 더 예수님을 닮게 하는 것입니다. 저를 닮게 하는 것이 아니고, 여러분을 닮게 하는 것도 아니라, 예수님을 닮게 하는 것입니다.

많은 교회들이 이것을 잘 못합니다. 그들은 사람들이 목사님처럼 보이고 목사님처럼 행동하게 합니다. 매우 슬픈 일입니다. 그것은 틀림없이

That is the mistake of many churches. They tend to make people who look and act like the pastor. That is very sad. That must break the heart of God. For the greatest need of every one of us, as pastors, is to grow to become more like Jesus. And the need of every sheep that God has entrusted to our care is to grow to be more like Jesus. Measured by nothing less than the full stature of Christ.

That's why we need to pray. That's why we need to fast. That's why we need to study God's word. That's why we need to practice the various spiritual disciplines. To come closer and closer to Christ and to become more and more like Him. More and more living under the Lordship of Jesus Christ, and filled with the Holy Spirit.

4. To Become A Constant Source of Blessing to Others

There is a fourth reason for the spiritual disciplines. It may surprise you. I'm not sure that we hear very much preaching on this subject. But it's a very important subject. And it's a very exciting subject. It will bring great joy and great blessing to us. It is this : to become a constant source of blessing to others.

As we have said, not only to be blessed ourselves but to share those blessings with others. To not be like the Dead Sea, but to become dispensers of God's grace. This is a truth of God's word from the very book of Genesis. Turn back with me to the book of Gen. 12. And let us be reminded of the original covenant that God made with Abrahm. Before his name was ever changed to Abraham, God shared this truth with him. Dr. Kim will read Gen. 12 : 1～3.

하나님의 마음을 아프게 할 것입니다. 우리 목사들 각자가 가진 가장 큰 필요는 더욱 예수님처럼 자라 가는 것이며, 또한 하나님께서 우리에게 돌보라고 맡기신 모든 양들의 필요 역시 더욱 예수님을 닮아 가는 것이기 때문에 우리의 척도는 다른 어떤 것이 아니라 바로 예수님의 장성한 분량입니다.

그렇기 때문에 우리는 기도가 필요합니다. 금식할 필요가 있습니다. 그렇기 때문에 하나님의 말씀을 배울 필요가 있습니다. 그렇기 때문에 바로 이 영성 훈련을 시행할 필요가 있는 것입니다. 더 가까이 더 가까이 그리스도에게 다가가고, 더욱 더 그리스도를 닮아 가기 위해서, 더욱 더 예수 그리스도의 주재권 아래 살도록, 그래서 성령으로 충만하여 지도록.

4. 다른 사람들에게 계속적인 복의 근원이 되기 위하여

영성 훈련의 네번째 방도가 있습니다. 여러분에게 의외일지도 모릅니다. 제가 확신하지만 이 주제에 대해서 설교하는 것은 잘 듣지 못하였을 것입니다. 그렇지만 이 주제는 아주 중요합니다. 또한 아주 흥미로운 주제입니다. 그것은 놀라운 기쁨과 축복을 우리에게 가져 올 것입니다. 그것은 이것입니다. 다른 사람들에게 계속적인 복의 근원이 되는 것입니다.

이미 말씀드린대로 우리 자신만 복을 받는 것이 아니라 그 복을 다른 사람들과 나누는 것입니다. 사해처럼 되지 말고 하나님의 은혜를 나눠주는 자가 되십시오. 이것은 곧 창세기에서부터 말씀하는 하나님의 진리입니다. 창세기 12장을 보겠습니다. 하나님이 아브라함에게 주셨던 원 약속을 생각해 봅시다. 그의 이름이 아브라함으로 바뀌기 전에 하나님께서 이 진리를 그에게 말씀하셨습니다. 김박사님께서 1~3절을 읽어 주시겠습니다.

The LORD had said to Abram, "Leave your country,
your people and your father's household and go to the
land I will show you.
I will make you into a great nation and I will bless you;
I will make your name great, and you will be a blessing.
I will bless those who bless you,
and whoever curses you I will curse;
and all people on earth will be blessed through you."

Our Lord promised to bless Abram. He promised to make
his name great. He promised to make his family into a great
nation. But that is not the end of this promise. That is only
the beginning. The greatest blessing would be much more
than those things. "You will be a blessing. I will bless those
who bless you and I will curse those who curse you. And all
the peoples on the earth will be blessed through you."

Is that not a wonderful promise? Is that not a wonderful
promise for Korea today? Ultimately there's only one way
this nation will be blessed by God. It will be through the liv-
es of His people. "You will not only be blessed, you will be
a source of blessing to all those around you." Was that not
true in the book of Acts chapter 2 when the early church is
first described? The early christians became a blessing to ever-
yone around them. They were held in high favor. People
were often living in a sense of awe at the presence and power
of God. The Jesus life will equip us to be a blessing to all of
those around us.

That brings us to the fifth and final point of the proper
use of spiritual disciplines. But I don't want you to think
this is an exhaustive list. I've just listed 5 of the proper uses
of spiritual disciplines. You may add many more. I would

여호와께서 아브람에게 이르시되 너는 너의 본토 친척 아비 집을 떠나 내가 네게 지시할 땅으로 가라 내가 너로 큰 민족을 이루고 네게 복을 주어 네 이름을 창대케 하리니 너는 복의 근원이 될지라 너를 축복하는 자에게는 내가 복을 내리고 너를 저주하는 자에게는 내가 저주하리니 땅의 모든 족속이 너를 인하여 복을 얻을 것이니라 하신지라

여호와께서 아브람을 축복하시겠다고 약속하셨습니다. 그의 이름을 창대케 하겠다고 하셨습니다. 그의 가족이 큰 나라를 이루겠다고 약속하셨습니다. 그러나 그것이 그 약속의 전부는 아닙니다. 그것은 시작에 불과했습니다. 최고의 축복은 그것들보다 훨씬 커야 합니다. "너는 복의 근원이 될찌라 너를 축복하는 자에게는 내가 복을 내리고 너를 저주하는 자에게는 내가 저주하리니 땅의 모든 족속이 너를 인하여 복을 얻을 것이니라."

이것은 참으로 놀라운 약속이 아닙니까? 이것은 오늘 한국에게 참으로 놀라운 약속이 아닙니까? 결국, 이 민족이 모든 민족에게 하나님의 복을 전하는 길이 될 것입니다. 그것은 하나님의 백성들의 삶을 통하여 될 것입니다. "네가 복을 받을 뿐아니라 네 주위에 있는 모든 사람들에게 복의 근원이 될 것이다." 그것은 사도행전 2장에서 초대 교회를 처음 묘사한 그 내용과도 같지 않습니까? 초대 교회는 주위의 사람들에게 축복이 되었습니다. 그들은 칭찬을 들었습니다. 사람들이 하나님의 임재하심을 느끼면서 공개적인 삶을 살았습니다. 예수님의 생명이 우리로 하여금 우리 주위의 모든 사람들에게 복이 되게 할 것입니다.

이제 영성 훈련을 바르게 사용하는 마지막 5번째까지 왔습니다. 그러나 저는 여러분이 이 목록을 다 된 것이라고 생각지 않으셨으면 좋겠습니다. 저는 영성 훈련을 바르게 사용하는 법을 단지 5가지만 말씀드린 것입니다. 여러분이 많이 더하실 수 있을 것입니다. 여러분이 교회에 돌

encourage you to go back to your churches and teach these truths to your people. As the Lord leads you and as you study and pray and meditate on this subject, I am sure the Lord will give you additional insights. The word of God is never exhausted. Just as the grace of God is never exhausted.

5. To Focus on Christ and His Eternal Kingdom to do All to the Glory of God

But notice this fifth point : that we need to focus on Christ and His eternal kingdom to do all to the glory of God. Many of you have studied a catechism of your church. And the question is asked, "What is the chief end or the chief purpose of man?" And the answer is, "To glorify God, and to enjoy Him forever."

Friends, that is ultimate fulfillment in life. Paul put it this way in his letter to the Corinthians, in 1 Cor. 10 : 31. "That whether we eat or drink, whatever we do, we do all to the glory of God." Again, what a wonderful way to live! To live in the flow of God's spirit, to have one deep desire in life, to live in communion with God and to seek to do all to His glory. That's what Jesus shared in the Sermon on the Mount.

Most of us have memorized Matt. 6 : 33. As a teenager, I chose that verse as my life's verse. For many years, God has been teaching me the truth of that verse. "Seek first the kingdom of God and His righteousness, and everything will be added unto you." We can say it in a slightly different way. "Seek first to do the will of God, to be clothed in His righteousness, to be dead to self and alive to God." And God said, "I have promised to take care of the rest. I will feed you, I will clothe you, I will care for you, I will take care of you like the birds of the air, like the beautiful lilies in the fiel-

아가셔서 주님이 인도하시는대로 이 진리들을 여러분의 교인들에게 가르치시고 이 주제에 대해서 연구하시고 기도하시고 묵상하시기를 바랍니다. 제가 확신하건대 주님이 분명히 또다른 통찰력들을 주실 것입니다. 하나님의 말씀은 결코 다하는 법이 없습니다. 하나님의 은혜가 그러하듯이 말입니다.

5. 모든 것을 하나님의 영광을 위하여 행하기 위하여, 그리스도와 그의 영원한 나라에 촛점을 맞추도록

이 다섯번째 요점을 유의하십시오. 우리는 모든 것을 하나님의 영광을 위하여 하기 위해서 그리스도와 그의 영원한 나라에 촛점을 맞추는 것이 필요합니다. 여러분 중 많은 분들이 소속 교단의 교리문답을 배우셨을 것입니다. "인간의 최고 목표와 최고 목적은 무엇입니까?" 하는 질문이 있고, 또 그에 대한 대답은 "하나님을 영화롭게 하고 영원토록 그를 즐거워하는 것이다"입니다.

여러분, 그것이 바로 인생의 궁극적인 만족함입니다. 바울은 그것을 고린도전서에서 이렇게 표현했습니다. 고린도전서 10 : 31입니다. "그런즉 우리가 먹든지 마시든지 무엇을 하든지 다 하나님의 영광을 위하여 한다." 이것은 또 얼마나 놀라운 삶입니까? 하나님의 영에 충만한 삶, 삶에서 한가지 깊은 소원, 즉 하나님과 교제하면서 모든 일을 그의 영광을 구하면서 살고자 하는 소원을 가지고 사는 삶. 그것이 바로 산상수훈에서 예수님이 말씀하신 삶입니다.

우리는 다 마태복음 6 : 33을 암송하고 있습니다. 제가 십대였을 때 저는 그 말씀을 저의 삶의 말씀으로 선택하였습니다. 오랜 기간동안 하나님께서는 저에게 그 말씀의 진리를 가르쳐 주셨습니다. "먼저 그 나라와 그의 의를 구하라. 그리하면 이 모든 것을 너희에게 더하시리라." 우리는 그것을 약간 다르게 표현할 수도 있습니다. "먼저 하나님의 뜻을 행

d. Trust me, seek me, follow me, obey me. And I will bless you and you will be a blessing to others." That's how God wants us to live.

E. The Personal Application of Spiritual Disciplines

Now we come down to the final part of this study. The personal application of the spiritual disciplines. Again I would like to summarize just five areas for us. As we allow the spiritual disciplines to work in our lives, as they bring us into communion and fellowship with God, what practical difference will this make in our lives?

Again I do not attempt to share an exhaustive list. But let me share five very accurate and wonderful truths.

1. The Holy Life

The first is the holy life. Our Lord has said, "Be holy as I am holy." Our Lord has said, "Seek first My kingdom and My righteousness." One of the greatest needs in our world are for people who live holy lives. To be holy is to be like God. And we can only live holy lives if God is controlling our lives.

We are facing very major problems in the church in the United States. You may not be aware of them. In the United States, there is much hypocrisy in the church. There is a great difference between those who profess to be Christians and those who live holy, righteous lives. The most recent Gallup poll showed that 73 percent of Americans claim to have made a commitment to Jesus Christ. That sounds very wonderful on the surface, and we would rejoice and praise God. But there's some very bad news about those figures.

하려고 구하라. 그의 의를 옷입고 자신에 대하여 죽고 하나님께 대하여 살라." 하나님께서 말씀하셨습니다. "나머지는 내가 맡기로 약속하노라. 내가 먹여 주리라, 내가 입혀 주리라, 내가 돌봐 주리라. 나를 믿으라, 나를 찾으라, 나를 따르라, 나에게 순종하라. 그리하면 내가 복을 주리라, 네가 다른 사람들에게 복이 되리라." 그것은 우리 하나님이 우리에게 원하시는 삶입니다.

E. 영성 훈련의 개인적 적용

이제 이 수업의 마지막 부분에 왔습니다. 영성훈련의 개인적 적용입니다. 저는 이것도 다섯 영역으로 요약하려고 합니다. 영성훈련이 우리 삶에서 역사하여 하나님과 교제와 교통을 하게 되면 우리 삶에 어떠한 변화가 일어나겠습니까?

저는 완벽한 목록을 제시하려고 하지 않습니다. 단지 5가지의 아주 적절하고 놀라운 진리들을 말씀드리겠습니다.

1. 거룩한 삶

첫번째는 거룩한 삶입니다. 우리 주님께서 "내가 거룩하니 너희도 거룩할찌어다"라고 말씀하셨습니다. 우리 주님이 또 말씀하셨습니다. "먼저 내 나라와 나의 의를 구하라." 이 세상에 가장 필요한 것은 거룩한 삶을 사는 사람들입니다. 거룩하라는 것은 하나님처럼 되라는 것입니다. 그러므로 우리는 하나님이 우리 삶을 주장하실 때만 거룩한 삶을 살 수 있습니다.

미국의 교회들은 아주 큰 문제에 봉착해 있습니다. 여러분은 잘 모르실 것입니다. 미국에서는 교회에 위선이 많습니다. 그리스도인이라고 고백하는 사람과 거룩하고 의로운 삶을 사는 사람 사이에는 큰 차이가 있습니다. 최근의 갤럽 여론 조사에 의하면 73%의 미국 사람들이 예수 그

As Mr. Gallup studied the situation deeply, he discovered something quite different. He discovered that only one out of ten of those who profess to be Christians live anything like Jesus Christ. That the other 90 percent live just like non Christians live. That there is no difference between their lives and non-Christian lives. Friends, that's not Christianity. That's hypocrisy. That's sin. That's tragic.

It's been over 150 years since we have had a great spiritual revival in the United States. As the church is growing very rapidly around the world, the church is declining in the United States, and declining in most other Western nations. For years, we were the ones who sent missionaries into all the world. Missionaries came to Korea from the United States. Many of them are your spiritual grandparents or great grandparents. As you know, now Korea's sending missionaries to the United States. And other Churches of the world are sending missionaries to the United States. Why? Because people profess one thing with their mouth and live another thing with their life.

We are praying for a great spiritual awakening in the United States, and there are encouraging signs. There is an authentic prayer movement that is beginning to spread across the United States. Much of that, we have learned from you. Please pray for the church in the United States. For the greatest need of the church in the United States is the greatest need of the church in Korea. It is that we will live holy, pure, and righteous lives. Not our righteousness, but the righteousness of Jesus. Only when we are clothed with His righteousness are we truly righteous. The spiritual disciplines will lead us to Christ, and Christ will lead us to the life of holiness.

리스도께 헌신했다고 합니다. 이것은 표면적으로는 아주 대단하게 들립니다. 그래서 우리는 기뻐하면서 하나님께 찬양을 돌립니다. 그러나 이 숫자들에는 아주 좋지 않은 내용들도 있습니다.

갤럽 씨가 그 상황을 면밀히 연구한 결과 아주 다른 것들을 발견했습니다. 그는 그들 그리스도인이라고 고백하는 사람들 10명 중에 1명만이 예수 그리스도와 조금이라도 닮은 생활을 하고 있다는 것을 발견하였습니다. 나머지 90%의 사람들은 불신자와 다름없는 생활을 하고 있었다는 것입니다. 그들의 삶은 불신자들의 삶과 전혀 차이가 없었습니다. 여러분, 그것은 기독교가 아닙니다. 위선입니다. 죄악입니다. 비극입니다.

미국에서 부흥이 있었던 것은 벌써 150년 전의 일입니다. 세계적으로 교회가 아주 급속하게 성장하고 있는데 미국과 서구에서는 교회들이 줄어들고 있습니다. 오랜동안 우리는 세계에 선교사들을 파송하던 나라였습니다. 한국에도 미국에서 선교사들이 왔었습니다. 그들이 여러분의 영적인 조상들입니다. 그러나 이제는 여러분이 아시는대로 한국에서 미국으로 선교사들을 보내고 있습니다. 그리고 다른 나라의 교회들도 미국에 선교사들을 보내고 있습니다. 왜 그렇습니까? 그 이유는 사람들이 입으로 고백하는 것과는 전혀 다른 생활을 살고 있기 때문입니다.

우리는 미국에서 위대한 영적 각성이 일어나기를 기도하고 있는데 고무적인 증표들이 있습니다. 진정한 기도 운동이 미국전역에 걸쳐서 시작되었습니다. 그것들 중 대개는 여러분에게 배운 것입니다. 미국의 교회들을 위해서 기도해 주십시요. 미국 교회의 최대의 필요는 한국 교회의 최대의 필요이기 때문입니다. 우리가 거룩하고 순결하고 의로운 삶을 살도록 기도해 주십시요. 우리의 의가 아니라 그리스도의 의를 의해 살도록 기도해 주십시요. 오직 그리스도의 의를 덧입을 때 우리는 참으로 의로와집니다. 영성 훈련은 우리를 그리스도에게로 인도할 것이고 그리스도는 우리를 거룩한 삶으로 인도하실 것입니다.

2. The Fulfilled Life

There is a second personal application, and I've referred to it several times. It is what I would called "the fulfilled life." In English, the word "fulfill" comes from being full, like a cup filled to overflowing. The fulfilled life is depended upon being filled with Christ, being filled with the Holy Spirit, filled to overflowing.

As we have said, that's the only way to be truly fulfilled. Pastoring a large church will not make you fulfilled. Having many theological degrees will not make you fulfilled. Having many awards hanging on your study wall will not make you fulfilled. Only one thing will make you fulfilled. And that is Jesus Christ, and the assurance that you are doing His will.

Remember when Jesus spoke about that to His disciples? It's recorded in John's Gospel, chapter 4. They were visiting in Samaria, you'll remember, and the disciples had gone into the village to buy food, and Jesus stayed behind at Jacob's well. And do you remember it was that day that he ministered to the Samaritan woman? After she had come to believe in Him, she went running back to the village to get others.

At that time, the disciples returned from the village with food. And Jesus said He wasn't hungry. And they couldn't understand that. It upset them. They began to talk among themselves. They thought someone else had brought Him food. But Jesus said, "No, no one else brought me food. My food is not temporary food." He had just talked to the Samaritan woman about water that would quench her thirst eternally. Now, He talked to His disciples about spiritual food. Let us read John 4 : 34∼35.

2. 만족한 삶

두번째 개인 적용은, 이미 몇번이나 말씀드렸습니다만, 제가 '만족한 삶'이라고 부르는 것입니다. 영어로 '만족한'이라는 말은 찼다는 데서 나왔는데 물이 컵에 차서 넘치는 것을 말합니다. 만족한 삶은 그리스도로 충만한 것, 성령으로 충만한 것, 충만하여 넘치는 것과 깊은 관련이 있습니다.

말 그대로, 진정으로 채워지는 길은 그 길 뿐입니다. 대 교회를 목회하는 것으로 만족할 수 없습니다. 신학 학위를 많이 갖는 것으로 만족할 수 없습니다. 연구실 벽에 상장을 많이 걸어 놓는 것으로도 만족할 수 없습니다. 오직 한가지만이 여러분에게 만족을 줍니다. 바로 예수 그리스도, 여러분이 그의 뜻을 행하고 있다는 확신만이 만족을 줍니다.

예수님이 그의 제자들에게 하신 말씀을 기억하십니까? 요한복음 4장에 기록되어 있습니다. 그들은 사마리아를 방문 중이었는데, 기억하실 것입니다, 제자들은 음식을 사러 동네로 들어 갔고 예수님은 야곱의 우물 뒤에 남아 계셨습니다. 기억하실 것입니다. 바로 그때 그들(예수님과 남은 제자들)은 사마리아 여자에게 전도를 했습니다. 예수님을 믿고 나서 그 여자는 다른 사람들을 데려 오려고 동네로 돌아갔습니다.

그때 제자들이 음식을 가지고 마을에서 돌아 왔습니다. 예수께선 배고프지 않다고 말씀하셨습니다. 제자들은 이해를 할 수가 없었습니다. 그들은 화가 났습니다. 그리고는 서로 물었습니다. 그들은 '누군가가 예수님에게 먹을 것을 드렸나보다' 하고 생각했습니다. 그러나 예수님은 "다른 누가 나에게 음식을 준 것이 아니라. 나의 음식은 일시적인 음식이 아니니라"고 말씀하셨습니다. 예수님은 조금 전 사마리아 여자에게 영원히 마르지 않고 갈하지 않는 생수에 대해서 말씀을 하셨는데 이제는 제자들에게 영적인 양식에 대해서 말씀을 하시는 것입니다. 요한복음 4: 34, 35을 읽어 봅시다.

"My food," said Jesus, "is to do the will of Him who sent me and to finish his work. Do you not say, four months more and then the harvest?" I tell you, open your eyes and look at the fields! They are ripe for harvest.

In my Bible, the word is translated "My food." Perhaps in your Bible, it's translated "My meat." The bottom line is that He is talking about His sustenance, His purpose, the very thing that makes Him live.

And "His food" was to do two things. First of all, "to do the will of Him who sent Me." In chapter 6 of John, Jesus makes a similar statement. When He said, "I haven't come down from heaven to do My own thing, I have come to do the will of My Father in heaven."

My friends, let's be reminded of an obvious and important fact. Everyone of us in this room was created to do the will of God. And as long as we just do our own will, fulfill our own desires, we will never be fulfilled. We will only be fulfilled when we do the will of our Father in heaven. Jesus understood that. He lived in communion with His Father. And that's what He committed Himself to do. And then He committed Himself to do a second thing, to finish His work, to finish the work of His Father.

Isn't it interesting in the last hours of the life of Jesus, He spoke again of both of these matters? The first was in the Garden of Gethsemane. As we know, He went there to pray. He knew the cross was just before Him. He agonized in prayer. He asked His disciples to pray with Him. But they fell asleep. His agony became so great, He began to perspire as of blood. And He cried out to His Father, "Father, if it is

예수께서 이르시되 나의 양식은 나를 보내신 이의 뜻을 행하며 그
의 일을 온전히 이루는 이것이니라 너희가 넉 달이 지나야 추수할
때가 이르겠다 하지 아니하느냐 내가 너희에게 이르노니 눈을 들어
밭을 보라 희어져 추수하게 되었도다

제 성경에는 그 말이 '나의 양식'이라고 되어 있습니다. 혹시 여러분의
성경에는 '나의 고기'라고 되어 있는지요? 기본적인 의미는 예수님이 자
기의 생명을 유지하는 것, 예수님의 목적, 즉 예수님을 사시게 하는 그것
을 말씀하고 계시는 것입니다.

예수님의 양식에는 두가지 일이 들어 있습니다. 하나는 "나를 보내신
이의 일을 하는 것"입니다. 요한복음 6장에서 예수님은 비슷한 말씀을
하십니다. "나는 내 자신의 일을 하려고 온 것이 아니라, 하늘에 계신 내
아버지의 일을 하려고 왔노라."

여러분, 아주 분명하고 중요한 사실을 기억하십시다. 이 방안에 있는
우리 모두는 하나님의 뜻을 행하기 위해서 창조된 것입니다. 그러므로
우리가 우리 자신의 뜻만 행하고 우리 자신의 욕심만 채운다면 그것은
잘못입니다, 그렇게는 절대로 만족이 없습니다. 우리는 하늘에 계신 우
리 아버지의 뜻을 행할 때에만 만족할 수 있습니다. 예수님은 그것을 알
고 계셨습니다. 예수님은 그 아버지와의 교통 속에 사셨습니다. 예수님
은 그 일을 하려고 자신을 드리셨습니다. 또한 예수님은 두번째 일, 곧
자신의 일과 아버지의 일을 완수하는데에 자신을 드리셨습니다.

예수님의 생애의 마지막 때에 예수께서 이것들을 다시 말씀하셨다는
것은 상당히 흥미롭지 않습니까? 한번은 겟세마네 동산에서였습니다. 우
리가 아는대로 주님은 거기에 기도하러 가셨습니다. 주님은 십자가가 바
로 눈 앞에 와 있다는 것을 아셨습니다. 주님은 기도하면서 고뇌하셨습
니다. 제자들에게 함께 기도하자고 요청하셨습니다. 그러나 그들은 잠들
어 버렸습니다. 주님의 고뇌는 매우 커져서 땀이 피처럼 흘렀습니다. 주

possible, remove this cup from me. Nevertheless, not my will but Thine be done." That's the key of fulfillment. Doing God's will is not always easy. Like Jesus, we will sometimes agonize in prayer over the will of God. But the important thing is we submit to the will of God.

The work of Jesus Christ was finished on the cross. The last words that Jesus uttered from the cross, as recorded in this Gospel, the Gospel of John, are these words: "IT IS FINISHED!"

What is finished? Some Bible scholars say, "Well, He was just sighing of relief. He died and just sighed a sigh of relief. The suffering was coming to an end, and the pain. And He was going to be delivered from it. But I do not believe it was a sigh of relief. I believe it was a cry of triumph of great joy and great thanksgiving. A cry of victory. It is finished!

What is finished? The work that His Father had given Him to do. When our lives are over, that is all that's going to matter. The only thing will matters is whether we have done the will of God, and whether we have finished the work that He has given us to do.

We are at this beautiful Center for World Missions, and it reminds us of the work our Father has given us to do. For Jesus shared that in the next verse, verse 35: our work is not the work of the cross. That was the unique work of Jesus. Only Jesus could shed His blood on the cross for the forgiveness of sins. And that work is finished. Well, what work has He given us? Well, He said, "Open your eyes, and look at the fields. They are ripe unto harvest!" The Lord has given us the work of the Great Commission. "To go into all the world and to make disciples of all the people. To teach them all the truth that we are learning, to baptize in the name of

님은 아버지께 부르짖었습니다. "아버지여, 가능하시오면 이 잔을 내게서 옮기옵소서. 그러나 나의 원대로 마옵시고 아버지의 뜻대로 하옵소서." 그것이 만족함의 비결입니다. 하나님의 뜻을 행하는 것은 언제나 쉬운 것은 아닙니다. 예수님처럼 우리도 때때로 기도 중에 하나님의 뜻 때문에 고뇌할 것입니다. 그러나 중요한 것은 우리가 하나님의 뜻에 굴복하는 것입니다.

예수님의 일은 십자가 위에서 성취되었습니다. 십자가 위에서 하신 예수님의 마지막 말씀은 복음서, 요한복음서에 기록된 대로, "다 이루었다"는 것이었습니다.

무엇이 다 이루어졌습니까? 어떤 성경학자들은 예수님이 고통 해제의 신음소리를 냈다고 합니다. 단지 예수님이 죽으면서 고통 해제의 신음을 냈다는 것입니다. 그 고난이 이제 끝났고 고통도 끝났다. 그러므로 그는 고통에서 해방된 것이라고 합니다. 그러나 저는 그것이 고통 해제의 신음소리라고 믿지 않습니다. 저는 그 소리는 승리의 외침이라고 믿습니다. 커다란 기쁨과 커다란 감사의 외침, 승리의 외침이라고 믿습니다. 다 끝났다!

무엇이 끝났습니까? 그 아버지가 그에게 하라고 주신 일입니다. 우리의 생명이 끝났을 때 참으로 문제가 되는 것은 바로 그것입니다. 오직 한 가지 문제가 되는 것은 우리가 하나님의 뜻을 행하였는가, 우리가 하나님이 우리에게 하라고 주신 일을 끝마쳤는가 하는 것입니다.

우리는 지금 이 아름다운 선교센타에 있습니다. 그것이 우리로 하여금 하나님이 우리에게 주신 일들을 생각케 합니다. 예수께서 다음 구절35절에서 그것을 말씀하셨기 때문입니다. 우리의 일은 십자가가 아닙니다. 그것은 예수님의 고유한 일입니다. 오직 예수님만이 십자가에서 죄 사함을 위한 그의 피를 흘릴 수 있었습니다. 그리고 그 일은 끝났습니다. 그럼 우리에게는 무슨 일을 주셨습니까? "너희 눈을 들어 밭을 보라. 희어져 추수하게 되었도다." 주님은 우리에게 대 위임령을 주셨습니다. 땅끝

the Father and the Son and the Holy Spirit."

The fulfilled life is being in the flow of the Spirit. It is in doing the will of God, in finishing His work. And there is much to be done, brothers and sisters. Wonderful things are happening around the world. And I hear that hundreds of missionaries are being sent from Korea all over the world. And we rejoice and praise God. But don't miss the harvest.

Everyone of us can be and must be a part of the harvest, first in Korea, then in Asia, and then to the uttermost parts of the earth. We praise God that you are there.

3. The Blessed Life

There is a third practical application. That is the blessed life. In the beatitudes, in the Sermon on the Mount in Matt. 5, Jesus speaks about the importance of being blessed. As we've been reminded from Genesis 12 that God wants to bless us, so that we will be a blessing to others. And the ultimate way to do that is through the Great Commission of Christ. To be a blessing to those around us, and to those people throughout the world.

4. The Useful/ Productive Life

The fourth personal application of the spiritual disciplines is what I would call the useful life, the productive life, the spiritually fruitful life. And we will speak more about that at a later time, but for now, let me just remind you of the great passage of 2 Cor. 4 : 5~7. May we have those read for us please?

까지 이르러 모든 족속을 제자 삼는 것입니다. 우리가 배운 모든 진리를 그들에게 가르치고 아버지와 아들과 성령의 이름으로 세례를 주는 것입니다.

만족한 삶은 성령의 충만에 있습니다. 하나님의 뜻을 행하는 데 있고 하나님의 일을 끝마치는데 있습니다. 그리고 형제 자매 여러분, 할 일이 많이 있습니다. 놀라운 일들이 세계 곳곳에서 일어나고 있습니다. 제가 듣기로는 한국에서 수백명의 선교사들을 세계 각국에 파송하였다고 합니다. 우리는 기뻐하고 하나님을 찬양합니다. 그러나 추수를 잊지 맙시다.

우리 각자는 추수의 대상이며 또 대상이 되어야만 합니다. 먼저는 한국에서, 다음에는 아시아에서 그 다음에는 땅끝까지. 여러분이 거기 있으므로 우리는 하나님을 찬양합니다.

3. 복된 삶

세번째 실제적 적용은 축복된 삶입니다. 예수님은 마태복음 5장 산상수훈의 팔복 말씀에서 복을 받는 것의 중요성을 말씀하셨습니다. 창세기 12장에서 알아 본 바와 같이 하나님은 우리를 축복하셔서 우리가 다른 사람들에게 축복이 되기를 원하십니다. 그리고 그렇게 하는 궁극적인 길은 그리스도의 대 위임령을 통해서 입니다. 그것을 통하여 우리 주위의 사람들에게 축복이 되고 전 세계에 퍼져있는 사람들에게 축복이 됩니다.

4. 유용한/ 생산적인 삶

네번째 영성훈련의 개인적 적용은 제가 유용한 삶, 생산적인 삶, 영적으로 열매맺는 삶이라고 부르는 것입니다. 거기에 대해서는 후에 좀더 말씀드리겠습니다. 지금은 고린도후서 4 : 5~7의 유명한 말씀만 생각해 봅니다. 우리를 위해서 좀 읽어 주시지요.

> For we do not preach ourselves, but Jesus Christ as Lord, and ourselves as your servants for Jesus' sake. For God, who said, "Let light shine out of darkness," made his light shine in our hearts to give us the light of the knowledge of the glory of God in the face of Christ.

The power does not come from us. The power comes from Christ. And the Apostle Paul learned that in his own life, when he pleaded with God to deliver him from the thorn in the flesh. Instead of being delivered, the Lord ministered to him, "My grace is sufficient for you. My strength, My power-eris made perfect in weakness."

Jesus said the useful life is like a vine and a branch. In John 15, you remember, He gave us the parable of the fruit of the vine. "I am the vine, you are the branches. He who abides in me and I in him, the same brings forth much fruit."

When the life is in Jesus Christ and Jesus Christ is in the life, the result will be spiritual fruit. It will be a productive life. It will be a useful life. It will be a fruitful life. And the source of the fruit is in Jesus Christ.

5. The Eternal/ Kingdom of God Life

That brings us to the fifth and final application. This is an eternal life, this is a kingdom life, this is the Sermon on the Mount life. For Jesus told us we should not invest or lay up treasures on earth. It is tragic how many Christians just live for this life. Jesus said we should not live that way. This life will pass away. Invest your life in the eternal kingdom. The kingdom that will last for ever. The crown that will never be taken from us and will never fade away. Treasures in heaven

우리가 우리를 전파하는 것이 아니라 오직 그리스도 예수의 주되신 것과 또 예수를 위하여 우리가 너희의 종 된 것을 전파함이라 어두운 데서 빛이 비취리라 하시던 그 하나님께서 예수 그리스도의 얼굴에 있는 하나님의 영광을 아는 빛을 우리 마음에 비취셨느니라 우리가 이 보배를 질그릇에 가졌으니 이는 능력의 심히 큰 것이 하나님께 있고 우리에게 있지 아니함을 알게 하려 함이라

능력은 우리에게서 나오는 것이 아닙니다. 그리스도에게서 나옵니다. 사도 바울은 그것을 자신의 삶을 통하여 알았습니다. 그가 하나님께 자기를 육체의 가시에서 건져달라고 간구하였을 때, 주님은 그를 건져주는 대신에 이렇게 가르쳐 주셨습니다. "내 은혜가 네게 족하도다. 이는 내 능력이 약한데서 온전하여짐이라"(고린도후서 12 : 9).

예수님은, 유용한 삶은 포도나무 줄기와 가지 같다고 말씀하셨습니다. 요한복음 15장에서, 기억하시는대로, 예수님은 우리에게 포도 열매 비유를 주셨습니다. "나는 포도나무요 너희는 가지니 너희가 내 안에 거하고 내가 너희 안에 거하면 그 사람은 열매를 많이 맺나니."

삶이 예수님 안에 있고 예수님이 그 삶 안에 계실 때 그 길과 영적인 열매가 맺어집니다. 그것은 생산적인 삶이 될 것입니다. 유용한 삶이 될 것입니다. 열매맺는 삶이 될 것입니다. 물론 열매의 근원은 예수 그리스도 안에 있습니다.

5. 영원한/ 하나님 나라의 삶

이제 마지막 다섯번째 적용입니다. 이것은 영원한 삶, 하나님 나라의 삶, 산상수훈의 삶입니다. 예수께서 이미 우리에게 이 땅에 투자하고 이 땅에 보물을 쌓아 놓지 말라고 말씀하셨음에도 불구하고 얼마나 많은 그리스도인들이 이곳의 삶을 위해서만 살고 있는지 참 비극입니다. 예수님은 우리에게 그렇게 살아서는 안된다고 하셨습니다. 이 삶은 지나갈 것

where rust, will not corrupt and moths will not eat. And you will never have to worry about a thief coming and stealing it.

It is what Jesus speaks about to the seven churches in Revelation 2 and 3. He shares the same phrase over and over again. "To the one who overcomes will I give My crown. To the one who overcomes will I give My reward." This is an eternal race. We must not only begin the race, we must finish the race, to the glory of God, and the spiritual disciplines will help keep us in the race, following Jesus as Lord.

Let me close this morning's session with a brief story :

A number of years ago, my wife and I lived in the eastern part of the United States. I was directing a crusade for the Billy Graham Association. Our boys were young, our daughter was a baby, just a few weeks old. I was working very hard and had no time off until I was given a three-day vacation. So I said, "Let's visit New England in these three days."

So in three days we visited New England. We went to seven different states. We drove over 1,300 miles. As we were driving down the highway on the third and final day, I saw a sign that said "Northfield." I said to my wife, "Jeannie, I think the great evangelist D. L. Moody is buried in Northfield." So I turned off the freeway and drove into this little town. And I asked a man if he knew where D. L. Moody was buried. And he said, "Yes," and he guided us to the spot.

He is buried next to his wife in a very simple grave. It is in the middle of a campus of Northfield School, a school that

입니다. 여러분의 삶을 영원한 나라, 영원히 지속될 나라에 투자하십시요. 우리에게서 빼앗을 수 없고 녹슬지 않는 면류관을 위해서 투자하십시요. 하늘의 보화는 영원하며, 녹슬지 않고 좀도 먹지 않을 것입니다. 도적이 와서 훔쳐갈 걱정도 할 필요가 없을 것입니다.

이것은 요한계시록 2장과 3장에서 일곱 교회들에게 예수님이 하시는 말씀입니다. 예수님은 같은 말씀을 자꾸 되풀이 하십니다. "이기는 자에게는 내가 나의 면류관을 주리라. 이기는 자에게는 나의 상을 주리라." 이것은 영원한 경주입니다. 우리는 경주를 시작할 뿐만 아니라 경주를 끝마쳐야만 합니다, 하나님의 영광을 위하여. 영성훈련은 우리가 예수님을 주님으로 따르는 경주를 계속할 수 있도록 도와 줄 것입니다.

간단한 이야기를 하나 하고 이 아침 시간을 마치겠습니다. 수년 전에 제 아내와 제가 미국 동부에 살고 있었습니다. 저는 빌리 그래함 선교회의 디렉터로 있었습니다. 우리 아들들은 아직 어렸고, 딸은 몇 주 밖에 안된 아기였습니다. 저는 아주 열심히 일하고 있었는데 3일 휴가를 얻기전까지는 쉴 새가 없었습니다. 제가 이렇게 말했습니다. "우리 이 3일 동안 뉴 잉글랜드에 다녀 옵시다."

그래서 삼일 동안 뉴 잉글랜드를 방문했습니다. 7개의 주에 가 보았는데 1,300 마일을 운전하였습니다. 제 삼일, 마지막 날 고속도로를 달리고 있는데 '노스필드'라고 쓴 팻말이 보였습니다. 제가 아내 지니에게 말했습니다. "위대한 전도자 디 엘 무디가 노스필드에 묻혔다고 했는데" 그래서 길을 빠져나와서 그 작은 마을로 들어 갔습니다. 한 사람에게 디 엘 무디 선생이 묻힌 곳을 아느냐고 물었습니다. 그는 안다고 하고는 그 장소까지 우리를 안내해 주었습니다.

그는 그 아내 옆에 아주 소박한 묘지에 묻혀 있었습니다. 무덤은 무디 박사가 세운 노스필드 스쿨이라는 학교 교정 안에 있었는데 그가 태어난 집에서 얼마 떨어지지 않은 곳이었습니다. 그의 무덤에는 아주 소박한

Mr. Moody founded. It's just a few yards from the house where he was born. There is a very simple tombstone on his grave. It is a simple, wonderful Bible verse. And that verse is a summary of what we have shared together this morning. It was D. L. Moody's life's verse. You will recognize it when I share it with you. It is found in 1 John 2 : 17. It is this wonderful truth. "He who doeth the will of God abideth forever."

Friends, that is the reason for the spiritual disciplines. That is the goal of our lives : to know Christ and to do His will and to live forever.

Thank you and God bless you.

묘비가 있는데 아주 단순하고 놀라운 성구가 적혀 있었습니다. 그 성구는 제가 이 아침에 말씀드린 것의 요약입니다. 그것은 디 엘 무디의 삶의 성구였습니다. 제가 말씀드리면 여러분도 아실 것입니다. 요일 2 : 17 말씀입니다. 이런 놀라운 진리입니다. "오직 하나님의 뜻을 행하는 이는 영원히 거하느니라."

여러분, 이것이 영성훈련이 필요한 이유입니다. 그리스도를 알고 그의 뜻을 행하며 영원히 사는 그것이 우리 삶의 목표인 것입니다.

감사합니다. 하나님께서 여러분에게 복 주시기를 빕니다.

【Tape 3】

Session Two

The Spirit-Controlled Life

Introduction

Good afternoon. It's wonderful to be with you again. I trust you have all had a wonderful luncheon today as we have. I also know that after lunch, we often get a little sleepy. And I will forgive you if you fall asleep. Just a few rules : one is to fall asleep with your eyes open. And the second one, as you pray, that I won't fall asleep. According to my body time, it's 10 : 30 on Monday night where we live. This is the time I normally would be going to bed. But I'd much rather be with you, and we again are delighted and blessed that we are with you.

This afternoon, we speak on a very important subject. It is a much larger subject than we will be able to fully exhaust this afternoon. It is the ministry of the Holy Spirit. As we know, the Lord has given the Holy Spirit to unite the church. Unfortunately, there has been a great deal of division with in the church over the ministry of the Holy Spirit. And since the Holy Spirit is absolutely key to the spiritual life, it is important for us to review the ministry of the Holy Spirit.

And I pray God will give us a great sense of unity as the Holy Spirit moves in our midst. Let's pray that God would

【테이프 #3】

제 2 강
성령에 지배된 삶

서 론

안녕하십니까? 다시 뵙게 되었습니다. 우리처럼 여러분도 멋진 식사를 하셨으리라고 믿습니다. 점심을 먹은 후에 약간 졸릴 줄로 압니다. 그래서 저는 여러분이 좀 주무셔도 나무라지 않겠습니다. 단 몇가지 규칙은 지켜 주십시요. 첫째는 눈을 뜨고 졸아야 합니다. 두번째는 제가 졸지 않도록 기도해 주셔야 합니다. 저의 신체 시간에 의하면 지금은 월요일 밤 10시 30분으로 보통은 잠을 잘 시간입니다. 그렇지만 저는 이렇게 여러분과 함께 있고, 또한 제가 여기 있게 된 것을 기쁨과 축복으로 생각합니다.

오늘 오후에는 아주 중요한 주제에 대하여 말씀드릴 것입니다. 이 주제는 오늘 오후에 충분하게 다루기는 힘든 큰 주제로서 성령의 사역에 대한 것입니다. 아시는 대로, 주님은 교회가 하나되게 하시려고 성령을 주셨습니다. 그러나 불행하게도 교회 안에는 성령의 사역에 관하여 대단히 많은 분란이 있어 왔습니다. 성령은 영적 생활에 절대적으로 중요하기 때문에 성령의 사역을 살펴보는 것은 우리에게 아주 중요합니다.

그래서 저는 우리 가운데서 성령이 역사하실 때 하나님께서 우리에게 하나되는 마음을 주실 것을 기도합니다. 하나님이 오늘 오후에 그렇게

do that this afternoon. As we bow our heads and hearts together in prayer.

> Our Father and God
> Again we thank you for the privilege of being here.
> We thank you for our brothers and sisters who have come from many places.
> We thank you for the many churches that they represent.
> We thank you for those not only ministering in Korea,
> But many being sent from churches around the world.
> And now we pray, you may speak to us this afternoon
> May our minds be made alert by your Spirit,
> And may we not only be hearers of your Word
> But may we be obeyers of your Word.
> We pray these things in the name that is above every other name
> The name of Jesus Christ. Amen.

A. The Ministry of the Holy Spirit in the early Church

1. The Promise

The ministry of the Holy Spirit in the Early Church was absolutely central. The promise of the ministry of the Holy Spirit was given, as we know, by Jesus. Let us turn, if we may, to Luke's gospel, and let us begin with a brief biblical study of this promise.

a. Jesus : His Earthly Ministry
1) John the Baptist(Luke 3 : 15～18)

해 주시도록 기도합시다. 함께 마음과 머리를 숙여서 기도 드리겠습니다.

> 우리 아버지 하나님
> 우리를 여기 있게 해 주신 것을 다시금 감사드립니다.
> 이곳저곳에서 모여 온 형제 자매들을 인하여 감사를 드립니다.
> 그들이 대표하는 교회들을 인하여서 또한 감사를 드립니다.
> 한국에서 목회하는 사람들 뿐 아니라 세계에 파송된 많은 사람들을 인하여서 감사를 드립니다.
> 또한 지금은 오늘 오후에 주님이 우리에게 말씀해 주시기를 기도드립니다.
> 우리 마음이 주의 영으로 깨어 있게 하옵시고
> 주의 말씀을 듣기만 하는 자들이 되지 말게 하옵시며
> 주의 말씀에 순종하는 자들이 되게 하옵소서.
> 이 모든 말씀을 모든 이름 위에 뛰어난 예수 그리스도의 이름으로 기도드리옵나이다. 아멘.

A. 초대교회에서의 성령의 사역

1. 약속

초대교회에서는 성령의 사역이 절대적인 중심이었습니다. 성령의 사역에 대한 약속은, 우리가 아는대로, 예수님이 주신 것입니다. 자, 누가복음으로 가서 이 약속에 대한 간략하지만 약간 까다로운 공부로부터 시작해 봅시다.

a. 예수님 : 그의 지상사역

Let us begin by looking at the ministry of the Holy Spirit in the life of Jesus. As we turn to Luke. 3 and we are going to read, if we may, Luke 3 : 15~18.

The people were waiting expectantly and were all wondering in their hearts if John might possibly be the Christ. John answered them all, "I baptize you with water. But one more powerful than I will come, the thongs of whose sandals I am not worthy to untie. He will baptize you with the Holy Spirit and with fire. His winnowing fork is in his hand to clear his threshing floor and to gather the wheat into his barn, but he will burn up the chaff with unquenchable fire." And with many other words John exhorted the people and preached the good news to them.

As we know many people were drawn to the ministry of John the Baptist. And some of them began to wonder whether he might be the Christ, the Anointed One, the Messiah. And when they asked him, he said very clearly, no he was not the Christ. He said, "One more powerful than I will come, He will not only baptize with water but He will baptize with the Holy Spirit, and with fire."
2) Jesus was Baptized(Luke 3 : 21~23)
It was just a short time later in this same chapter of Luke that we have recorded the baptism of Jesus. As we all know, He was baptized by John the Baptist, and that baptism is documented in verses 21 through 22.

When all the people were being baptized, Jesus was baptized too. And as he was praying, heaven was opened

1) 세례 요한(눅 3 : 15~18)

예수님의 생애에 있어서의 성령의 사역을 살펴보는 것부터 시작합시다. 누가복음 3 : 15~18입니다.

백성들이 바라고 기다리므로 모든 사람들이 요한을 혹 그리스도신가 심중에 의논하니 요한이 모든 사람에게 대답하여 가로되 나는 물로 너희에게 세례를 주거니와 나보다 능력이 많으신 이가 오시나니 나는 그 신들메를 풀기도 감당치 못하겠노라 그는 성령과 불로 너희에게 세례를 주실 것이요 손에 키를 들고 자기의 타작 마당을 정하게 하사 알곡은 모아 곡간에 들이고 쭉정이는 꺼지지 않는 불에 태우시리라 또 기타 여러가지로 권하여 백성에게 좋은 소식을 전하였으나

아시는 대로, 세례요한의 사역으로 많은 사람들이 몰려 들었습니다. 그들 중 어떤 사람들은 그가 그리스도, 기름부음 받은 자 곧 메시야가 아닌가 하고 생각했습니다. 그래서 그들이 요한에게 물었을 때, 그는 분명하게 자기는 그리스도가 아니라고 대답하였습니다. "나보다 능력 많으신 분이 오시리니 그는 물로 세례를 주실 뿐아니라 성령과 불로 세례를 주실 것이라."

2) 예수께서 세례를 받으심(눅 3 : 21~23)

누가복음 같은 장에서 조금 후에 예수님의 수세 기사가 있습니다. 다 아시겠지만 예수께서 세례요한에게 세례를 받으셨고 그것이 21절과 22절에 기록되어 있습니다.

백성이 다 세례를 받을새 예수도 세례를 받으시고 기도하실 때에 하늘이 열리며 성령이 형체로 비둘기같이 그의 위에 강림하시더니

and the Holy Spirit descended on him in bodily form like a dove. And a voice came from heaven : "You are my Son, whom I love ; with you I am well pleased."

As Jesus was being baptized with water, He was praying. And the Gospel accounts tell us that the Holy Spirit descended on Him like a dove. And a voice from heaven said, "This is my son in whom I am well pleased."
3) Jesus was "Led by the Spirit"(Luke 4 : 1~2)
Notice the next word of explanation beginning with 4 : 1~2. Jesus was about 30 years old when His earthly ministry began. And 4 : 1~2 give the first description of His earthly ministry.

Jesus full of the Holy Spirit, returned from the Jordan and was led by the Spirit in the desert, where for forty days he was tempted by the devil. He ate nothing during those days, and at the end of them he was hungry.

The first description is that Jesus Christ was full of the Holy Spirit. Now this is difficult for us to understand. Because as we know that Jesus was God, and we know that God is one : Father, Son, and Holy Spirit. And so how it was the Spirit, the Holy Spirit, descended on Him like a dove, is a part of a mystery for us. And different Bible scholars and theologians explain that in different ways. However, there is one thing that the Bible makes very clearly upon which we could all agree. When Jesus began His earthly ministry, He was full of the Holy Spirit. And notice, as a result, the next phrase is that He was led by the Spirit.
I'm convinced that God desires the same for all of us. He

하늘로서 소리가 나기를 너는 내 사랑하는 아들이라 내가 너를 기
뻐하노라 하시니라

예수께서 물로 세례를 받으실 때 주님은 기도하고 계셨습니다. 그 복
음서는 우리에게 성령이 비둘기 같이 그의 위에 내렸다고 말해 줍니다.
또 하늘에서 음성이 들렸습니다. "이는 내 아들이요, 내가 그를 크게 기
뻐하노라."
3) 예수께서 "성령에 이끌려"(눅 4 : 1~2)
누가복음 4장을 시작하는 1, 2절에 나오는 다음 설명을 잘 봅시다. 예
수께서 지상 사역을 시작하실 때에 나이가 한 30쯤 되셨습니다. 여기에
그의 지상 사역에 대한 첫 묘사가 나와 있습니다.

예수께서 성령의 충만함을 입어 요단강에서 돌아오사 광야에서 사
십 일 동안 성령에게 이끌리시며 마귀에게 시험을 받으시더라 이
모든 날에 아무 것도 잡수시지 아니하시니 날 수가 다하매 주리신
지라

첫번째 묘사는 예수 그리스도께서 성령으로 충만하셨다는 것입니다.
이것은 우리가 잘 이해하기 어렵습니다. 왜냐하면 우리가 알기에, 예수
님은 하나님이시고 하나님은 하나이신 성부, 성자, 성령이십니다. 그런
데 어떻게 그것이 성령이셨는가, 성령께서 비둘기 같이 예수님 위에 내
려오셨다, 이것은 우리에게 신비입니다. 성경학자와 신학자들은 저마다
이것을 다르게 설명합니다. 그러나, 성경이 분명히 말씀하는, 우리 모두
가 동의할 수 있는 것이 한가지 있습니다. 그것은 예수께서 그의 지상사
역을 시작하실 때 성령으로 충만하셨다는 것입니다. 그 결과 그는 성령
에게 이끌리셨다는 것을 우리는 봅니다.

longs for us to be full of the Holy Spirit. He longs for us to be led by the Holy Spirit. As we know, the Holy Spirit does not always lead into easy places. The first place the Holy Spirit led Jesus at the beginning of His ministry was into the desert. And as we know, it was in the desert that He was tempted of the devil for some 40 days. He ate nothing during those days. It was a time of great spiritual warfare and a battle. But God His Father gave Him victory.

4) Jesu : in the Power of the Spirit(Luke 4 : 14)

Notice the next phrase in verse 14 of that chapter. When the temptation was over, this is the description.

Jesus returned to Galilee in the power of the Spirit, and news about him spread through the whole countryside.

Three statements that we must remember. Jesus was full of the Holy Spirit when He began His earthly ministry. He was open to being led by the Holy Spirit, wherever the Holy Spirit may lead him, and however difficult it might be. And when he had victory over the devil, when he returned to Galilee, he did so in the power of the Holy Spirit. God wants us to be full of the Holy Spirit, He wants us to be led by the Holy Spirit. He wants us to live and minister in the power of the Holy Spirit.

Many of you know very talented pastors, and yet their ministry does not seem to be very fruitful, and they don't seem to be very effective. Maybe you feel that way sometimes in your own life and ministry. And then we see other brothers and sisters. They don't seem to have nearly as much talent, and they may not have nearly as much theological

저는 하나님께서 우리에게도 같은 것을 원하신다고 믿습니다. 하나님은 우리가 성령에 충만하기를 원하십니다. 우리가 성령에 이끌리기를 원하십니다. 우리가 아는 대로, 성령께서 우리를 언제나 쉬운 길로 인도하시는 것은 아닙니다. 성령께서 예수님을 그의 사역 초기에 처음으로 인도하신 곳은 광야였습니다. 아는 대로, 예수께서 사단에게 40여 일간 시험을 받으신 곳은 광야였습니다. 그 기간동안 예수님은 아무 것도 잡수시지 아니 하였습니다. 굉장한 영적 전쟁이 벌어지는 기간이었습니다. 그러나 하나님 아버지께서는 예수님에게 승리를 주셨습니다.

4) 예수님 : 성령의 능력으로

같은 장의 14절에서 시험이 끝났을 때의 말씀을 봅시다. 이렇게 묘사합니다.

예수께서 성령의 권능으로 갈릴리에 돌아가시니 그 소문이 사방에 퍼졌고

우리가 기억할 만한 세개의 문장이 있습니다. 예수께서 그의 지상 사역을 시작하실 때 예수님은 성령충만하셨습니다. 주님은 성령에 인도하심에 대하여 열려 있었는데 성령이 어디로 인도하시든지, 얼마나 어렵든지 관계없이 열려 있었습니다. 주님이 사단의 시험을 이기시고 갈릴리로 돌아오셨을 때도 주님은 성령의 능력으로 그리 하셨습니다. 하나님은 우리들 역시 성령충만하고 성령의 인도함을 받기를 원하십니다. 하나님은 우리들이 성령의 능력이 발휘되는 삶을 살기를 원하십니다.

여러분은 아주 재능이 있으면서도 목회에서는 별로 열매를 맺지 못하고 그다지 효과적이지도 못한 목회자들을 알고 있을 것입니다. 어쩌면 여러분 자신이 목회와 삶에서 때때로 그런 것을 느끼실지도 모르겠습니다. 그럴 때 우리는 다른 형제 자매들을 보게 됩니다. 그들은 그다지 재

training. But they are powerful people, and their ministry is very fruitful. What is the difference? Perhaps it is the difference between ministering in the flesh and ministering in the power of the Holy Spirit.

The Bible gives us examples of Peter before he was filled with the Holy Spirit. He was evidently very talented. He was very charismatic. He was very sincere and dedicated to Jesus. He made great sacrifices. He thought he was even willing to die for Jesus. But he didn't do well. He failed the Lord. And he failed the Lord at his greatest time of need.

Then the day of Pentecost came. And Peter was no longer a failure. He was the same Peter, except he was filled with the Holy Spirit. And on that day, he stood and preached in the streets of Jerusalem, and the other Apostles stood with him. The first time in the New Testament, we see all the Apostles together, unified in their hearts.

And Peter preached a very simple sermon. In most of our seminaries he wouldn't get a passing grade in a homiletics class. If you preach Peter's sermon in your homiletics class, you probably would fail. And yet, it was one of the most powerful and effective sermons in the history of the church. When the day began, there was a little group of a hundred and twenty believers. When the day ended, there were three thousand one hundred and twenty believers.

Only one sermon had been preached. It was preached by one man who was full of the Holy Spirit, who was led by the Holy Spirit as to what he preached and who preached with the power of the Holy Spirit, so people were cut to the heart. Before a choir had a chance to start singing an invitation hymn and before Peter had a chance to give an invitation,

능을 갖고 있지 않은 것처럼 보이고 신학 훈련도 많이 받지 못한 것처럼 보입니다. 그러나 그들은 매우 능력있는 사람들이고 그들의 사역은 열매가 풍성합니다. 그 차이점은 무엇입니까? 아마도 그 차이는 육체로 사역하느냐 성령의 능력으로 사역하느냐 하는 것일 것입니다.

성경에서 우리는 성령 충만하지 못할 때의 사도 베드로의 예를 봅니다. 그는 확실히 재능이 있었습니다. 은사도 있었습니다. 그는 아주 신실하고 예수님께 헌신적이었습니다. 그는 자신이 예수님을 위하여 기꺼이 죽을 수 있다고 생각하였습니다. 그러나 그는 그렇게 훌륭하게 하지 못하였습니다. 그는 주님을 배신하였습니다. 주님이 그를 가장 필요로 할 때 주님을 배반한 것입니다.

그리고 오순절이 임했습니다. 그러자 베드로는 더 이상 실패자가 아니었습니다. 그는 성령으로 충만한 것 외에는 전과 똑같은 베드로였습니다. 바로 그날, 그는 예루살렘 거리에 서서 외쳤고 다른 사도들은 그와 함께 서 있었습니다. 신약성경에서 처음으로 사도들이 한 마음이 되어 있는 것을 우리는 봅니다.

베드로는 간단한 설교를 했습니다. 베드로는 아마 요즘 대부분의 신학교의 설교학 강의에서 학점을 따기 어려웠을 것 같습니다. 만일 여러분이 베드로의 설교를 설교학 시간에 한다고 하면 틀림없이 낙제할 것입니다. 그러나 그 설교는 교회 역사상 가장 능력있고 효과적인 설교였습니다. 그날이 시작할 때는 일백 이십명의 적은 무리였는데, 그날이 마칠 때에는 삼천 일백 이십명의 신자들이 있었던 것입니다.

단지 한번의 설교를 한 것이었습니다. 성령이 충만한 한 사람이, 성령의 시키심을 따라 인도하심을 받은 한 사람이 성령의 능력으로 설교하였을 때 사람들은 마음에 찔림을 받은 것입니다. 성가대의 찬송과 초청의 말이 있기도 전에, 베드로가 사람들을 초청하기도 전에, 성경은 말씀합

the Bible said, "People were cut to the heart." And they asked Peter, "What shall we do?" And, you remember, he told them to repent, and to be baptized, and to also receive the gift of the Holy Spirit.

b. Jesus ： His Promise
1) The Counselor(John 14 : 15~20)

The promise was not only to them, the promise was to their children, and to all those who would come, including those of us in this room today. The promise of the Holy Spirit to Peter is God's promise of the Holy Spirit for us. I realize all of us believe that, but it is important that we reaffirm it. For the Holy Spirit came in response to the promise that Jesus had given to Peter and all of the disciples. Let us be reminded of that in John 14, and let us read John 14 : 15~20.

> If you love me, you will obey what I command. And I will ask the Father, and he will give you another Counselor to be with you forever—the Spirit of truth. The world cannot accept him, because it neither sees him nor knows him. But you know him, for he lives with you and will be in you. I will not leave you as orphans ; I will come to you. Before long, the world will not see me anymore, but you will see me. Because I live, you also will live. On that day you will realize that I am in my Father, and you are in me, and I am in you.

The promise of Jesus was very simple. Even a child can understand it. He has promised to give a counselor, and that the counselor would be with them forever. He said, "You

니다, "저희가 이 말을 듣고 마음에 찔려 베드로와 다른 사람들에게 물어 가로되 형제들아 우리가 어찌할꼬 하거늘," 여러분 기억하시지요, "베드로가 가로되 너희가 회개하여 세례를 받고 너희도 성령의 선물을 받으라."

b. 예수님 : 그의 약속

1) 보혜사(요 14 : 15~20)

그 약속은 그들만 위한 것이 아니라 그들의 자녀들, 그리고 앞으로 오는 자들 모두에게, 오늘 여기에 있는 우리도 포함하는 약속이었습니다. 성령이 베드로에게 주신 약속은 우리에게 성령을 주시겠다는 하나님의 약속입니다. 우리가 다 이것을 믿는 줄로 알지만, 이것은 다시 확인할 만큼 중요한 것입니다. 예수님이 베드로와 다른 사도들에게 약속하신 결과 성령이 오신 것입니다. 요한복음 14장에서 그것을 상기해 봅시다. 15~20절을 읽습니다.

너희가 나를 사랑하면 나의 계명을 지키리라 내가 아버지께 구하겠으니 그가 또 다른 보혜사를 너희에게 주사 영원토록 너희와 함께 있게 하시리니 저는 진리의 영이라 세상은 능히 저를 받지 못하나니 이는 저를 보지도 못하고 알지도 못함이라 그러나 너희는 저를 아나니 저는 너희와 함께 거하심이요 또 너희 속에 계시겠음이라 내가 너희를 고아와 같이 버려두지 아니하고 너희에게로 오리라 조금 있으면 세상은 다시 나를 보지 못할 터이로되 너희는 나를 보리니 이는 내가 살았고 너희도 살겠음이라 그 날에는 내가 아버지 안에 너희가 내 안에 내가 너희 안에있는 것을 너희가 알리라

예수님의 약속은 어린 아이도 이해할 수 있을 정도로 간단하였습니다.

will come to know the counselor, for he will live with you, and he will live in you." And then Jesus made a very interesting statement. Notice in verse 18. First, He talked about the counselor of the Holy Spirit like another person. Then He made this statement: "I will not leave you as orphans. I will come to you. You will see Me. Other people won't see Me, but you will see Me."

2) It is for your Good!(John 16 : 5～15)

Because you see, Jesus was promising that He would come in the person of the Holy Spirit to live in them, He said that even more emphatically and more clearly in chapter 16 of John. Although you are very familiar with the passage, let us read verses 5～15.

> Now I am going to him who sent me, yet none of you ask me, 'Where are you going?' Because I have said these things, you are filled with grief. But I tell you the truth : It is for your good that I am going away. Unless I go away, the Counselor will not come to you ; but if I go, I will send him to you. When he comes, he will convict the world of guilt in regard to sin and righteousness and judgment : in regard to sin, because men do not believe in me ; in regard to righteousness, because I am going to the Father, where you can see me no longer ; and in regard to judgment, because the prince of this world now stands condemned.
>
> I have much more to say to you, more than you can now bear. But when he, the Spirit of truth, comes, he will guide you into all truth. He will not speak on his own ; he will speak only what he hears, and he will tell you what is yet to come. He will bring glory to me by

주님은 보혜사를 보내실 것과 그가 그들과 영원히 함께 하실 것을 약속하셨습니다. 주님은 "너희는 저를 알 것이니 이는 저가 너희와 함께 거하시겠음이요 너희 속에 계시겠음이라"고 말씀하셨습니다. 그 후에 예수님은 아주 재미있는 말씀을 하셨습니다. 18절을 봅시다. 먼저 주님은 성령에 관해서 다른 분인 것처럼 말씀합니다. 그리고는 이렇게 말씀하셨습니다. "내가 너희를 고아와 같이 버려두지 아니하고 너희에게로 오리라. 다른 사람들은 나를 보지 못할 것이지만 너희는 나를 보리라."

  2) 너희에게 유익이라!(요 16 : 5~15)

  예수께서 그들 안에서 사시기 위하여 성령으로 오신다고 말씀하시기 때문에 주님은 요한복음 16장에서 그것을 보다 강조하여서, 보다 분명하게 말씀하셨습니다. 이 말씀에 대해서 여러분이 잘 아시겠지만 5~15절을 읽어 봅시다.

지금 내가 나를 보내신 이에게로 가는데 너희 중에서 나더러 어디로 가느냐 묻는 자가 없고 도리어 내가 이 말을 하므로 너희 마음에 근심이 가득하였도다 그러하나 내가 너희에게 실상을 말하노니 내가 떠나가는 것이 너희에게 유익이라 내가 떠나가지 아니하면 보혜사가 너희에게로 오시지 아니할 것이요 가면 내가 그를 너희에게로 보내리니 그가 와서 죄에 대하여 의에 대하여 심판에 대하여 세상을 책망하시리라 죄에 대하여라 함은 저희가 나를 믿지 아니함이요 의에 대하여라 함은 내가 아버지께로 가니 너희가 다시 나를 보지 못함이요 심판에 대하여라 함은 이 세상 임금이 심판을 받았음이니라 내가 아직도 너희에게 이를 것이 많으나 지금은 너희가 감당치 못하리라 그러하나 진리의 성령이 오시면 그가 너희를 모든 진리 가운데로 인도하시리니 그가 자의로 말하지 않고 오직 듣는 것을 말하시며 장래 일을 너희에게 알리시리라 그가 내 영광을 나타내리

taking from what is mine and making it known to you. All that belongs to the Father is mine. That is why I said the Spirit will take from what is mine and make it known to you.

This is an amazing statement by Jesus. What He said to His disciples that day was hard for them to believe. It was very difficult for them to understand. He said, "I'm going to leave you. And it's good for you I'm going to leave you."

Now what a difficult statement that was These disciples had forsaken everything to follow Jesus. They believed He was the Christ. They believed He was going to establish His kingdom upon earth. They believed it would just be a short time and He would overthrow Ceasar, and that He would unseat Herod. And that He would establish His kingdom upon earth, and that He would reign as King of kings and Lord of lords.

The disciples also believed they were going to become very important people. They were arguing about who was going to seat on his right side and who was going to seat on his left. Now Jesus made this incredible statement : He's going to die like any other man would die. He's going to leave them.

And if that were not hard enongh to believe, then he says, "And this is good for you." And then as we know, he went on explain why. "It's good for you because I'm going to send another. The counselor will come to you. When he comes, he will convict the world of guilt and of righteousness and of judgment. When the Spirit of truth comes, He will guide you into all truth."

Jesus was talking about a very wonderful truth. He would

니 내 것을 가지고 너희에게 알리겠음이니라 무릇 아버지께 있는 것은 다 내 것이라 그러므로 내가 말하기를 그가 내 것을 가지고 너희에게 알리리라 하였노라

예수님이 제자들에게 하신 말씀은 그들이 잘 믿지 못할 때에 말씀하신 것으로서 아주 놀라운 말씀입니다. 그들은 이해하기가 참 어려웠습니다. 주님이 "내가 떠나갈 것이다. 그리고 내가 떠나는 것이 너희에게 유익하리라"고 말씀하셨습니다.

얼마나 어려운 말씀이십니까? 이 제자들은 예수님을 따르기 위해서 모든 것을 버린 사람들이었습니다. 그들은 그가 그리스도인 줄 믿었습니다. 그가 이 땅 위에 주님의 나라를 세울 것이라고 믿고 있었습니다. 그들은 주님이 가이사를 몰아내고 헤롯의 권좌를 몰아 낼 날이 그리 멀지 않다고 믿었습니다. 그리고 이 땅 위에 주의 나라를 세우고 만왕의 왕이요 만주의 주가 되실 것을 믿었습니다.

제자들은 또한 자기들이 대단히 중요한 사람들이 될 것을 믿었습니다. 그들은 누가 주의 좌편에 앉을 것인지, 누가 우편에 앉을 것인지를 다투었습니다. 그런데 예수께서 이렇게 믿지 못할 말씀을 하신 것입니다―주님은 다른 사람들이 죽는 것처럼 죽을 것이며, 그들을 떠나 갈 것이다.

그들이 믿지 못한 것은 '어떻게'가 아니었습니다. 그래서 주님은 이것이 너희에게 유익이라고 말씀하신 것입니다. 이것은, 우리가 알기에, '언제'와 '왜'를 설명하는 것이었습니다. 그것이 너희에게 유익이라 왜냐하면 내가 너희에게 다른 보혜사를 보낼 것이기 때문이다. 보혜사가 오실 것이라. 그가 오시면 세상에 대하여, 의와 심판에 대하여 증거하실 것이라. 진리의 영이 오시면 너희를 모든 진리 가운데로 인도하실 것이라.

예수님은 아주 놀라운 진리를 말씀하시는 것입니다. 주님은 절대로 그들을 떠나지 않으시며 그들을 버리지 않으실 것이었습니다. 주님은 이

never leave them, He would never forsake them. He would be with them always even to the end of the age. Because Jesus would no longer live with them in bodily form. He would no longer walk with them and eat with them and teach them as He had done. He would no longer be with them physically as he had been for three years. But he was offering them something better. He would no longer live with them, He would now live in them. He would give them power to do what they could never do unless He lived in them. He would live with them in the power of the Holy Spirit, in the person of the Holy Spirit.

　　3) You will be Baptized with the Holy Spirit/Power/Witnesses(Acts 1 : 4~8)

Turn over a few pages to Acts 1, and let us again be reminded of his promise. Verses 4~8.

On one occasion, while he was eating with them, he gave them this command : "Do not leave Jerusalem, but wait for the gift my Father promised, which you have heard me speak about. For John baptized with water, but in a few days you will be baptized with the Holy Spirit."

So when they met together, they asked him, "Lord, are you at this time going to restore the kingdom to Israel?"

He said to them : "It is not for you to know the times or dates the Father has set by his own authority. But you will receive power when the Holy Spirit comes on you ; and you will be my witnesses in Jerusalem, and in all Judea and Samaria, and to the ends of the earth."

세상 끝날까지 항상 그들과 함께 하실 것이었습니다. 왜냐하면 예수님은 더 이상 육체로 그들과 함께 계시지 않고, 더 이상 그들과 함께 일하고, 잡수시지 않으시며, 더 이상 땅에서 그들을 가르치지 않으실 것이기 때문입니다. 주님은 더 이상, 지난 3년 동안 그러셨던 것처럼, 육체적으로 그들과 함께 계시지 않으실 것이었습니다. 그러나 주님은 그보다 훨씬 좋은 것을 그들에게 주셨습니다. 주님은 더 이상 그들과 함께 사시지 않고 그들 가운데 사실 것이었습니다. 주님이 그들 가운데 사시지 않는다면 행하지 못할 그런 능력을 제자들에게 주실 것이었습니다. 주님은 그들 가운데 성령의 능력으로, 성령의 인격으로 사실 것이었습니다.

　3) 너희는 성령으로 /능력으로 /증거로 세례를 받을 것이라(행 1:
　　4~8)

　몇 장 넘겨서 사도행전 1장을 보고 주님의 약속을 다시 상기해 봅시다. 4~8절입니다.

　사도와 같이 모이사 저희에게 분부하여 가라사대 예루살렘을 떠나지 말고 내게 들은 바 아버지의 약속하신 것을 기다리라 요한은 물로 세례를 베풀었으나 너희는 몇 날이 못 되어 성령으로 세례를 받으리라 하셨느니라 저희가 모였을 때에 예수께 묻자와 가로되 주께서 이스라엘 나라를 회복하심이 이때니이까 하니 가라사대 때와 기한은 아버지께서 자기의 권한에 두셨으니 너희의 알 바 아니요 오직 성령이 너희에게 임하시면 너희가 권능을 받고 예루살렘과 온 유대와 사마리아 땅 끝까지 이르러 내 증인이 되리라 하시니라

　이것은 참 놀라운 약속이었습니다. 2절을 봅시다. 주님은 성령으로 교훈을 주시고 그가 요한복음 14장과 16장에서 말씀하신 약속을 기억하게

This was a wonderful promise. Notice in verse 2, it said that He gave instructions through the Holy Spirit. And He reminded them of the promise that He had shared with them in John 14 and John 16. Now was time for the promise to be fulfilled. And they were to go to Jerusalem and to wait for the promise. His promise was simple. "John baptized with water but in a few days you will be baptized with the Holy Spirit. And when the Holy Spirit comes upon you, you will receive power."

But the power is not an end in itself, the power wasn't to be used for self-gratification. The power wasn't to make them proud; the power wasn't to give them a spiritual superiority complex. It was the power to become witnesses for Christ, to become involved in the work that God had given to them, the work of the Great Commission, the work of going into all the world and making disciples of all the people. We all know that promise was fulfilled. Notice the second part of your outline is the fulfillment.

2. The Fulfillment

We have talked about the promise; now let us be reminded that the promise of God was fulfilled . Again I realize you all are very familiar with the story, and I realize you know it as well as I do. But it is a wonderful story. It is like the old hymn which says, "Tell me the old, old story." It brings us joy again and again and again.

a. They all Joined together Constantly in Prayer (Acts 1 : 12~14)

Let's read Acts 1 : 12~14.

하셨습니다. 이제는 그 약속이 이루어질 시간이었습니다. 그러므로 그들은 예루살렘으로 가서 그 약속을 기다려야 했습니다. 주의 약속은 간단했습니다. "요한은 물로 세례를 베풀었으나 너희는 몇날이 못되어 성령으로 세례를 받으리라. 그리고 성령이 임하시면 너희가 권능을 받으리라"

그러나 권능 자체는 목적이 아니었고 권능은 자기만족을 위하여 쓰일 수 없는 것이었습니다. 권능은 제자들을 자랑하게 하기 위한 것이 아니고, 영적 우월감에 빠지게 하는 것도 아니었습니다. 그것은 그리스도를 증거하기 위한 능력이고 그들에게 주신 하나님의 일, 즉 지상(至上)명령—온 세계에 나가서 모든 민족을 제자삼는 일에 동참하게 하는 능력이었습니다. 우리는 모두 그 명령이 성취된 것을 압니다. 여러분의 강의 개요 두번째는 성취입니다.

2. 성취

지금까지는 약속에 대해서 말씀드렸고 이제는 하나님의 약속이 성취된 것에 대하여 말씀드립니다. 이것 역시 여러분이 잘 아시는 이야기인 줄 압니다. 저 만큼 잘 아실 것입니다. 그러나 이것은 놀라운 이야기입니다. 이것은 옛날 찬송가의 가사 중 "오래전 옛날 말씀 또 들려주시오" 하는 말과 같습니다. 이 이야기는 우리를 기쁘게 하고 또 기쁘게 하고 기쁘게 합니다.

a. 그들이 모두 모여 늘 기도하니라(행 1 : 12~14)
사도행전 1 : 12~14을 읽습니다.

Then they returned to Jerusalem from the hill called the Mount of Olives, a Sabbath day's walk from the city. When they arrived, they went upstairs to the room where they were staying. Those present were Peter, John, James and Andrew; Philip and Thomas, Bartholomew and Matthew; James son of Alphaeus and Simon the Zealot, and Judas son of James. They all joined together constantly in prayer, along with the women and Mary the mother of Jesus, and his brothers.

They all joined together. That was very unusual for the disciples! They had never joined together before. Even when Jesus was with them, they were not together. When they thought He wasn't watching or listening, they would argue. When Jesus was arrested, they all went on separate ways. They were not all joined together, they were separated, and they were weak and they were afraid. Now in obedience to Jesus, they all joined together in one place. And they were constantly involved in prayer. Not only were the Apostles together, as you know, there was a band of about a hundred and twenty, including many women, and the mother of Jesus and the brothers of Jesus.

b. They were all together in one place(Acts 2 : 1)
Then chapter 2 and verse 1.

When the day of Pentecost came, they were all together in one place.

They were all together and in one place. They had been together for several days, and then the impossible happened.

제자들이 감람원이라 하는 산으로부터 예루살렘에 돌아오니 이 산
은 예루살렘에서 가까와 안식일에 가기 알맞은 길이라 들어가 저희
유하는 다락에 올라 가니 베드로, 요한, 야고보, 안드레와 빌립, 도
마와 바돌로매, 마태와 및 알패오의 아들 야고보, 셀롯인 시몬, 야
고보의 아들 유다가 다 거기 있어 여자들과 예수의 모친 마리아와
예수의 아우들로 더불어 마음을 같이하여 전혀 기도에 힘쓰니라

그들이 모두 모였습니다. 제자들에게는 얼마나 비상한 일입니까? 전
에는 함께 모인 적이 없었습니다. 심지어 예수님이 그들과 함께 계실 때
에도 그들은 함께 하지 않았습니다. 예수께서 잡히시자 그들은 모두 흩
어졌습니다. 그들은 함께 모이지 않았습니다. 그들은 흩어졌고 약했고
두려워했습니다. 그러나 이제는 예수님께 순종하여 그들이 한자리에 함
께 모였습니다. 그리고 항상 기도에 참여했습니다. 사도들만 모인 것이
아니라, 아시는 대로, 거기에는 많은 여자들과 예수님의 모친과 형제들
도 포함하여 일백 이십명쯤 되는 무리가 있었습니다.

b. 그들이 모두 한자리에 모여(행 2 : 1)
그리고 2 : 1입니다.

오순절날이 이미 이르매 저희가 다 같이 한 곳에 모였더니

그들이 모두 한자리에 모여 있었습니다. 몇일 동안 그들은 함께 있었
는데 그때 믿기 어려운 놀라운 일이 생겼던 것입니다. 저는 그 적은 무리
들은 자신들에게 무슨 일이 일어날 것인지 몰랐을 것이라고 믿습니다.
그러나 그들은 예수님을 신뢰하게 되었고 주님께 순종하도록 헌신하였
던 것입니다. 우리가 아는대로 갑자기 아무런 예고도 없이 그일이 일어

I am convinced that little band of people did not know what was going to happen to them . But they had come to trust Jesus and they were committed to obey Him. As we know, suddenly, without warning it happened. They were all filled with the Holy Spirit.

c. They were filled with the Holy Spirit(Acts 2 : 2~ 4)

Let us read verses 2~4 of chapter 2.

Suddenly a sound like the blowing of a violent wind came from heaven and filled the whole house where they were sitting. They saw what seemed to be tongues of fire that separated and came to rest on each of them. All of them were filled with the Holy Spirit and began to speak in other tongues as the Spirit enabled them.

The manifestation of the Holy Spirit took place in several ways. There was a violent wind, there were tongues of fire, they began to speak in other tongues. But the important thing was they were all filled with the Holy Spirit. The promise of Jesus had been fulfilled. The Holy Spirit had come to live in their lives and to minister through them in the person and the power of the Holy Spirit.

3. The Results

We are all familiar with some of the results. That is number three in our outline. Again, I know, we may be a little sleepy, so I'm helping us move along step by step.

났습니다. 그들은 모두가 성령이 충만하게 되었습니다.

c. 저희가 다 성령의 충만함을 받고(행 2 : 2~4)
행 2 : 2~4을 읽습니다.

홀연히 하늘로부터 급하고 강한 바람 같은 소리가 있어 저희 앉은 온 집에 가득하며 불의 혀같이 갈라지는 것이 저희에게 보여 각 사람 위에 임하여 있더니 저희가 다 성령의 충만함을 받고 성령이 말하게 하심을 따라 다른 방언으로 말하기를 시작하니라

그 상황에서 성령이 임하신 양식은 여러가지였습니다. 강한 바람과 불의 혀같이 갈라지는 것이 있었고 그들은 방언을 말하기 시작하였습니다. 그러나 중요한 것은 그들 모두가 성령으로 충만하였다는 것입니다. 예수님의 약속이 실현된 것입니다. 성령이 그들의 삶 안에서 사시려고, 또 성령의 인격과 능력으로 그들을 통하여 역사하시려고 오신 것입니다.

3. 그 결과
우리는 모두 그 결과들에 대해서 알고 있습니다. 그것이 우리 강의 개요의 세번째입니다. 약간 졸리니까 좀 이렇게 따라서 움직이면 좋겠습니다.

a. People were amazed and perplexed(Acts 2 : 5~ 13)

Let us read Acts 2 : 5~13.

Now there were staying in Jerusalem God-fearing Jews from every nation under heaven. When they heard this sound, a crowd came together in bewilderment, because each one heard them speaking in his own language. Utterly amazed, they asked : "Are not all these men who are speaking Galileans? Then how is it that each of us hears them in his own language? Parthians, Medes and Elamites ; residents of Mesopotamia, Judea and Cappadocia, Pontus and Asia, Phrygia and Pamphylia, Egypt and the parts of Libya near Cyrene ; visitors from Rome(both Jews and converts to Judaism) ; Cretans and Arabs — we hear them declaring the wonders of God in our own tongues!" Amazed and perplexed, they asked one another, "What does this mean?"
Some, however, made fun of them and said, "They have had too much wine."

The promise of Jesus began immediately to be fulfilled. He had promised, "When the Holy Spirit comes upon you, you will be my witnesses, beginning in Jerusalem." That's exactly what happened. In verse 11, we read that the people who were in Jerusalem from all over the world, they began to hear the Christians declaring the wonders of God in their own tongue. Verse 12 tells us they were both "amazed and perplexed." They were absolutely astounded. They asked, "What does this mean?"

a. 사람들이 다 놀라고 기이히 여겨(행 2 : 5~13)
행 2 : 5~13을 봅니다.

그 때에 경건한 유대인이 천하 각국으로부터 와서 예루살렘에 우거
하더니 이 소리가 나매 큰 무리가 모여 각각 자기의 방언으로 제자
들의 말하는 것을 듣고 소동하여 다 놀라 기이히 여겨 이르되 보라
이 말하는 사람이 다 갈릴리 사람이 아니냐 우리가 우리 각 사람의
난 곳 방언으로 듣게 되는 것이 어찜이뇨 우리는 바대인과 메대인
과 엘람인과 또 메소보다미아 유대와 가바도기아, 본도와 아시아,
브루기아와 밤빌리아, 애굽과 및 구레네에 가까운 리비야 여러 지
방에 사는 사람들과 로마로부터 온 나그네 곧 유대인과 유대교에
들어온 사람들과 그레데인과 아라비아인들이라 우리가 다 우리의
각 방언으로 하나님의 큰 일을 말함을 듣는도다 하고 다 놀라며 의
혹하여 서로 가로되 이 어찐 일이냐 하며 또 어떤 이들은 조롱하여
가로되 저희가 새 술이 취하였다 하더라

예수님의 약속이 즉각적으로 성취되기 시작하였습니다. 주님이 약속
하셨습니다. "성령이 너희에게 임하시면 너희가 권능을 받고 예루살렘
으로부터 너희가 내 증인이 될 것이라" 바로 그 일이 일어난 것입니다.
17절에서 각처에서 온 예루살렘에 있던 사람들이 자기들의 모국어로 그
리스도인들이 하나님의 놀라운 일을 말하는 것을 듣기 시작하였다는 것
을 봅니다. 12절은 우리에게 말하기를 그들이 모두 놀라고 기이히 여겼
다고 합니다. 그들은 굉장히 놀랐습니다. 그들은 "이것이 무슨 일이냐?"
고 하였습니다.

b. Peter and the Apostles were empowered(Acts 2 : 14~21)

But there were some who were not amazed and perplexed. They were humored. They thought it was funny. They made fun of them. They thought they were drunk, they had too much wine. Then as we know, Peter stood up and began to preach. And in verses 14 to 21 is his message. We will not take time to read it all today. We were just reminded that Peter was empowered by the Holy Spirit. And he spoke of the life and the death and the resurrection of Jesus.

c. Many people were "Cut to the Heart"(Acts 2 : 37)

And notice what it says in verse 37 of chapter 2.

When the people heard this, they were cut to the heart and said to Peter and the other apostles, "Brothers, what shall we do?"

As we mentioned a few minutes ago, the people were cut to the heart by the Holy Spirit. Again, a part of the promise of Jesus was being fulfilled, that when the Holy Spirit would come, that he would convict of sin and righteousness and judgment. They were convicted by the Holy Spirit, and they asked to Peter and the other apostles, "Brothers, what shall we do?"

d. Peter invited them to repent and turn to Jesus (Acts 2 : 38~40)

And we know that Peter invited them to repent and to turn to Jesus, and to be baptized for the forgiveness of their sins, and to receive the gift of the Holy Spirit.

b. 베드로와 사도들이 능력을 받고(행 2 : 14~21)

그러나 그들 중에 놀라지도 않고 기이히 여기지도 않은 사람들이 있었습니다. 그들은 오히려 조롱하였습니다. 그들은 재미있다고 생각하였습니다. 놀림 거리로 삼았습니다. 그들은 제자들이 너무 많은 술을 마셨기 때문이라고 생각했습니다. 그때, 아시는 대로, 베드로가 일어나서 설교하기 시작하였습니다. 14~21절이 그의 설교 내용입니다. 그것을 오늘 전부 다 읽을 시간은 없습니다. 그러나 베드로가 성령의 능력을 받았다는 것은 기억하여야 할 것입니다. 그는 예수님의 삶과 죽으심, 그리고 부활하심에 관하여 말하였습니다.

c. 많은 사람들이 "마음에 찔려"(행 2 : 37)
또 2 : 37에서 그가 말한 것을 봅시다.

저희가 이 말을 듣고 마음에 찔려 베드로와 다른 사도들에게 물어 가로되 형제들아 우리가 어찌할꼬 하거늘

조금 전에 말씀드린 것처럼 사람들은 성령에 의해서 찔림을 받았습니다. 이것은 또 다시 예수님의 약속이 성취된 것입니다. 즉 성령이 오시면 그가 죄와 의와 심판에 대하여 증거하실 것이라고 하신 약속입니다. 그들은 성령으로 말미암아 정죄를 받았으므로 베드로와 다른 사도들에게 "형제들아 우리가 어찌할꼬?" 하고 물었던 것입니다.

d. 베드로는 그들에게 회개하고 예수께로 돌아오라고 권함(행 2 : 38~40)

우리가 아는 대로, 그 때 베드로는 그들에게 회개하고 예수께로 돌아와서 죄사함의 세례를 받고 성령의 은사들을 받으라고 권하였습니다.

e. Three thousand people were added to the Church that day (Acts 2 : 41)

And as we know, three thousand people were added to the church that day. What an amazing result of the baptism of the Holy Spirit upon these very ordinary people! Later on, the Book of Acts says people were amazed at these men, because they were unlearned men, and yet they had such great wisdom and such great spiritual power.

Brothers and sisters, this is a very important lesson for us to learn. Most of us have had the opportunity for significant theological education. And we are very grateful for that, but we can never substitute theological education for the ministry of the Holy Spirit.

In much of the world today, the church is exploding in growth. In Latin America, 38,000 people are becoming new Christians every day. In China, where missionaries have not been able to minister since 1950, 25,000 people are coming to faith in Christ every day. There is a great spiritual harvest in Latin America. There is a great spiritual harvest in China. There is a great spiritual harvest in many parts of Africa today. We are told by missiologists that some 28,000 people a day are coming to Christ in Africa. There's a great spiritual harvest in much of India. There is a great spiritual harvest in some of Eastern Europe and the former Soviet Union.

God is using some people with great theological education. He is also using people who have little or no theological education. But all the people God is using are people who are filled with the Holy Spirit, and are ministering in the power of the Holy Spirit, and are being led by the Holy Spirit.

e. 그날 삼천명이 교회에 더하니라(행 2 : 41)

그러자 그날 교회에 삼천명이 더하여졌습니다. 이들 보통사람들에게 임한 성령의 세례의 결과가 얼마나 놀랍습니까? 사도행전의 뒤에 가면 사람들이 이 제자들 때문에 놀라는데, 그 이유는 그들이 배우지 못한 사람들이었음에도 불구하고 그들이 그렇게 지혜가 있고 또 그렇게 영적인 능력이 있었기 때문이었습니다.

형제 자매 여러분, 이것은 우리가 배워야 할 대단히 중요한 교훈입니다. 우리 대부분은 상당한 신학 교육을 받을 기회를 가졌습니다. 우리는 그것에 대해서 대단히 감사합니다. 그러나 우리는 절대로 신학 교육을 성령의 사역과 대체할 수는 없습니다.

오늘날 세계 곳곳에서는 교회가 팽창하고 성장하고 있습니다. 라틴 아메리카에서는 매일 38,000명이나 되는 사람들이 그리스도인이 되고 있습니다. 중국에서는 1950년 이래로 선교사들이 활동을 하지 못하였는데 매일 25,000명의 사람들이 그리스도의 신앙으로 들어 오고 있습니다. 라틴 아메리카에서 커다란 영적 수확이 있습니다. 중국에서 커다란 영적 수확이 있습니다. 오늘날 아프리카의 여러 곳에서 커다란 영적 수확이 있습니다. 선교학자들이 하는 말을 들으면 아프리카에서는 한 28,000명의 사람들이 그리스도에게로 온다고 합니다. 인도에서도 커다란 영적 수확이 있습니다. 동구와 구 소련에서도 커다란 영적 수확이 있습니다.

하나님은 신학교육을 많이 받은 사람들을 사용하고 계십니다. 동시에 하나님은 신학 수업을 조금 받았거나 전혀 받지 않은 사람들도 사용하고 계십니다. 그러나 하나님이 사용하시는 사람들은 모두가 성령이 충만한 사람들이고 성령의 능력으로 역사하고 성령의 이끌림을 받는 사람들입니다.

4. The Continued Ministry of the Holy Sprit

It's very important for us to realize that the book of Acts does not end with the day of Pentecost. That is just the beginning of church history. And so point four in our outline is the continued ministry of the Holy Spirit.

a. The Christians were devoted to the Word / Prayer / Breaking of Bread / Koinonia(Acts 2 : 42)

Notice to what the people of God were devoted. They devoted themselves to four primary things. They are found in Acts 2 : 42.

They devoted themselves to the apostles' teaching and to the fellowship, to the breaking of bread and to prayer.

They devoted themselves to the apostles' doctrine which became the Word of God. God willing, we will talk about that tomorrow morning. They devoted themselves to prayer. They devoted themselves to fellowship, to koinonia. They devoted themselves to the breaking of bread.

Now friends, these all have to do with communion with God and communion with each other. The ministry of the Word and of prayer is communion with God. It speaks of our vertical communication with God. Then there is koinonia and the breaking of the bread. That's the horizontal communion with each other. Koinonia literally means to "make common." It's the same word from which we get our word "communion." Communion with God, communion with each other : that's what the Holy Spirit does in our lives. The

4. 성령의 지속적인 사역

사도행전이 오순절날로 끝나지 않았다는 것을 아는 것이 우리에게 매우 중요합니다. 그것은 교회역사의 시작에 불과했습니다. 그러므로 우리 강의의 메번째 요점은 성령의 사역이 지속된다는 것입니다.

a. 그리스도인들은 말씀 / 기도 / 떡을 뗌 / 교제에 전념했음(행 2 : 42)

하나님의 사람들이 무엇에 전념하였나 유의합시다. 그들은 네가지 주요한 일에 전념하였습니다. 그것들은 사도행전 2 : 42에서 발견됩니다.

저희가 사도의 가르침을 받아 서로 교제하며 떡을 떼며 기도하기를
전혀 힘쓰니라

그들은 자신들을 하나님의 말씀이 된 사도들의 가르침에 전념하였습니다. 하나님이 허락하시면 내일 우리는 거기에 대해서 말씀을 나눌 수 있을 것입니다. 그들은 기도에 전념하였습니다. 그들은 교제, 코이노니아에 전념하였습니다. 그들은 떡을 떼는데 전념하였습니다.

여러분, 이 모든 것들은 하나님과 교통하고 서로 간에 교통하는데 관계되는 것들입니다. 말씀의 사역과 기도는 하나님과 교통하는 것입니다. 하나님과의 수직적인 소통을 말하는 것입니다. 그리고 떡을 떼는 데에 코이노니아가 있었습니다. 이것은 서로 간의 수평적인 교통이었습니다. 코이노니아는 문자적으로 공통화한다는 것입니다. 우리가 쓰는 교통이라는 말과 어원이 같습니다. 하나님과의 교통, 서로 간의 교통 그것이 바로 성령께서 우리의 삶에서 일으키시는 것입니다. 그 결과는 그들 주위에 있던 사람들의 두려워함이었고 많은 사람들은 사도들이 행하는 기적

result is people all around them were in awe, and many wonders and miraculous signs were done by the apostles. And all the believers were together and they had everything in common. They gave to anyone as they had need.

And then notice verse 46. "Everyday they continued to meet together in the temple courts." These were not individual Christians. These were Christians who were close to God, and were in communion with each other. They gathered together regularly and constantly. And they broke bread in their homes. They ate together with glad and sincere hearts. What a wonderful picture of what the Holy Spirit does in our lives!

Sin separates us. Sin alienates us. God brings us together. The Lord brings us into communion with him and each other. Notice verse 47. "Praising God, and enjoying the favor of all the people." And the final description of the early church : "The Lord added to their number daily those who were being saved." That is the promise of Jesus. It is His church. We do not make it grow : the Lord makes it grow. Unless the Lord builds the house, they who labor, labor in vain.

There are some churches that are built by men, some by women. Those churches will never be strong. They will never bring honor to God. It is the Lord who must build the church. Through people who are filled with His Spirit, who humble themselves under His mighty hand, and allow Him to minster through them. The ministry of the Holy Spirit begins with prayer. As we know, whenever there have been great movements of the Holy Spirit throughout church history, they've always been proceeded and accompanied by prayer.

들로 인하여 놀랐습니다. 그리고 모든 믿는 자들은 함께 모여서 가진 모든 것들을 나누었습니다. 그들은 가진 것을 필요에 따라 누구에게나 주었습니다.

또 46절을 유의합시다. 그들은 매일 성전 뜰에서 모이기를 계속 하였습니다. 그들은 개인적인 그리스도인들이 아니었습니다. 그들은 하나님께 가까운 그리스도인들인 동시에 서로 간에 교통이 있는 그리스도인들이었습니다. 그들은 정규적으로 계속하여 함께 모였습니다. 그리고 그들의 집에서 떡을 떼었습니다. 기쁜 마음과 진실한 마음으로 함께 먹었습니다. 성령께서 우리 삶에 오셔서 만드시는 것으로서 얼마나 놀라운 장면입니까?

죄는 우리를 갈라놓습니다. 죄는 소외시킵니다. 그러나 하나님은 우리를 함께하게 만드십니다. 주님은 우리를 주님 자신과 서로 간에 교통하게 하십니다. 47절을 봅시다. "하나님을 찬미하며 또 온 백성에게 칭송을 받으니 주께서 구원받는 사람을 날마다 더하게 하시니라." 이것이 예수님의 약속입니다. 그리고 그것이 주님의 교회입니다. 우리는 교회를 성장하게 하지 못합니다. 주님이 자라게 하십니다. "여호와께서 집을 세우지 아니 하시면 세우는 자의 수고가 헛되며."

사람들이 세운 교회들이 간혹 있습니다. 그런 교회들은 튼튼하지 못합니다. 그들은 결코 하나님께 영광을 돌리지 않습니다. 교회를 세우시는 분은 하나님이셔야 합니다. 하나님의 영으로 충만한 사람들에 의하여, 스스로를 하나님의 전능한 손 아래서 낮추는 사람들에 의하여, 하나님이 그들을 통하여 역사하시기를 바라는 사람들에 의하여. 성령의 사역은 기도로 시작됩니다. 아시는 대로, 교회 역사를 통하여 볼 때, 성령의 놀라운 운동이 있을 때는 언제나 기도가 선행하고 또한 수반되었던 것입니다.

Let me tell you a story of a church of the United States. I was preaching on the subject of prayer for revival, and prayer for the ministry, and allowing the Lord to build His church, When I has done speaking, it was a conference like this, when I has done speaking, a young pastor came to me. He said, "For the last year, you've been speaking about prayer for revival and prayer for church growth." And he said, "I want you to know, I have not been impressed. I have not agreed with what you've been saying. Because I've been building a church. And I didn't need the help of prayer : our church was doing very well. It was growing. It grew about 12 per cent every year."

And he said, "I have a wonderful computer program." And he said, "I could measure the growth rate and the time. And I could tell you how the church was growing. And I could tell you when the church was growing. I could tell you what month it was going to grow. So I didn't need you to tell me how to build a church. And of course, I believe in prayer, but our church didn't need prayer. We were doing very well."

Then he said, "A few months ago, three little ladies from our church came to see me one day. And they said, 'Pastor, we are concerned about our church. We don't believe our church is very spiritually alive. And we would like to pray for the church, and we would like to pray for you. Would it be alright if we got together every week and pray?ed'" And the young pastor said to me, "I didn't know what to tell them." And I said, 'All right, sure, it's fine if you go ahead and pray.'

He said, "I couldn't tell them not to pray." But he said, "I knew it wouldn't make much of a difference. It's nice if three

미국의 한 교회에 대하여 말씀드리겠습니다. 제가 '부흥을 위한 기도'라는 주제로 사역과 기도, 그리고 주님이 당신의 교회를 세우신다는 것을 말씀하고 있었습니다. 제가 설교를 마치고 나자, 지금 같은 모임이었는데, 한 젊은 목사님이 저에게 왔습니다. 그의 말은 "목사님, 작년에도 부흥을 위한, 교회 부흥을 위한 기도라는 말씀을 하셨습니다." 그리고 "이제 말씀드립니다만, 저는 그때 별로 은혜를 받지 못하였었습니다. 저는 목사님이 말씀하신 것에 동의할 수 없었습니다. 왜냐하면 저는 교회를 짓고 있었거든요. 저는 기도로 도움을 받을 필요가 없었습니다. 우리 교회는 아주 잘 하고 있었습니다. 성장하고 있었습니다. 우리 교회는 매년 12 퍼센트씩 성장하고 있었습니다."

또 그는 말하였습니다. "저는 아주 훌륭한 컴퓨터 프로그램을 가지고 있었습니다." "저는 성장율과 그 시기를 측정할 수 있었습니다. 저는 우리 교회가 어떻게 해서 성장하였는지 알 수 있었습니다. 저는 교회가 언제 성장하였는지 알 수 있었고 교회가 몇 월에 성장 할 것인지 알 수 있었습니다. 그래서 저는 목사님이 교회가 어떻게 하면 성장하는가 하는 말씀을 들을 필요가 없었습니다. 물론, 저는 기도를 믿습니다. 그러나 우리 교회는 기도가 필요없었습니다. 우리는 잘하고 있었습니다."

그리고 이렇게 말하였습니다. "몇 달쯤 전에, 하루는 우리 교회의 세 명의 여자 청년들이 저를 보자고 했습니다. 그리고 이렇게 말하였지요. '목사님 우리는 우리 교회에 대해서 염려합니다. 우리는 우리 교회가 영적으로 아주 깨어있다고 믿을 수가 없습니다. 그래서 우리는 교회를 위해서 그리고 또 목사님을 위해서 기도하기를 원합니다. 우리가 매 주 모여서 기도해도 괜찮겠는지요?'" 그 젊은 목사님은 저에게 말했습니다. "저는 어떻게 말해야 좋을지 몰랐습니다. 그래서 '좋습니다, 물론이지요, 가셔서 기도하십시요.'"

그는 "저는 그들에게 기도하지 말라고 말할 수가 없었습니다." 그러

little old ladies want to get together to pray." But the pastor didn't need the ladies to pray. He had his computer. He had his plans. And he had his success. And so he quickly forgot about the ladies.

This church was located in Minnesota. We have lived in Minnesota for the last two years. It's very cold in the winter in Minnesota. And it was very cold that winter. So the pastor said when they came to the month of January, attendance decreased, it dropped. Because the weather was very cold and stormy. But he said, "A very unusual thing happened. Instead of the attendance declining, it was growing, it was getting larger. And it went that way for several Sundays."

And he said, "I couldn't understand why, and I went to my computer to try to figure it out. And I couldn't figure it out. And then we got to February, and the church continued to grow, and there were more people coming." And he said, "I couldn't understand it, and it troubled me very much. So finally I went to some of the people in the church, and I asked, 'Am I preaching better sermons?' and they said, 'No pastor, you are not preaching better sermons.'" He could not understand why the church was growing. The church continued to grow.

And then one day, he thought of the three little old ladies. He began to wonder could prayer have anything to do with this? Finally he decided he'd better go visit the three little ladies. He found out when they were meeting to pray. And he went to their meeting. But he found there were no longer just three ladies. There was a much larger group of Christians from his church who were gathering regularly to pray.

Then the pastor said to me, "I no longer doubt the power

나 그는 또 말했습니다. "저는 '무슨 큰 차이가 있겠는가. 세 청년들이 기도하기를 원하는 것은 좋은 일이지' 하고 생각했습니다." 그러나 그 목사님은 그 청년들이 기도하는 것은 필요로 하지 않았습니다. 그는 컴퓨터를 가지고 있었습니다. 자기의 계획을 가지고 있었습니다. 그리고 성공을 거두고 있었습니다. 그러므로 그는 그 여자 청년들 생각을 곧 잊어버리고 말았습니다.

이 교회는 미네소타에 위치해 있었습니다. 우리는 지난 이년 동안 미네소타에서 살았습니다. 미네소타의 겨울은 대단히 춥습니다. 그 겨울도 대단히 추웠습니다. 그래서, 그 목사님 말씀이, "일월이 되면 출석율이 최저에 이릅니다. 날씨가 춥고 폭풍이 불기 때문입니다." "그런데," 그가 말하기를, "아주 이상한 일이 일어 났습니다. 출석이 줄어드는 대신 늘어나고 있었습니다. 점점 늘어났습니다. 그렇게 몇 주일동안 계속 되었습니다."

"저는 그것을 도저히 이해할 수 없었습니다. 그래서 제 컴퓨터 앞에 앉아서 원인을 찾아 보려고 했습니다. 그러나 알 수가 없었습니다. 그러다가 2월이 되었는데 교회는 계속 성장하고 있었고 사람들은 점점 많이 나오고 있었습니다." 그는 또 말하기를, "저는 그것을 이해할 수가 없었고 그것이 저를 매우 당황하게 하였습니다. 그래서 마지막으로 교회의 몇몇 사람들에게 가서 물었습니다. '저의 설교가 좋아졌습니까?' 그러나 그들의 대답은 '아니요, 목사님, 설교는 더 좋아지지 않았어요.'였습니다." 그는 왜 교회가 성장하고 있는지 이해할 수가 없었습니다. 교회는 성장을 계속하였습니다.

그러던 어느날, 그는 지난 번의 세 청년들이 생각났습니다. 그는 비로소 기도가 이번 일과 무슨 연관이 있을지도 모른다고 생각하기 시작했습니다. 결국 그는 그 세 자매들을 찾아 보는 것이 좋겠다고 결정했습니다. 그는 그들이 기도하러 모이는 시간을 확인했습니다. 그리고 그 모임에

of prayer. I no longer doubt the need for prayer. I have come to realize that I need prayer, and that God answers prayer, and that the growth taking place in the church was not merely because of me, but it was because of the ministry of the Holy Spirit."

Let me tell you another story of another pastor. He was pastor of a little church out in rural America. This may be hard for you to fully imagine. This was a little country church that was way out in the country. The nearest town or village was 17 miles away. There were farms all through that area. And many people were leaving the farms and moving to the city. So the church was declining very much. They couldn't find any pastor who wanted to go there.

The church was small and ready to die, but that wasn't the only problem. It was also a very difficult church. For some reason, the people there were very difficult for pastors. They were very critical and were constantly complaining. They made the life of the pastor and his family very hard. And so their previous two pastors had both left the church, and they were so discouraged and hurting so deeply, they also left the ministry. It was a very sad situation.

In the meantime, this young pastor graduated from Trinity Evangelical Divinity School. He was looking for a church, and he couldn't find one. Nobody wanted him to be pastor. Then one day, someone told him about this church that no one wanted to pastor, and so he agreed to go there. He thought this was a marriage made in heaven. Here was a church that no one wanted to pastor, and here was a pastor that no one wanted. And Lord brought them together. So he went there with great hopes that God would use him powerfully in that situation.

갔습니다. 그가 거기서 알게 된 것은 그 기도모임이 단지 세 명의 여자들이 모인 모임이 아니라는 것이었습니다. 거기에는 커다란 무리의 그 교회 교인들이 모여서 정규적으로 기도하고 있었습니다.

그리고는 그 목사님은 저에게 말하였습니다. "저는 이제는 기도의 힘을 의심치 않습니다. 저는 더 이상 기도의 필요성을 의심치 않습니다. 저는 제가 기도가 필요하다는 것을 알게 되었고 하나님이 기도에 응답해 주신다는 것과 그 교회의 성장은 나 때문이 아니라 성령의 사역 때문이었다는 것을 압니다."

또 다른 목사님 이야기를 한가지 더 하겠습니다. 그는 미국 시골의 조그만 교회 목사님이었습니다. 이것은 여러분이 잘 이해하기가 어려울 지도 모르겠습니다. 이 교회는 시골 교외의 조그만 교회였습니다. 그 마을에서 가장 가까운 마을은 17마일 떨어져 있었습니다. 그 일대는 전부가 논이었습니다. 많은 사람들이 그 마을을 떠나 도시로 이사를 가고 있었습니다. 그래서 교인이 잘 줄어들고 있었습니다. 아무도 그 교회에 와서 목회하겠다는 사람이 없었습니다.

그 교회는 작고 또 거의 다 죽어 가는데 그것만이 문제가 아니었습니다. 그 교회는 또한 아주 어려운 교회였습니다. 거기 사람들은 몇 가지 이유로 목사님들에게 아주 어려웠습니다. 그들은 아주 비판적이었고 거기에 더하여 언제나 불평을 하는 사람들이었습니다. 그들은 목사님과 그 가족을 어렵게 하는데 재미를 느끼는 것 같았습니다. 그래서 전임 두 목사님이 다 그 교회를 떠났는데 아주 침체되고 상처를 받아서 목회를 그만 두고 말았습니다. 아주 슬픈 상황이었습니다.

그러는 중에 이 젊은 목회자는 트리니티 복음주의신학교를 졸업하였습니다. 그는 교회를 찾고 있었습니다만 하나도 찾지를 못하였습니다. 아무도 그에게 목사가 되어 달라고 하지를 않았습니다. 그때 누군가가 아무도 목사가 되기를 원치 않는 교회에 대해서 귀뜸해 주었고 그는 거

After he and his family were there for one year, he was very discouraged. The church continued to decline. The people were complaining and criticizing. The pastor and his wife were hurting very deeply, and he was to ready to leave the church and to leave the ministry.

In desperation, he cried out to God, and he said to the Lord of the church, "Lord, what will I do?" And he sensed the Lord saying to him, "Pray! Call the elders of the church together and begin to pray." But he said the elders of the church are these people who are criticizing him. But he finally agreed to go to them, and he asked them to pray. Much to his surprise, they agreed to pray with him, that they would get together every week and begin to pray. So they began to pray.

And God began to break their hearts. After a few months of prayer, an amazing thing happened. It may not seem very major to you, but it was very major for them. A visitor showed up on a Sunday morning. That church had not had anyone new visit the church for years and years. And so the people began to ask, "Who is this lady? Where did she come from? Why did she come? Who invited her?" No one knew.

But another amazing thing happened. The next week she came back again. And then the pastor broke down and began to weep as he told me the story. He said, "That was six months ago." And he said, "The Lord has been building the church every since." He said, "Our church has more than doubled in the last six months. There are more than twice as many people there now than were there six months ago. It's a miracle. There's only one way to explain it. It was the prayer of the elders at the church and the people of God. It was the Lord adding to the church those who were being saved."

기에 가기로 동의하였습니다. 그는 이것은 천생연분이라고 생각했습니다. '저쪽에는 어느 목사도 원하지 않는 교회가 있고, 이쪽에는 어느 교회도 원하지 않는 목사가 있는데 주님께서 이 둘을 함께 모으셨다.' 그래서 그는 하나님이 그런 상황에서 자기를 통하여 놀랍게 역사하실 것이라는 큰 희망을 가지고 그 교회로 갔습니다.

그곳에서 그와 그 아내가 1년을 지낸 후에 그는 매우 낙심이 되었습니다. 교회는 감소하기를 계속하였습니다. 교인들은 여전히 불평하고 비판하고 있었습니다. 그 목사님과 사모님은 너무 깊이 상처를 받아서 그 교회를 떠나고 목회도 떠나려고 생각하고 있었습니다.

절망 속에서 그는 그 교회의 주인이신 하나님께 부르짖었습니다. "주여, 제가 어찌해야 합니까?" 그때 그는 하나님이 그에게 말씀하시는 것을 느꼈습니다. "기도하라! 교회의 장로들을 모아서 기도를 시작하라." 하나님이 말씀하시는 장로들이란 바로 그를 비판하던 사람들이었습니다. 그러나 목사님은 최종적으로 그 장로들에게 함께 기도하자고 요청하기로 마음을 먹었습니다. 놀랍게도 그들은 그 목사님과 함께 기도하기로 하였고 그들은 매주마다 모여서 기도하기 시작하였습니다. 그래서 그들은 기도하기 시작하였던 것입니다.

그리고 하나님께서는 그들의 마음을 녹이기 시작하셨습니다. 기도한 지 몇 달이 지나서 한가지 놀라운 사건이 발생했습니다. 이것은 여러분에게는 그다지 대단한 일이 아닐지 모릅니다만 그들에게는 대단한 일이었습니다. 어느 주일 아침에 한 손님이 모습을 드러낸 것입니다. 수년동안 그 교회에는 손님이라고는 한명도 없었습니다. 그래서 교인들은 묻기 시작했습니다. "이 여자 분이 누구시지? 어디서 오셨나? 이분이 왜 오셨나? 누가 이 여자 분을 초청했지?" 그러나 아무도 몰랐습니다.

그런데 또 다른 놀라운 일이 생겼습니다. 다음 주일에 그 여자가 다시 그 교회에 온 것입니다. 그렇게 말하고 나서 그 목사님은 더 참지 못하여

B. The Ministry of the Holy Spirit Today

1. Views of the Ministry of the Holy Spirit

That brings us to our next heading. The ministry of the Holy Spirit today. This is a very important study. For there are many views of the ministry of the Holy Spirit today.

a. Disagreement

And as I said earlier, there's a lot of disagreement about the ministry of the Holy Spirit. I do not know how much disagreement there is in the church in Korea but there's much disagreement of the church in the West, and people tend to divide in to different camps or different groups. It is so tragic, for the Holy Spirit did not come to divide. It is Satan who divides. It is the Lord that joins together. So something must be wrong with our understanding of the ministry of the Holy Spirit.

Major Disagreement : How and When?

Why would there be so much disagreemant about it? As I have studied the matter, I have found two basic questions that seem to separate Christians all over the world in the ministry of the Holy Spirit. I would guess in this wonderful group of people today, there would be different points of view of the ministry of the Holy Spirit. The one question is the word, "How?" How are Christians filled with the Holy Spirit? And the second question is the word, "When?" When are Christians filled with the Holy Spirit? And there seems to be three basic answers to those questions.

One group of people would say, "At the time of the new birth. When you are born of the Holy Spirit, you are filled

울면서 그 이야기를 했습니다. 그것은 6개월 전의 일이라고 했습니다. 그의 말은, "모든 면에서 주님이 교회를 세워 오셨습니다." "우리 교회는 지난 육 개월 동안에 두 배 이상이 되었습니다. 6개월 전에 나오던 교인의 두 배 이상이 출석합니다. 그것은 기적입니다. 그것 밖에 설명할 말이 없습니다." 그것은 그 교회의 장로들의 기도와 하나님의 백성들의 기도였습니다. 주님이 그 교회에 구원받는 자들을 더해 주셨던 것입니다.

B. 성령의 현재적 사역

1. 성령의 사역에 대한 제 견해

이제 다음 제목을 다룰 차례입니다. 성령의 현재적 사역. 오늘날 성령의 사역에 관하여 여러 가지 견해들이 있기 때문에 이것은 아주 중요한 공부입니다.

a. 불일치

제가 이미 말씀드린 것처럼 성령의 사역에 대해서 상당히 많은 불일치가 있습니다. 한국 교회에는 얼마나 많은 불일치가 있는지 모르겠습니다만, 서구 교회에는 대단히 많은 불일치가 있고, 사람들이 여러 분파, 여러 부류로 나뉘는 경향이 있습니다. 성령께서 나누기 위하여 오신 것이 아니기 때문에 이것은 매우 슬픈 일입니다. 나누는 것은 사단입니다. 주님은 우리를 모아 연합시키십니다. 그러므로 그들의 성령의 사역에 대한 이해에 틀림없이 무엇인가가 잘못되었습니다.

주요한 불일치 : 어떻게 그리고 언제

왜 그렇게 많은 불일치가 존재할까요? 제가 이 문제를 연구하면서 두 가지 기본적인 질문을 발견하였습니다. 그것이 세계의 그리스도인들을

with the Holy Spirit. You receive all of the Holy Spirit at the time of the new birth."

There is a second group of people say, "No, that isn't right. You are filled with the Holy Spirit at the time of your water baptism. Just like Jesus when He was baptized with water, He was baptized with the Holy Spirit. If that's the way Jesus was filled with the Holy Spirit, shouldn't we be filled at the same time and the same way?"

There's a third group of people say, "No, that isn't right. There's a special time when you are filled with the Holy Spirit. To be filled with the Holy Spirit means that you need a special baptism of the Holy Spirit." And many of those people would say, "When you are baptized with the Holy Spirit, you always receive the gift of speaking another tongue."

b. Division

So the church is divided. Christians not only argue over that, they divide. And notice the second point of your outline, point b is the division. It begins with disagreement and it leads to division. And again as I have examined, there seems to be three basic areas of division.

The first has to do with different times. As we have suggested, the different points of view of when you are filled with the Holy Spirit.

The second major point of division is that we have different experiences, different emotions. There are people who say if you have not had the same experience I've had, then you've not been filled with the Holy Spirit.

Now, can you imagine the people who are blind, who are healed by Jesus having that kind of division and disagree-

성령의 사역에 대해서 나누는 것처럼 보입니다. 제가 추측컨대, 오늘 여기 모인 분들 중에도 성령의 사역에 대해서 다른 견해를 가진 분들이 있을 것입니다. 그 한 가지 질문은 이 단어, "어떻게?"입니다. 어떻게 그리스도인들은 성령의 충만을 받는가? 그리고 다른 질문은 이 단어 "언제?"입니다. 언제 그리스도인들은 성령의 충만을 받는가? 여기에는 세 가지 기본적인 대답이 있는 것 같습니다.

한 편의 사람들은 이렇게 대답할 것입니다. "중생의 순간입니다. 성령으로 거듭나는 순간, 당신은 성령으로 충만해집니다. 당신은 중생의 순간에 성령의 모든 것을 받는 것입니다."

두번째 부류의 사람들은, "아니요, 그것은 틀렸습니다. 당신은 물로 세례받는 순간 성령으로 충만해집니다. 마치 예수께서 물로 세례를 받으셨을 때 성령의 세례를 받으신 것처럼 그렇습니다. 예수께서 그렇게 성령 충만해지셨다면 우리도 동일한 때에 동일한 방법으로 충만하게 되어야 하지 않겠습니까?"라고 말합니다.

세번째 부류의 사람들은, "아니요. 그것이 아닙니다. 성령의 충만을 받는 특별한 때가 있습니다. 성령으로 충만하다는 것은 성령의 특별한 세례를 필요로 합니다." 이 사람들 중 많은 사람들은 이렇게 말할 것입니다. "성령의 세례를 받게 되면 언제나 방언의 은사를 받게 됩니다."

b. 분열

그래서 교회가 분열됩니다. 그리스도인들은 그에 대하여 논쟁할 뿐 아니라 분열합니다. 우리 강의 개요의 두번째, b번은 분열입니다. 처음에는 불일치로 시작하여 분열로 끝납니다. 제가 연구한 바에 의하면 분열에도 세가지 기본 영역이 있는 듯합니다.

처음 영역은 시간이 다르다는 것과 관계가 있습니다. 우리가 언급한 대로 성령의 충만을 받은 때가 언제나에 관한 다른 관점들입니다.

ment? Can you imagine two of those men healed by Jesus who were blind meeting on the street one day?

The one would say the other, "I hear that you've been healed by Jesus." And the second man would say, "Yes, I was once blind but now I see." And the first man would say to the second, "Well, how did Jesus heal you?" And the second man said, "Well, Jesus said to me, 'Be healed!' and I was suddenly healed and I could see." And the first man said, "Oh no, no, no, that isn't right. When Jesus healed me, he told me to put mud in my eyes. And then I would be healed. You're still blind! If you haven't put mud in your eyes, you are still blind!"

"Well," you say, "What a foolish argument!" Are we not just as foolish in the way we argue about different experiences? Why do we tend to put the Holy Spirit in a box? In the United States, I often say that many people have a theology of the Holy Spirit that controls the Holy Spirit. They say, "There's only one way to be filled with the Holy Spirit. And if you have not had my experience, if you have not had my emotions, then you are not filled with the Holy Spirit."

We do not need a theology that controls the Holy Spirit. We need a theology that puts us under the control of the Holy Spirit. That allows God to be God. That allows the Lord to fill our lives as he will, when he will, where he will.

That's a third area of division in the church. The different manifestation of the spiritual gifts. Some people say, "You are not truly filled with the Holy Spirit unless you have the miraculous gifts." And some say, "Oh no, the miraculous gifts are not for today; God could only do them back then, but He doesn't do them any more."

두번째, 분열의 중요한 요소는 우리가 다른 경험과 다른 감정을 갖고 있다는 것입니다. 어떤 사람들은 자기가 가진 것과 동일한 경험을 갖지 않으면 성령의 충만을 받은 것이 아니라고 합니다.

여러분은 예수님께 고침을 받은 소경들이 그런 불일치와 분열상을 가진 것을 상상해 볼 수 있습니까? 소경이었다가 예수님께 고침을 받은 두 사람이 어느날 거리에서 만났다고 상상해 보실 수 있습니까?

한 사람이 다른 사람에게 말합니다. "내가 들으니 예수님이 당신을 고쳐 주셨다는데." 그러자 두번째 사람이 말합니다. "네, 저는 소경이었으나 지금은 봅니다." 그러면 처음 사람이 이렇게 말할 것입니다. "예수님이 어떻게 당신을 고쳐 주셨수?" 두번째 사람이 대답합니다. "예수께서 말씀하시기를 '나아라!' 하시니 갑자기 나아서 보게 되었습니다." 그러자 첫번째 사람이 "아니, 아니, 아니, 그게 아니지. 예수님이 나를 고쳐 주실 때는 내 눈에 붙은 진흙을 떼어 주셨어요. 그러자 내가 나았다구요. 당신 아직도 장님이구만! 당신 눈에 진흙을 넣지 않았으면 당신은 아직도 장님이야!"

이 얼마나 우스운 논쟁입니까? 서로 다른 경험에 대해서 논쟁을 한다면 그와 같은 어리석음이 아니겠습니까? 어째서 우리는 성령님을 획일화하려고 합니까? 저는, 미국에는 많은 사람들이 성령을 통제하는 성령론을 가졌다고 말합니다. 그들은 이렇게 말합니다. "성령의 충만을 받는 길은 오직 한가지 밖에 없다. 만일 당신이 나와 같은 경험을 가지지 못하였다면 당신은 성령의 충만을 받지 못한 것이다."

우리는 성령을 통제하는 신학은 필요가 없습니다. 우리는 우리를 성령의 통제 아래 놓는 신학을 필요로 합니다. 그것은 하나님으로 하나님 되시게 하는 것입니다. 그것은 주님이 우리의 삶을 채우시되 주님의 뜻대로, 주님이 원하실 때, 주님이 원하시는 곳에서 채우시게 하는 것입니다.

교회의 세번째 분열 영역이 있습니다. 성령의 은사들에 대한 서로 다

Dear friends, I'm not here today to argue one of the points of view. I'm here to say it is very tragic when we divide over the doctrine of the Holy Spirit. It is time for us to be united by the Holy Spirit, to respect one another, to love one another, to allow the Holy Spirit to minister as he will.

So you see, the most important question is not "When were you filled with the Holy Spirit?" The most important question is not "How you were filled with the Holy Spirit?" The most important question is "Are you now filled with the Holy Spirit?" Is your life and ministry under the control of the Holy Spirit today? Elijah had an amazing experience with God. Turn in your Bibles back to I Kings 19. Let us read 1 Kings 19 : 11~13

The Lord said, "Go out and stand on the mountain in the presence of the Lord, for the Lord is about to pass by."
Then a great and powerful wind tore the mountains apart and shattered the rocks before the Lord, but the Lord was not in the wind. After the wind there was an earthquake, but the Lord was not in the wind. After the wind there was an earthquake, but the Lord was not in the earthquake. After the earthquake came a fire, but the Lord was not in the fire. And after the fire came a gentle whisper. When Elijah heard it, he pulled his cloak over his face and went out and stood at the mouth of the cave.
Then a voice said to him, "What are you doing here, Elijah?"

른 표현이 그것입니다. "당신이 기적적인 능력을 갖지 못했다면 당신은 성령충만을 받지 못한 것이다." 그러면 다른 사람이 말합니다. "아니요, 기적적인 은사들은 오늘을 위한 것이 아닙니다. 우리 하나님은 그때처럼 하실 수 있으시지만 더 이상 하시지는 않으신답니다."

여러분 저는 이런 것들 중에 하나를 논쟁하려고 여기에 온 것이 아닙니다. 저는 이렇게 성령에 관한 교리를 가지고 다투면서 우리가 분열한다면 얼마나 슬픈 일이냐를 말씀드리려고 온 것입니다. 지금은 우리가 성령으로 하나될 때이고 서로를 존중하고 서로를 사랑하고, 성령이 그의 뜻대로 사역하시게 할 때입니다.

여러분이 보시듯이 가장 중요한 질문은 언제 성령의 충만을 받느냐가 아닙니다. 가장 중요한 질문은 어떻게 성령의 충만을 받느냐도 아닙니다. 가장 중요한 질문은 여러분은 지금 성령으로 충만합니까 하는 것입니다. 여러분의 삶과 사역이 성령의 통제 아래 있습니까? 엘리야는 하나님을 놀랍게 체험하였습니다. 성경을 넘겨서 열왕기상 19장을 봅시다. 11~13절을 읽습니다.

여호와께서 가라사대 너는 나가서 여호와의 앞에서 산에 섰으라 하시더니 여호와께서 지나가시는데 여호와의 앞에 크고 강한 바람이 산을 가르고 바위를 부수나 바람 가운데 여호와께서 계시지 아니하며 바람 후에 지진이 있으나 지진 가운데도 여호와께서 계시지 아니하며 또 지진 후에 불이 있으나 불 가운데도 여호와께서 계시지 아니하더니 불 후에 세미한 소리가 있는지라 엘리야가 듣고 겉옷으로 얼굴을 가리우고 나가 굴 어귀에 서매 소리가 있어 저에게 임하여 가라사대 엘리야야 네가 어찌하여 여기 있느냐

There are times when the Lord moves in a mighty wind like He did on the day of Pentecost. There may be times the Lord moves in a mighty earthquake. There are times that he moves like a gentle voice, a gentle whisper. We need not to dictate to God how he moves. We need to humble ourselves before Him and allow Him to move in anyway that He would want. For you see, the experience with the Holy Spirit is not an end in itself.

As we talked about this morning, the spiritual disipline is not the end, it is the means. The Holy Spirit has been given to us for very practical reasons. Not to draw attention to the Holy Spirit. Not to draw attention to ourselves, but to be used in ministry to others.

2. Why We need the Ministry of the Holy Spirit

Why do we need the ministry of the Holy Spirit? That's a question that you may be asked quite often in your ministry. Let us begin to answer the question and then we'll take a break in a few moments and come back after.

a. To Provide us with Christ's Presence

But let us turn again, if we may, to John 14 : 16. In this passage, we find the first reason why we need the ministry of the Holy Spirit, why it is so badly needed.

And I will ask the Father, and he will give you another Counselor to be with you forever.

That is the first reason that we need the Holy Spirit to provides us with Christ's presence . To fulfill the promise of Jesus in Matthew 28 : 20; "Lo, I am with you always, even

여호와께서 오순절 날과 같이 강력한 바람 속에 움직이신 때가 있었습니다. 큰 지진 속에 움직이실 때도 있습니다. 은밀하고 작은 속삭임 속에서 움직이실 때도 있습니다. 우리는 하나님께 이렇게 움직이십시요 하고 말할 수 없습니다. 우리는 하나님 앞에서 겸손할 필요가 있습니다. 하나님이 움직이시는 대로 하시도록, 우리가 어디에 있든지. 우리는 성령의 체험 자체가 목적이 아니라는 것을 알기 때문입니다.

2. 성령의 사역이 왜 필요한가?

왜 우리는 성령의 사역이 필요합니까? 그것은 여러분의 사역에서 상당히 빈번하게 물어야 할 질문일 것입니다. 이 질문에 대답하는 것을 일단 시작하고 그 후에 잠간동안 휴식시간을 갖고 다시 모이겠습니다.

a. 우리에게 그리스도의 임재를 주시기 위해서

아까 본 것을 다시 봅시다. 요한복음 14 : 16입니다. 이 구절에서 우리는 왜 성령의 사역이 그토록 절실하게 우리에게 필요한가에 대한 첫번째 이유를 찾았습니다.

내가 아버지께 구하겠으니 그가 또 다른 보혜사를 너희에게 주사 영원토록 너희와 함께 있게 하시리니

그것은 그리스도의 임재를 우리에게 주시기 위하여 성령이 필요한 첫번째 이유입니다. 마태복음 28 : 20의 예수님의 약속을 성취하기 위한 것입니다. "볼찌어다, 내가 세상 끝날까지 너희와 항상 함께 있으리라." 예수님이 말씀하신 바 "내가 너희를 떠나지 아니하고 너희를 버리지 아니하리라" 하신 약속을 성취하기 위함입니다.

to the end of the age." To fufill the promise of Jesus when he said, "I will never leave you and I will never forsake you."

That is the most amazing news that I can imagine. That Jesus Christ is in this room today. He does not live in this auditorium when we leave. He is present in the lives of his people. That where the Holy Spirit comes to fill our lives, Jesus is present. That it is impossible for us to be alone when the Spirit of God is with us. He will never leave us. He will never forsake us. That is very important in our lives of prayer. as we know.

Have you ever wondered whether God hears your prayers? Has Satan ever come and discouraged you in your praying? Have your emotions ever turned cold in your praying? And you feel that God is far away, and you feel that your prayers don't really go past the ceiling? And sometimes you may be so discouraged, you don't even know if your prayers go as high as the ceiling.

And then comes the promise of Jesus Christ. It does not dependent upon your feelings. It is not dependent upon your emotions. God has promised us. Jesus has promised to give us the Holy Spirit and to give us the presence of Christ. "Lo, I am with you always, even to the end of the age." Do we not rejoice and praise God? We rejoice.

b. To Provide us with Christ's Power

Second reason we need the Holy Spirit, to provide us with Christ's power. Again I remind us of Acts 1 : 8. "You will receive power, when the Holy Spirit comes upon you."

Now friends, much of the church today does not seem very powerful. One of the great Western historians of our

이것은 제가 상상할 수 있는 가장 놀라운 소식입니다. 즉 예수 그리스도께서 오늘 이 방안에 계시다는 것입니다. 우리가 이곳을 떠나면 주님은 이곳에 사시지 않습니다. 주님은 주님의 백성들의 삶에 살아 계십니다. 성령이 우리 삶에 오셔서 채우실 때 예수님이 거기 계십니다. 하나님의 성령이 우리와 함께 계시면 우리는 절대로 혼자 있을 수가 없는 것입니다. 주님은 절대로 우리를 떠나지 않으십니다. 주님은 절대로 우리를 버리시지 않으십니다. 이것은 우리의 삶과 기도에서 우리가 알아야 할 아주 중요한 것입니다.

혹시 여러분은 하나님이 내 기도를 들으실까 하고 의심한 적이 있습니까? 여러분이 기도하고 있을 때 사단이 와서 낙심케한 적이 있습니까? 여러분이 기도를 하고 있는 중에도 여러분의 감정이 싸늘해 진 적이 있습니까? 하나님은 멀리 계신 것처럼 느껴지고 여러분의 기도는 천정도 올라가지 못하는 것을 느껴본 적이 있습니까? 때때로 여러분이 너무 낙심이 되어서 기도가 천장에도 올라가지 못하는 것처럼 느껴질 때가 있습니까?

그럴 때 예수님의 약속이 옵니다. 그것은 여러분의 감정에 근거한 것이 아닙니다. 그것은 여러분의 느낌에 근거한 것이 아닙니다. 하나님이 약속하셨습니다. 예수님이 우리에게 성령을 주시고, 예수님의 임재를 주시겠다고 약속하셨습니다. "볼찌어다, 내가 세상 끝날까지 너희와 항상 함께 있으리라." 우리가 기뻐하고 하나님을 찬양해야 하지 않겠습니까? 우리는 기뻐합니다.

b. 그리스도의 능력을 우리에게 주시기 위하여

우리에게 성령이 필요한 두번째 이유는 그리스도의 능력을 주시기 위함입니다. 행 1 : 8을 다시 생각합니다. "성령이 너희에게 임하시면 너희가 권능을 받을 것이라."

age was Arnold Toinbee. And he once described the Western church as the "lion that squeaks." What a terrible description for the church! How sad. Compare that to the church in the book of Acts. Compare that to most of the church in Korea. But unfortunately, many churches have forgotten the power of the Holy Spirit. They ignore the ministry of the Holy Spirit.

I go into some of the churches in the United States and I ask this question. "How long has it been since the Holy Spirit has visited in this church?" Or to ask another question. "What would you do if Jesus came to church on Sunday morning?" Many churches just go through the motions, through the activities of church life. They sing hymns, they preach sermons, they take offerings, but they deny the power of the Holy Spirit. How sad!

One of the reasons we need the Holy Spirit is to provide us with Christ's power. Christ's power for ministry. But also Christ's power for witnessing, for the fulfillment of the Great Commission of Jesus Christ.

We have the privilege of being here today in the great Center for World Missions in Korea. I had the privilege of being a pastor for some ten years in Pasadena, California. And that is the location of the United States Center for World Missions. And most of the leaders of that Center for World Missions were a part of our church family, including Dr. Ralph Winter and his wife Barbara. Ralph Winter is a great missiologist, perhaps the greatest of our generation. He is a man who has a great heart for the Great Commission and the fulfillment of the Great Commission. And he shares some encouraging news about the Great Commission. Just before our break, I will review it briefly with you.

여러분, 현대의 교회들은 그리 능력이 있어 보이질 않습니다. 우리 시대의 위대한 역사가 중의 한분이 아놀드 토인비입니다. 그가 한번은 서구 교회를 '찍찍대는 사자'라고 묘사한 적이 있습니다. 교회에 대해서 얼마나 형편없는 묘사입니까! 얼마나 슬픈지 모릅니다. 그것을 사도행전에 나오는 교회와 한번 비교를 해 보십시요. 그것을 한국에 있는 대개의 교회들과 비교해 보십시요. 그러나 불행하게도 많은 교회들이 성령의 능력을 잊어버렸습니다. 성령의 사역을 무시하고 있습니다.

제가 미국의 몇몇 교회들을 조사하면서 이렇게 묻습니다. "이 교회에 성령께서 찾아 오신 지가 얼마나 되었습니까?" 또 이렇게 묻습니다. "만일 주일 아침에 예수님이 교회에 오신다면 어떻게 하시겠습니까?" 많은 교회들이 교회생활의 활동들을 핑계삼아 비껴나가고 있습니다. 그들은 찬양하고, 설교하고 헌금을 바칩니다만 성령의 능력은 부인합니다. 얼마나 슬픈 일입니까!

우리에게 성령이 필요한 이유 중의 하나는 그리스도의 능력을 얻기 위함입니다. 봉사를 위한 그리스도의 능력, 뿐아니라 예수 그리스도의 지상명령을 완수하기 위한 증거를 위한 그리스도의 능력 말입니다.

우리는 오늘 세계 선교를 위한 한국의 이렇게 거대한 선교센타에 있게 된 특권을 받았습니다. 저는 캘리포니아에 있는 파사디니아에서 한 십여년간 목회할 특권을 누렸습니다. 거기에는 미국의 세계 선교 센타가 위치해 있습니다. 그래서 그 센타에 있는 지도자들, 랄프 윈터와 그의 아내 바바라를 포함한 거의 대부분이 우리 교회의 가족이었습니다. 랄프 윈터는 위대한 선교학자로서 아마 우리 시대에 가장 위대한 사람일 것입니다. 그는 주님의 지상명령에 대하여 위대한 마음을 가지고 있고 또한 지상명령을 성취하려는 위대한 마음을 가지고 있는 사람입니다. 그가 지상명령에 대하여 아주 고무적인 소식을 알려 주었습니다. 우리가 휴식시간을 갖기 전에 여러분에게 간략하게 말씀드리겠습니다.

At the end of the first century, the world had a population of approximately 18 million(18,000,000) people. Of those about one million had become Christians. And of those one million who had become Christians, about half them or five hundred thousand(500,000) were deeply committed to Jesus Christ. By the time this century began, the 20th century, the world's population had become one billion, six hundred and twenty million(1,620,000,000). And there were now about 40 million(40,000,000) deeply committed Christians. By the time we came to 1992, there were about five and a half billion(5, 500,000,000) people. And there were about five hundred and 40 million(540,000,000) deeply committed Christians.

Now what does that say to us about the Great Commission? At the end of the first century, there was about one Christian for every three hundred and sixty non − Christians (1 : 360). By the beginning of this century, there was one committed Christian for every 27 non − Christians(1 : 27). And in 1992, there is about one deeply committed Christian for every seven non − Christians(1 : 7). We need to be encouraged. Our Lord is building His Church. Progress is being made.

The very building in which we meet is dedicated to the fulfillment of the Great Commission. And God is gathering Christians from every tribe and every nation. And He wants to give us the power to witness, the power to evangelize, the power to see the Holy Spirit build Christ's Church. That, as we know is one of the reasons we need the ministry of the Holy Spirit. We thank God for what He is doing through you. Our discussion is not yet done.

Why do we need the ministry of the Holy Spirit? First, to provide us with Christ's presence. Secondly, to provide us

1세기 말에는 세계인구가 약 1억 8천만이었습니다. 그중에 1백만 명 중 한명이 그리스도인이었습니다. 그 그리스도인이 된 1백만 명 중에 반인 오십만명이 예수 그리스도께 깊이 헌신된 사람들이었습니다. 이 세기, 즉 20세기가 시작될 때까지 세계 인구는 십억에 이르른 16억 2천만이었습니다. 그리고 당시에 4천만의 깊이 헌신된 그리스도인들이 있었다고 합니다. 1992년에 이르러는 약 55억의 인구입니다. 그리고 깊이 헌신된 그리스도인들은 5억 4천 만명이 있는 것으로 추정됩니다.

그럼 그것은 지상명령에 대해서 무엇을 말해줍니까? 1세기 말에는 불신자 360명 당 그리스도인이 1명이었습니다. 이 세기의 시작에는 헌신된 그리스도인 한 명 당 불신자 27명이었습니다. 그리고 1992년에는 깊이 헌신된 그리스도인 1명당 불신자 7명입니다. 우리는 고무될 필요가 있습니다. 우리 주님이 당신의 교회를 세우고 계십니다. 진보가 이루어 지고 있습니다.

우리가 모여 있는 이 건물은 지상 명령을 성취하기 위하여 바쳐진 건물입니다. 하나님이 모든 종족과 나라에서 그리스도인들을 모으고 계십니다. 그리고 하나님은 우리에게 증거할 능력과 전도의 능력, 성령께서 그리스도의 교회를 세우시는 것을 볼 능력을 주시기를 원하십니다. 그것이, 우리가 아는 대로, 우리에게 성령의 사역이 필요한 이유 중의 하나입니다. 우리는 하나님께서 여러분 가운데서 이루시는 것을 인하여 하나님께 감사를 드립니다. 그러나 우리의 논의가 다 끝난 것은 아닙니다.

왜 우리는 성령의 사역이 필요합니까? 첫째, 그리스도의 임재를 주시기 위하여. 둘째, 그리스도의 능력을 주시기 위하여. 우리가 휴식을 가진 후에는 성령의 사역이 필요한 또 다른 네가지 이유를 말씀드리고자 합니다. 지금은 이 말씀으로 마치겠습니다.

with Christ's power. And after our break, I want to share with you four other reasons why we need the ministry of the Holy Spirit. But let us close with this statement.

Brothers and sisters, we come from many different backgrounds. We may have different theologies of the Holy Spirit. But would you join me today in making a commitment to Christ? May we never let the doctrine of the Holy Spirit divide us. May we humble ourselves before God. And allow the Spirit of God to bear witness with our spirit. And allow the Spirit of God to minister to the Spirit of God in our brothers' and sisters' lives.

For one of the greatest needs in the cause of world evangelization is unity in the body of Christ. That doesn't mean we will fully agree with every secondary matter. But what brings us together is acknowledging Jesus as Lord, and that unleashes the Holy Spirit in our lives, in ministry to one another. I pray it to you, and I pray it for me.

【Tape 4】

You sing very well. That was beautiful. We want to continue speaking about the ministry of the Holy Spirit. Why do we need the ministry of the Holy Spirit? As pastors, we need the ministry of the Holy Spirit in our own lives. We need the ministry of the Holy Spirit in our churches. We need the ministry of the Holy Spirit in our homes and our families.

Let me just review. We need the Holy Spirit to provide us with Christ's presence, to provide us with Christ's power. Remember the Apostle Paul said, "I want to know Christ and the power of His resurrection and the fellowship of His sufferings." Remember it was also the Apostle Paul that

형제 자매 여러분, 우리는 배경이 다 다릅니다. 우리는 성령론이 다를 수 있습니다. 그러나 여러분 저와 함께 그리스도께 헌신하시겠습니까? 성령론이 결코 우리를 나누지 못하게 합시다. 우리 자신을 하나님 앞에 낮춥시다. 그리고 하나님의 영이 우리의 영과 함께 증거하게 하십시다. 그리고 하나님의 영이 우리 형제 자매들의 삶에 계신 하나님의 영께 역사하시도록 하십시다.

세계 선교에 있어서 가장 필요한 것은 그리스도의 몸이 하나되는 것입니다. 그러나 그것은 우리가 부차적인 것들에서까지 완전히 하나되는 것을 의미하는 것은 아닙니다. 그것은 예수님을 주로 인정하며 성령을 우리의 삶에 모셔들이고 서로에게 봉사하는 것, 그것이 우리를 하나되게 하는 것입니다. 저는 그것이 여러분에게 이루어지기를 위하여 기도하며 또한 저에게 이루어지기를 위하여 기도합니다.

이제 여러분의 생애 중에서 여러 형제 자매들에게 특별한 선물을 줄 수 있겠습니다. 굶아 떨어진 사람들에게 '일어나서 휴식을 취하라'고 말해 주시기 바랍니다. 감사합니다. 하나님께서 여러분에게 복 주시기를 빕니다.

【테이프 #4】

여러분 아주 찬송을 잘 하십니다. 참 아름다운 찬양이었습니다 우리는 성령의 사역에 관해 계속해서 이야기하고자 합니다. 우리는 왜 성령의 사역이 필요합니까? 우리는 목사들로서 우리의 삶에 성령의 사역을 필요로 합니다. 우리는 우리 교회에 성령의 사역을 필요로 합니다. 우리의 가정과 가족에 성령의 사역을 필요로 합니다.

잠시 검토해 봅시다. 우리는 그리스도의 임재와 그리스도의 능력을 제공하게 하시기 위해 성령을 필요로 합니다. 사도 바울이 "내가 그리스도와 그 부활의 권능과 그 고난에 참예함을 알려 하여"라고 말한 것을 기

wrote to Timothy, "God has not given us a spirit of fear or timidity but a spirit of power and of love and of self−control." Where there is Jesus Christ, there is the power of God available to His people.

c. To Convict the World of Sin, Righteousness and Judgment

There is a third reason we need the ministry of the Holy Spirit. We read of it a few minutes ago from John 16 : 7. We need the Holy Spirit to convict the world of sin and righteousness and judgment. It is so important to realize that evangelism is primarily the ministry of the Holy Spirit. That evangelism goes far beyond merely human method or human organization.

As I mentioned to you, I had the privilege of working for Dr. Billy Graham for several years. And in recent years, I've had a privilege of being the dean of the Billy Graham Schools of Evangelism in North America. I admire Dr. Graham for many reasons. He is a great man of God, a humble servant of Jesus Christ, and a man who has truly ministered in the power of the Holy Spirit.

People from all over the world have tried to imitate his ministry. They have tried to imitate the organization of his crusades. Some of them, many of them have tried to imitate his preaching style. But they have not become Billy Grahams because the genius of the man goes far beyond his preaching style. It goes far beyond the organization of the crusades, although that's very impressive. Billy Graham understands that evangelism is not human effort. But it primarily is the ministry of the Holy Spirit. Only the Holy Spirit can convict the world of sin, righteousness and judgment.

억하십시오. 또한 사도 바울이 디모데에게 이렇게 썼던 것을 기억하십시오. "하나님이 우리에게 주신 것은 두려워하는 마음이 아니요 오직 능력과 사랑과 근신하는 마음이니." 예수 그리스도가 계신 곳에 하나님의 백성이 활용할 수 있는 하나님의 능력이 있습니다.

c. 죄에 대하여, 의에 대하여, 심판에 대하여 세상을 책망하시기 위하여

우리가 성령의 사역을 필요로 하는 세번째 이유가 있습니다. 우리는 얼마 전에 요한복음 16 : 7을 읽었습니다. 우리는 죄에 대하여, 의에 대하여, 심판에 대하여 세상을 책망하기 위해 성령을 필요로 합니다. 전도가 첫째로 성령의 사역임을 깨닫는 것은 너무나 중요한 일입니다. 전도는 단순한 인간적인 방법이나 조직을 훨씬 초월합니다.

말씀드렸듯이, 나는 몇 년 동안 빌리 그래함 박사를 위해 일하는 특권을 누렸습니다. 또한 나는 최근에 북미의 빌리 그래함 전도 학교의 학장으로 일하는 특권을 누려 왔습니다. 나는 여러가지 이유로 그래함 박사를 칭찬합니다. 그는 하나님의 위대한 사람입니다. 예수 그리스도의 겸손한 종입니다. 그리고 참으로 성령의 능력으로 사역해 온 사람입니다.

온 세상 사람들이 그의 사역을 모방하려고 했습니다. 그들은 그의 전도 집회의 조직을 모방하려고 했습니다. 그들 중 일부, 그들 중 다수는 그의 설교 스타일을 모방하려고 했습니다. 그러나 그들은 빌리 그래함이 되지 않았습니다. 왜냐하면 그 사람의 천재성은 설교 스타일을 훨씬 초월하기 때문입니다. 그것은 전도 집회의 조직을 훨씬 초월합니다. 비록 그것이 매우 인상적이라 하더라도 말입니다. 빌리 그래함은, 전도가 인간의 노력이 아니라 오히려 첫째로 성령의 사역이라는 사실을 이해하고 있습니다. 오직 성령 만이 죄에 대하여, 의에 대하여, 심판에 대하여 세상을 책망하실 수 있습니다.

그러므로 만일 여러분이 그래함에게 "당신의 전도 집회의 성공의 비

So, if you would ask Mr. Graham the question, "What is the secret to the success of your crusades?" I've heard him answer that question many, many times. And he always answers it in the same way. He said, "There are three basic reasons or causes for the success of this ministry. The first is prayer. The second is prayer. The third is prayer. Mr. Graham's ministry is primarily a prayer ministry."

All the research shows that most people who've receive Christ in a Graham crusade have been prayed for by Christian friends. Ane they've been invited to the crusade by Christian friends. And the Lord has answered their prayers. And He has convicted those they bring to the crusade of sin and the need of a savior. That is one of the mysteries of evangelism.

For those of you who are Presbyterians, you may prefer the way that Jesus expressed it in a slightly different way. You remember when Jesus said, "No one comes to me unless My Father in heaven draws him." There is the wonderful mystery between the sovereign work of God and the freedom of the will that He's given to sinners. But it is the Holy Spirit that does the drawing.

It is the Holy Spirit that does the convicting. It is the Holy Spirit that does the wooing. And it is prayer that unleashes that ministry of the Holy Spirit.

d. To Guide Us to Truth

There is another reason that we need the ministry of the Holy Spirit. It is to guide us to truth. The Holy Spirit has been given by our Lord Jesus to the church in order to guide us to the truth. That is found in John 16:13. "When the Spirit of truth comes, He will guide you into all truth."

결이 무엇입니까?"라고 묻는다면, 나는 그가 그 질문에 대답하는 것을 여러번 들었습니다. 그는 언제나 꼭 같이 그 질문에 답변합니다. 그는 이렇게 말합니다. "이 사역의 성공에는 세가지 기본적인 이유 또는 원인이 있습니다. 첫째는 기도입니다. 둘째는 기도입니다. 세째도 기도입니다." 그래함의 사역은 첫째로 기도 사역입니다.

모든 조사는 그래함의 전도 집회를 통해서 그리스도를 영접하는 대부분의 사람이 그리스도인 친구들의 기도를 받았음을 보여 주고 있습니다. 그리고 그들은 친구들에 의해 초청을 받았습니다. 주님께서 그들의 기도를 들어 주셨습니다. 그리고 그 분은 그들이 데리고 온 사람들에게 죄에 대하여 책망하셨으며 구세주의 필요성을 일깨워 주셨습니다. 이것이 전도의 신비 중 하나입니다.

여러분 중에 장로 교인들은 예수님께서 그것을 표현하신 약간 다른 방법을 선호하실 것입니다. 여러분은 예수님께서 이렇게 말씀하신 것을 기억하십니다. "하늘에 계신 내 아버지께서 이끌지 아니하시면 아무도 내게 올 수 없으니." 거기에 하나님의 주권적인 사역과 그 분이 죄인들에게 주신 의지의 자유 간의 놀라운 신비가 있습니다. 그러나 이끄시는 분은 성령이십니다. 책망하시는 분도 성령이십니다. 구애하시는 분도 성령이십니다. 그리고 성령의 사역을 푸는 것은 기도입니다.

d. 진리로 인도하시기 위하여

우리가 성령의 사역을 필요로 하는 또 한가지 이유가 있습니다. 그것은 우리를 진리로 인도하는 것입니다. 우리 주님께서 교회에게 성령을 주신 것은 우리를 진리로 인도하기 위함입니다. 그 사실은 요한복음 16 : 13에서 발견됩니다.

(그러하나) 진리의 성령이 오시면 그가 너희를 모든 진리 가운데로 인
도하시리니

There are many voices in the world today. And they are saying, "This is truth." And there are many voices even in the church today saying, "This is truth." And our young people are asking and children are asking, "How can we know what is truth?" We need to guide them to the Word of God and to the guidance of the Holy Spirit.

One of the great Bible translators of our day was called J. B. Phillips. Many of you know he was an Anglican clergyman in Great Britain. He was a very liberal scholar. He did not believe in the authority and inerrancy of the Bible. And so he decided that he would prove once and for all that the Bible was not the inspired Word of God. And so, he began to study the Bible intensely to prove that it was not a book of the Holy Spirit.

But an amazing thing happened. The Holy Spirit began to work in his heart. The Holy Spirit began to guide him to the truth. And he came to a strong personal faith in Jesus Christ, and to deep conviction in the authority and the inspiration and the inerrancy of the Scriptures. And he became a wonderful translator of the New Testament.

But he wrote a wonderful biography of his life of coming to this personal faith in Christ and trust in the Bible. And he entitled that little booklet, "The Ring of Truth." What a wonderful title! That's what the Holy Spirit wants to do, to guide us to the truth. Jesus Christ came saying, "I am the way, the truth and the life." Jesus christ is truth personified. The Bible is truth written. And the Holy Spirit will guide us to Jesus Christ. The Holy Spirit will guide us to the truth of God's Word.

e. To Bring Glory to Christ

오늘날의 세상에는 많은 음성들이 있습니다. 그들은 "이것이 진리다"라고 말하고 있습니다. 그리고 우리의 젊은이들과 아이들이 "무엇이 진리인지 어떻게 알수 있나요?"라고 묻고 있습니다. 우리는 그들을 하나님의 말씀, 그리고 성령의 인도하심으로 인도할 필요가 있습니다.

우리 시대의 뛰어난 성경 번역자 중에 필립스라는 사람이 있었습니다. 여러분 중 많은 분이 그가 영국 성공회의 신부였음을 알고 계십니다. 그는 매우 자유주의적인 학자였습니다. 그는 성경의 권위와 무오성을 믿지 않았습니다. 그래서 그는 성령이 영감된 하나님의 말씀이 아님을 단번에 증명하리라고 결심했습니다. 그래서 그는 성경이 성령의 책이 아님을 입증하기 위해서 맹렬히 성경을 연구하기 시작했습니다.

그러나 놀라운 일이 일어났습니다. 성령께서 그의 마음 속에 역사하기 시작하신 것입니다. 그는 예수 그리스도를 철저하게 믿게 되었습니다. 그리고 성경의 권위와 영감과 무오성에 대한 깊은 확신에 이르게 되었습니다. 그리고 그는 신약 성경의 놀라운 번역자가 되었습니다.

그런데 그는 이렇게 그리스도를 개인적으로 믿고 성경을 신뢰하게 된 자신의 삶을 기록한 놀라운 전기를 썼습니다. 그는 그 작은 책의 제목을 "진리의 고리"라고 붙였습니다. 이 얼마나 놀라운 제목입니까? 그것이 성령께서 하고자 하시는 일입니다. 우리를 진리로 인도하는 일 말입니다. 예수 그리스도께서는 오셔서 "내가 곧 길이요 진리요 생명이니"라고 말씀하셨습니다. 예수님은 인격화 된 진리이십니다. 성경은 기록된 진리입니다. 그리고 성령께서는 우리를 진리로 인도하실 것입니다. 성령께서는 하나님의 말씀의 진리로 우리를 인도하실 것입니다.

e. 그리스도께 영광을 돌리기 위하여

우리가 성령의 사역을 필요로 하는 또 한가지 이유가 있습니다. 그것은 그리스도께 영광을 돌리는 것입니다. 교회 내에 분열이 있을 수 있습니다. 교회 내에 분열과 불화가 있을 수 있습니다. 그러나 성부, 성자, 성

There is another reason why we need the ministry of the Holy Spirit. It is to bring glory to Christ. There may be some division in the church. There may be some division and disagreement within the church. But the Father and Son and Holy Spirit, there is no competition. The three are one. They are in total union with each other. And we read in John 16 : 14, that the Holy Spirit brings glory to Christ. It's a wonderful thing to know that there is no competition in the Godhead. And it's wonderful to know that God does not want us to compete with each other. The Holy Spirit does not focus upon Himself. The Holy Spirit focuses upon Christ and drawing people to Christ.

f. To Provide Spiritual Gifts for Church and Service

There is another reason we need the ministry of the Holy Spirit. All of us know this reason very well and it is vitally important. It is to provide spiritual gifts for the church, the spiritual gifts for service.

Let us turn to a familiar passage of 1 Corinthians 12. And let us look once again at some of the teachings of Scripture about the spiritual gifts. Read verse 1 and then verses 4 to 7 of 1 Corinthians.

Now about the spiritual gifts, brothers, I do not want you to be ignorant.
There are different kinds of gifts, but the same Spirit.
There are different kinds of service, but the same Lord.
There are different kinds of working, but the same God works all of them in all men.
Now to each one the manifestation of the Spirit is given

령 간에는 아무런 경쟁도 없습니다. 셋이 하나입니다. 그들은 서로 완전한 하나를 이루고 계십니다. 그리고 우리는 요한복음 16 : 14에서 성령께서 그리스도께 영광을 돌리신다는 말씀을 읽게 됩니다. 신성 안에 아무런 경쟁이 없음을 안다는 것은 놀라운 일입니다. 하나님께서 우리가 서로 경쟁하기를 원치 않으심을 아는 것 또한 놀라운 일입니다. 성령께서는 자신에게 초점을 맞추지 않습니다. 성령께서는 그리스도와 그리스도께로 사람을 이끄는 데 초점을 맞추고 계십니다.

f. 교회와 봉사를 위해 영적 은사들을 공급하시기 위하여

우리가 성령의 사역을 필요로 하는 또 한가지 이유가 있습니다. 우리는 그 이유를 매우 잘 알고 있습니다. 그것은 지극히 중요합니다. 그것은 교회를 위해 영적 은사들을 제공하는 것입니다. 봉사를 위한 영적 은사들 말입니다.

잘 알고 있는 고린도전서 12장을 펴 보십시다. 그리고 다시 한 번 영적 은사들에 관한 성경의 교훈 중 일부를 살펴 보도록 합시다. 4~7절을 읽겠습니다.

은사는 여러 가지나 성령은 같고 직임은 여러 가지나 주는 같으며 또 역사는 여러 가지나 모든 것을 모든 사람 가운데서 역사하시는 하나님은 같으니 각 사람에게 성령의 나타남을 주심은 유익하게 하려 하심이라

하나님께서는 우리가 영적 은사들에 관해서 무지하기를 원치 않으십니다. 은사는 여러 가지나 성령은 같습니다. 직임은 여러 가지이나 주는 같습니다. 또 역사는 여러 가지나 모든 것을 모든 사람 가운데 역사하시는 하나님은 같습니다. 그리고 은사들은 그것들 자체에게 주의를 끌도록 주어지지 않았습니다. 은사들은 우리 자신의 소비를 위해, 우리 자신의

for the common good.

God does not want us to be ignorant about spiritual gifts. There are different kinds of gifts, but the same Spirit. There are different kinds of services, but the same Lord. There are different kinds of working, but the same God works all of them. And the gifts are not given to call attention to themselves. The gifts are not given for our own consumption or our own self—gratification. The gifts are not given in order to make us spiritually proud. The gifts according to verse 7 are for the common good ; the gifts are to be used in service to others.

Peter confirms that in 1 Peter 4 : 10. That is a passage which we read earlier today. That whatever gifts we receive, we should use in service to others. Let us not be divided over spiritual gifts. Let us not be divided over the ministry of the Holy Spirit. Let the Holy Spirit provide for us Christ's presence. Let the Holy Spirit provide us with Christ's power. Let the Holy Spirit help us with the ministry of evangelism by convicting the world of sin and righteousness and judgment. Let us allow the Holy Spirit to guide us to the truth. Let us allow the Holy Spirit to bring glory to Christ. And let us allow the Holy Spirit to provide spiritual gifts for the church so that spiritual ministry may take place in the church and through the church.

C. How to Unleash the Power of the Holy Spirit

Now the question comes, "How do we unleash the power of the Holy Spirit?" And again, there are different opinions within the church on that subject. But there are some things

영광을 위해 주어지지 않습니다. 은사들은 우리를 영적으로 교만하게 만들기 위해 주어지지 않습니다. 7절에 따르면 은사들은 공동의 유익을 위한 것입니다. 은사들은 다른 사람들을 섬기는데 사용되어야 합니다.

베드로는 베드로전서 4 : 1에서 그 사실을 확인하고 있습니다. 그것은 우리가 오늘 앞서 읽은 구절입니다. 우리는 어떤 은사를 받든지 다른 사람들을 섬기는데 사용해야 합니다. 영적 은사들을 놓고 분열되지 맙시다. 성령의 사역을 놓고 분열되고 나눠지지 맙시다. 성령으로 하여금 우리에게 그리스도의 임재를 제공하도록 합시다. 성령으로 하여금 우리에게 그리스도의 능력을 제공하도록 합시다. 성령으로 하여금 죄에 대하여, 의에 대하여, 심판에 대하여 세상을 책망하심으로써 우리의 전도 사역을 도우시게 합시다. 성령으로 하여금 우리를 진리로 인도하게 합시다. 성령으로 하여금 그리스도께 영광을 돌리게 합시다. 그리고 교회 안에서와 교회를 통해서 영적인 사역이 일어날 수 있도록 성령으로 하여금 교회를 위해 영적 은사들을 제공하게 합시다.

C. 성령의 능력을 활용하는 법

이제 다음과 같은 질문이 따릅니다. "우리는 어떻게 성령의 능력을 활용할 수 있는가?" 그 문제에 대해서도 교회 내에 서로 다른 의견들이 있습니다. 그러나 제가 믿기에는 우리 모두가 동의하는 어떤 것이 있습니다.

1. 예수 그리스도의 주권

로마서 10장을 펴봅시다. 9~13절을 읽어봅시다.

네가 만일 네 입으로 예수를 주로 시인하며 또 하나님께서 그를 죽은 자 가운데서 살리신 것을 네 마음에 믿으면 구원을 얻으리니 사람이

I believe in which we all agree.

1. The Lordship of Jesus Christ
Let us turn the book of Romans chapter 10. Let us read Rom. 10 : 9～13.

> That if you confess with your mouth, "Jesus is Lord," and believe in your heart that God raised him from the dead, you will be saved. For it is with your heart that you believe and are justified, and it is with your mouth that you confess and are saved. As the Scripture says, "Anyone who trusts in him will never be put to shame." For there is no difference between Jew and Gentile — the same Lord is Lord of all and richly blesses all who call on him, for, "Everyone who calls on the name of the Lord will be saved."

It is with our mouths that we confess Jesus Christ is Lord. It is with our hearts we believe in Him and in His resurrection. And as we believe and as we confess we are saved from our sin. For the same Lord is over everyone. Everyone who confesses Jesus Christ and believes in Him in their hearts, or to put it in the words of Jesus, that we would deny ourselves and take up our cross daily and follow Him. All of us in this room, I think, would agree on coming to personal faith in Jesus Christ, in confessing Christ with our mouths and believing in Him in our hearts and repenting of our sins and turning to Christ, and then in following Him as the Lord of our lives.

Let us turn over to 1 Peter 3 : 15 and let us be reminded again of two very familiar and important verses of 1 Peter

마음으로 믿어 의에 이르고 입으로 시인하여 구원에 이르느니라 성경
에 이르되 누구든지 저를 믿는 자는 부끄러움을 당하지 아니하리라 하
니 유대인이나 헬라인이나 차별이 없음이라 한 주께서 모든 사람의 주
가 되사 저를 부르는 모든 사람에게 부요하시도다 누구든지 주의 이름
을 부르는 자는 구원을 얻으리라

우리가 예수 그리스도를 주라 고백하는 것은 우리의 입으로 입니다.
우리가 그 분과 그 분의 부활을 믿는 것은 우리 마음으로 입니다. 그리고
우리는 믿고 고백할 때 죄로부터 구원을 받습니다. 동일하신 주님이 모
든 사람 위에 역사하시기 때문입니다.

예수 그리스도를 고백하고 마음으로 주님을 믿는 사람, 그리고 주님의
말씀을 믿는 사람, 또는 예수님의 말씀을 인용한다면, 자기를 부인하고
날마다 자기 십자가를 지고 주님을 따르는 사람, 이 방 안에 있는 모든
사람은, 제 생각에, 예수 그리스도에 대한 개인적인 믿음에 이르고, 우리
입으로 그리스도를 시인하고 우리 마음으로 주님을 믿고 우리 죄를 회개
하고 그리스도를 의지하며, 그리고나서 주님을 우리 삶의 주로 따르는데
동의할 것입니다.

베드로전서 3장을 펴서 다시 한 번 매우 친숙하고도 중요한 두 절, 15,
16절을 상기해 봅시다.

너희 마음에 그리스도를 주로 삼아 거룩하게 하고 너희 속에 있는 소
망에 관한 이유를 묻는 자에게는 대답할 것을 항상 예비하되 온유와
두려움으로 하고 선한 양심을 가지라 이는 그리스도 안에 있는 너희의
선행을 욕하는 자들로 그 비방하는 일에 부끄러움을 당하게 하려 함이
라

우리가 예수를 우리의 마음과 삶의 주로 구별할 때, 매우 극적인 어떤

3 : 15 and 16.

> But in your hearts set apart Christ as Lord. Always be prepared to give an answer to everyone who asks you to give the reason for the hope that you have. But do this with gentleness and respect.

When we set apart Jesus as Lord of our hearts and of our lives, something very dramatic takes place in our lives. When we allow Jesus to be the Lord of our lives, the very direction of our life is changed. That's what Jesus said — when we deny ourselves and take up our cross, we need to turn. We repent and we turn towards Christ and away from ourselves. We never again trust ourselves, we trust Christ. The goal, the purpose of our life is to follow Him, and to do His will. And Peter said when we live that kind of life, people are going to begin to ask us questions.

You can't live that kind of life without being different. The fruit of the Spirit will become a part of our lives. And we'll begin to live the life of hope. And so Peter said, "Be ready, be prepared when people ask you, 'Why is your life filled with hope?'" Be ready to give them the reason and the reason is Jesus Christ. It is through the resurrection of Jesus Christ that hope came into the world. Absolute assurance of eternal life.

Now it is very important how we answer. We need to do it with the Spirit of Jesus. We need to do it with gentleness and respect, keeping a clear conscience. You see, when Jesus is Lord, the Holy Spirit floods our lives.

Let me ask you a very important question: "Who is the Lord of your life today? What is the direction of your life?

일이 우리 삶 가운데 일어납니다. 예수 그리스도를 우리 삶의 주가 되시도록 허락할 때, 우리 삶의 방향 자체가 변합니다. 그것이 그리스도께서 우리에게 자기를 부인하고 자기 십자가를 지라고 하셨을 때 하신 말씀입니다. 우리는 돌이킬 필요가 있습니다. 우리는 회개합니다. 그리스도를 향하고 우리 자신을 멀리합니다. 우리는 결코 우리 자신을 믿지 않습니다. 우리는 그리스도를 믿습니다. 우리 삶의 목표와 목적은 그 분을 따르고 그 분의 뜻을 행하는 것입니다. 그리고 베드로는 우리가 그런 삶을 살 때, 사람들이 우리에게 이유를 물을 것이라고 말했습니다.

여러분은 변하지 않고서는 그런 종류의 삶을 살 수 없습니다. 성령의 열매가 우리 삶의 일부가 될 것입니다. 또한 우리는 소망의 삶을 살기 시작합니다. 그러므로 베드로는 사람들이 "당신의 삶이 소망으로 가득 찬 이유가 무엇이냐?"고 물을 때를 대비하라고 말했습니다. 그들에게 이유를 말할 준비를 갖추십시오. 그 이유는 예수 그리스도입니다. 소망이 세상에 들어 온 것은 예수 그리스도의 부활을 통해서입니다. 영생에 대한 절대적인 확신 말입니다.

이제 우리가 어떻게 대답하느냐가 매우 중요합니다. 우리는 예수님의 영과 더불어 그렇게할 필요가 있습니다. 우리는 온유와 두려움으로, 선한 양심을 가지고 그렇게 할 필요가 있습니다. 아시다시피, 예수님이 주님이실 때 성령이 우리 삶에 넘쳐 흐릅니다.

여러분에게 매우 중요한 질문을 한가지 하겠습니다. 오늘 여러분의 삶의 주인은 누구입니까? 여러분의 삶의 목표가 무엇입니까? 여러분의 삶의 목적은 무엇입니까? 기독교는 예수님이 주가 아니신 한 역사하지 않습니다. 우리가 예수님을 날마다 따르지 않는 한 기독교는 역사하지 않습니다. 다시 한번 사도 바울은 "우리 자신에 대해서 날마다 죽고 예수님을 향하라"고 말했습니다.

다시 고린도전서 12 : 3, 4을 봅시다. 그것은 놀라운 진술이 아닙니까? "성령으로 아니하고는 누구든지 예수를 주시라 할 수 없느니라" 성령의

What is the purpose of your life?" Christianity does not work unless Jesus is Lord. Christianity will not work if we do not follow Jesus day by day. Again in the words of the Apostle Paul, "to die to ourselves daily and to turn to Jesus."

Turn to 1 Corinthians 12:3 and 4 again. Isn't that an amazing statement? No one can say, "Jesus is Lord," except by the Holy Spirit. Now one can truly say, "I'm following Jesus Christ as Lord," without the help of the Holy Spirit.

Let me suggest something to you. Where there is Jesus Christ, there is the Holy Spirit, there is God the Father. Where there is the Holy Spirit, there is Jesus Christ. Again they dwell together in perfect unity. I'm very grateful for every authentic experience anyone in this room has had with the Holy Spirit.

For some of you, it' has been a very dramatic experience. For some of you, it's been a very emotional experience. For some of you, it may have been a very quiet, gentle experience like the still small voice coming to Elijah. We need to rejoice with one another and respect one another for the authentic experiences that different Christians have with the Holy Spirit.

2. Prayer

But I say to you today, there is even a more important experience. It is the present experience. Where is the Holy Spirit in your life today? Praise God for manifestations of days past. Thank God for the various ways the Holy Spirit has ministered in your life in the past. But what about today? What about this very minute?

If Jesus is the Lord of our lives, I'm convinced we are fill-

도우심이 없이는, 어느 누구도 "나는 예수 그리스도를 주로 따르고 있습니다"라고 진실로 말할 수 없습니다.

여러분에게 한가지 사실을 제시하고자 합니다. 예수 그리스도가 계신 곳에 성령이 계십니다. 거기에 하나님 아버지가 계십니다. 성령이 계신 곳에 예수 그리스도가 계십니다. 그들은 완전한 연합 가운데 함께 거하십니다. 저는 이 방에 계신 모든 분이 가지고 계신 진실한 성령 체험 모두를 인해 감사드립니다.

여러분 중 어떤 분들에게 그것은 매우 극적인 체험이었을 것입니다. 여러분 중 어떤 분들에게 그것은 매우 감정적인 체험이었을 것입니다. 여러분 중 어떤 분들에게 그것은 엘리야에게 임했던 것과 같은 매우 세미하고 조용한 체험이었을 수도 있습니다. 우리는 서로 다른 그리스도인들이 성령과 더불어 가진 진실한 체험들을 인해 서로 감사해야 합니다.

2. 기도

그러나 오늘 제가 여러분에게 말씀드리고자 하는 것은 더 중요한 체험이 있다는 것입니다. 그것은 현재적인 체험입니다. 오늘 성령이 여러분의 삶에 어디 계십니까? 과거에 성령께서 역사하신데 대해서 하나님께 찬양하십시오. 과거에 성령께서 여러분의 삶에 역사하신 다양한 방법들에 대해서 하나님께 감사하십시오. 과거에 우리에게 나타나신 하나님께 찬양을 드립니다. 성령께서 과거에 우리 삶 가운데 역사하신 방법들을 인해 찬양을 드립니다. 그러나 오늘은 어떻습니까? 바로 이 순간은 어떻습니까?

만일 예수님이 우리 삶의 주인이시라면, 저는 우리가 성령 충만하다고 확신합니다. 예수 그리스도가 주이신 곳에 성령께서 사람들의 삶에 부어지십니다. 성령으로 말미암지 않고는 누구도 예수 그리스도를 주라 할 수 없습니다. 그리고 마찬가지로 저는 예수님이 주가 아니신 한 어느 누구도 성령 충만할 수 없다고 생각합니다. 성령 충만은 예수 그리스도의

ed with the Holy Spirit in the present tense. Where Jesus Christ is Lord, the Holy Spirit is unleashed in people's lives. No one can say, "Jesus is Lord," except by the Holy Spirit. And in the same way no one can be filled with the Holy Spirit unless Jesus is Lord. The filling of the Holy Spirit begins with the Lordship of Jesus Christ. Prayer has a very important part in the ministry of the Holy Spirit.

We reviewed a few moments ago the outpouring of the Holy Spirit at Pentecost. As we know, that outpouring came as a result of Christians gathering together to pray. That same pattern has followed throughout the book of Acts. When Christians gather together, when they humbled themselves and prayed, the ministry of the Holy Spirit came in an unusual way. But that's not true of only the New Testament.

As we know, the ministry of the Holy Spirit took place also in the Old Testament. And in a very unusual way, the Holy Spirit was unleashed through the prayers of such servants as Nehemiah and Daniel. In the same way, it's been true in Church History. Whenever there have been times of great revival and spiritual renewal, there have been times of God's people coming together to pray.

Brothers and sisters, I thank God for the prayer movement in Korea. And I'm encouraged that a new prayer movement is beginning in the United States and that God is moving wonderfully and powerfully in the hearts and lives of many pastors. I spent four days last week in prayer with a group of pastors. There is a new movement that God has raised up in the Portland, Oregon area. It is called Prayer Summits. It began three or four years ago with small groups of pastors coming together to pray.

This is very unusual for the United States. They, the pas-

주권과 더불어 시작됩니다. 기도는 성령의 사역에 있어서 중요한 역할을 합니다.

우리는 얼마 전에 오순절 날에 일어난 성령의 부어짐을 검토했습니다. 아시다시피, 그 부어짐은 그리스도인들이 기도하기 위해 함께 모인 결과로 일어났습니다. 동일한 전형이 사도행전 전체에 잇달아 나타납니다. 그리스도인들이 함께 모였을 때, 겸손히 기도했을 때, 성령의 사역이 특별한 방식으로 나타난 것입니다. 그러나 그것은 신약성경에만 해당되지 않습니다.

아시다시피, 성령의 사역은 구약성경에도 일어났습니다. 그리고 성령께서는 매우 특별한 방식으로 느헤미야와 다니엘 같은 선지자들의 기도를 통해서 역사하셨습니다. 그리고 그것은 교회사에 있어서도 마찬가지였습니다. 위대한 부흥과 영적 갱신의 때마다 하나님의 백성이 기도하기 위해 함께 모인 때가 있었던 것입니다.

형제 자매 여러분, 저는 한국의 기도 운동을 인해 하나님께 감사드립니다. 저는 미국 내에서 새로운 기도 운동이 시작되고 있다는 사실과 하나님께서 많은 목사들의 마음과 삶 가운데 놀랍고도 강력하게 역사하고 계신다는 사실을 인해 격려를 받고 있습니다. 저는 지난 주에 목사들의 그룹과 함께 나흘 동안 기도했습니다. 하나님께서 포틀랜드 주 오레곤 지역에서 일으키신 새로운 운동이 있습니다. 그것은 기도 정상이라고 불립니다. 그것은 삼 년 전에 시작되었습니다. 작은 목사들 그룹들이 기도하기 위해 모입니다.

이것은 미국에서는 매우 보기 힘든 일입니다. 그들, 목사들은 함께 모여서 다른 의제 없이 오직 기도하기 위해서 나흘을 보냈습니다. 그 의제는 함께 하나님을 찾는 것이며, 우리가 기도할 때 우리를 인도하시도록 성령을 초청하는 것입니다. 고백하는 시간이 있습니다. 회개하는 시간, 주님 앞에서 우는 시간이 있습니다. 찬양하고, 노래하고, 예배하는 시간이 있습니다. 간구하고 중보 기도 하는 시간이 있습니다. 왜냐하면 우리

tors come together and spend four days with no agenda but to pray. The agenda is to seek God together and to invite the Holy Spirit to guide us as we pray. There are times of confession, times of repentance, times of weeping before the Lord. There are times of praise, singing, and worship. There are times of petition and intercession. Because we believe that the United States of America desperately needs an outpouring of the Holy Spirit. It's been over a hundred and fifty years since we've seen spiritual awakening in the United States.

We are desperately in need of God's Spirit. And I know of no other way, but for God's people to humble themselves and to pray and to seek God's face and to repent, to turn from our wicked ways. And the promise of God is that He will respond. There is a third way in which the power of the Holy Spirit is unleashed. First, through making Jesus Christ Lord. Secondly, through prayer. And especially corporate prayer, groups of Christians coming together to pray.

3. Unity

But there is a third. Turn with me again back to John 17. The prayer of Jesus Christ for His disciples and for us just prior to His crucifixion. As Jesus Christ prayed for His disciples and prayed for us. Let's begin with John 17 : 10, 11.

All I have is yours, and all you have is mine. And glory has come to me through them. I will remain in the world no longer, but they are still in the world, and I am coming to you. Holy Father, protect them by the power of your name — the name you gave me — so that they may be one as we are one.

는 미국이 성령의 부어짐을 절실히 필요로 하고 있다고 믿기 때문입니다. 우리가 미국에서 영적 갱신을 목격한 것은 150년이 넘었습니다.

우리는 절실히 하나님의 영을 필요로 하고 있습니다. 저는 하나님의 백성이 자신을 겸비하고 기도하고 하나님의 얼굴을 구하며, 우리의 악한 길로부터 돌이키는 길을 알고 있을 뿐입니다. 그리고 하나님의 약속은 응답해 주시리라는 것입니다. 성령이 부어지는 데에는 세가지 방법이 있습니다. 첫째로, 예수 그리스도를 주로 삼음을 통해서입니다. 둘째로 기도를 통해서입니다. 특히 함께 기도하기 위해 모인 그리스도인들의 그룹들을 통해서 입니다.

3. 일치

그러나 세번째가 있습니다. 다시 요한복음 17장을 펴봅시다. 그것은 예수 그리스도께서 십자가에 달리시기 전에 제자들과 우리를 위해 하신 기도입니다. 예수 그리스도께서는 자신의 제자들과 우리를 위해 기도하셨습니다. 10, 11절로부터 시작해 봅시다.

> 내 것은 다 아버지의 것이요 아버지의 것은 내 것이온데 내가 저희로 말미암아 영광을 받았나이다 나는 세상에 더 있지 아니하오나 저희는 세상에 있사옵고 나는 아버지께로 가옵나니 거룩하신 아버지여 내게 주신 아버지의 이름으로 저희를 보전하사 우리와 같이 저희도 하나가 되게 하옵소서

우리는 우리 원수와 싸움을 하고 있습니다. 그는 우는 사자처럼 삼킬 자를 찾고 있습니다. 그리고 우리가 알다시피, 수 많은 사람들이 그에게 붙들려 있습니다. 그리고 수많은 그리스도인들이 그들의 영적인 능력과 영향력에 있어서 무력해져 있습니다.

우리의 원수는 매우 지혜롭습니다. 그는 우리를 속이기를 좋아합니다.

We are at war with our enemy. He prowls around like a roaring lion. He seeks whom he may devour. And as we know, millions and millions of people are under his captivity, and millions and millions of Christians are being neutralized in their spiritual power and effectiveness.

Our enemy is very clever. He loves to deceive us. But it's very interesting that he uses the same tactics over and over again. Let me ask you, "What are the major tactics that our enemy uses to make the churches spiritually weak?" One of them is to divide the church. Another one is to divert us. To get us to fight and quarrel and argue over secondary matters so we will ignore the major commission that the Lord has given to the church.

One of the ways our enemy is defeated is by the unity of the body of Christ. That's what is so wonderful about a gathering like this; you came from many different backgrounds and many different churches. The body of Christ is strengthened as we come together, as we allow the Holy Spirit to unite us. That was the prayer of Jesus — that we may be one as God the Father, God the Son, and God the Holy Spirit are one.

Let us now go on to verses 20~23.

My prayer is not for them alone. I pray also for those who will believe in me through their message, that all of them may be one, Father, just as you are in me and I am in you. May they also be in us so that the world may believe that you have sent me. I have given them the glory that you gave me, that they may be one as we are one: I in them and you in me. May they be brought to complete unity to let the world know that you sent

그러나 그가 동일한 책략을 되풀이하여 사용한다는 것은 매우 흥미롭습니다. 여러분에게 물어보겠습니다. 우리 원수가 교회들을 영적으로 약화시키기 위해서 사용하는 주요한 책략들은 무엇입니까? 그 중 하나는 교회를 분리시키는 것입니다. 또 다른 하나는 우리의 주의를 딴데로 돌리는 것입니다. 우리를 부차적인 문제를 놓고 싸우고 논쟁하고 다투게 만들어서 주님께서 교회에게 주신 주요한 명령을 무시하게 하는 것입니다.

우리 원수가 패하는 한 방법은 그리스도의 몸의 일치를 통해서입니다. 이것이 이렇게 여러가지 서로 다른 배경과 교회들 출신이 모인 이런 모임이 그렇게도 놀라운 이유입니다. 그리스도의 몸은 우리가 함께 모이고, 우리가 성령으로 하여금 우리를 연합시키도록 할 때 강화됩니다. 그리스도께서는 우리가 성부 하나님, 성자 하나님, 성령 하나님이 하나인 것처럼 우리도 하나가 되게 해달라고 기도하셨습니다.

이제 계속해서 20~23절까지를 봅시다.

내가 비옵는 것은 이 사람들만 위함이 아니요 또 저희 말을 인하여 나를 믿는 사람들도 위함이니 아버지께서 내 안에 내가 아버지 안에 있는 것같이 저희도 다 하나가 되어 우리 안에 있게 하사 세상으로 아버지께서 나를 보내신 것을 믿게 하옵소서 내게 주신 영광을 내가 저희에게 주었사오니 이는 우리가 하나가 된 것같이 저희도 하나가 되게 하려 함이니이다 곧 내가 저희 안에 아버지께서 내 안에 계셔 저희로 온전함을 이루어 하나가 되게 하려 함은 아버지께서 나를 보내신 것과 또 나를 사랑하심같이 저희도 사랑하신 것을 세상으로 알게 하려 함이로소이다

예수님께서 우리를 위해 하실 수 있으셨던 모든 기도를 생각해 보십시오. 의심할 바 없이 이 기도는 교회를 향한 그 분의 가장 높은 우선 순위를 다루고 있습니다. 그리고 그 분의 최고의 우선 순위는 그리스도의 몸

me and have loved them even as you have loved me.

Think of all the prayers that Jesus could have prayed for us. Without a doubt, this prayer shares His highest priority for the Church. And His highest priority was unity of the body of Christ. Wherever there is division of the Church, the enemy is winning the victory. Whenever there is unity in the Church, the Lord is winning the victory.

And our Lord has not left us alone. He's given us the Holy Spirit to bring unity. And the Lord wants to bring unity to the church in Korea. And He wants to bring unity to the church in the United States. And He wants to bring unity to the Church around the world. There is only one Church, one Lord, one faith, one baptism. That is not my idea. That is not your idea. That is the idea of God Himself. His Word proclaims it clearly.

Brothers and sisters, do not be guilty of the sin of dividing the Church. It is a very serious, grievous sin. That does not mean we will all belong to the same denomination. It does not mean we will belong to all the same local church. But it means that we will allow Jesus to be the Lord of our lives and Jesus will be the Lord of our ministries. And Jesus will bring our hearts together in unity. When the Holy Spirit is unleashed, there is unity in the Church of Jesus Christ. When Jesus is reigning as Lord, there is unity in the Church. When the devil is in charge, there is division in the Church.

It is time for us to acknowledge Jesus as Lord. It's time for us to live under the Lordship of Christ and to minister under the Lordship of Christ. It's time for us to pray the prayer of Jesus. That we may be one as Jesus and the Father and the Holy Spirit are one. Then Jesus said, "All the world

의 일치였습니다. 교회의 분열이 있는 곳마다, 원수가 승리하고 있습니다. 교회의 일치가 있을 때마다, 주님이 승리하고 계십니다.

우리 주님께서는 우리를 홀로 내버려 두지 않으셨습니다. 그 분은 일치를 가져다 주시기 위해 우리에게 성령을 보내셨습니다. 주님께서는 한국 교회 안에 일치를 가져다 주시기를 원하십니다. 미국 교회에 일치를 가져다 주시기를 원하십니다. 그리고 그 분은 전 세계 교회에 일치를 가져다 주기를 원하십니다. 한 교회, 한 주, 한 믿음, 한 세례 만이 있습니다. 그것은 저의 생각이 아닙니다. 그것은 여러분의 생각도 아닙니다. 그것은 하나님 자신의 생각입니다. 그 분의 말씀이 그것을 분명히 선포하고 있습니다.

형제 자매 여러분, 교회를 분리시키는 죄를 짓지 마십시오 그것은 매우 심각하고 통탄스러운 죄입니다. 그것은 우리 모두가 동일한 교파에 속하는 것을 의미하지 않습니다. 그것은 우리 모두가 동일한 지역 교회에 속해야 함을 의미하지 않습니다. 오히려 그것은 우리 모두가 예수님이 우리 삶의 주가 되시도록 허락하는 것을 의미합니다. 그러면 예수님이 우리 사역의 주가 되실 것입니다. 그리고 예수님께서는 우리 마음을 하나로 일치시키실 것입니다. 성령이 역사하실 때, 예수 그리스도의 교회에 일치가 있습니다. 예수님께서 주로 통치하실 때, 예수 그리스도의 교회에 일치가 있습니다. 마귀가 주권을 행사할 때, 교회에는 분열이 있습니다.

지금은 예수를 주로 시인할 때입니다. 그리스도의 주권 하에 살고, 그리스도의 주권 하에 사역할 때입니다. 예수 그리스도의 기도를 드릴 때입니다. 우리가 성자 성부 성령이 하나이신 것처럼 하나가 되게 말입니다. 그리고나서 예수님께서는 온 세상이 예수 그리스도가 주이심을 알게 되리라고 말씀하셨습니다. 연합된 교회는 그리스도의 주권에 대한 커다란 증거입니다. 일치는 조직될 수 없습니다. 일치는 법제화 될 수 없습니

will know that Jesus Christ is Lord." A unified church is a great witness to the Lordship of Christ. Unity cannot be organized. Unity cannot be legislated. I cannot legislate unity from this pulpit today. True spiritual unity comes only from the Holy Spirit. I pray it for you, I pray it for the church of Korea.

D. The Ministry of the Holy Spirit : Personal Application

Now let us come to the final section of our study today. The personal application of the ministry of the Holy Spirit. Let's review together some of the practical implications of the ministry of the Holy Spirit in our lives.

1. The Presence

Let's begin again by focusing on the presence. The promise of Jesus in Matthew 28 : 20. "All authority has been given to Me on heaven and on earth. And low, I am with you always, even to the end of the age." Jesus has given the Holy Spirit to us, we read it in John 14 : 16, so that He may be present in our lives.

When we are filled with the Holy Spirit, we have Christ living in us. And we are in Christ. And Christ in you is the hope of glory. The apostle Paul called this the mystery that was hidden through the ages. He said he was the apostle called of God to share this Good News with the gentiles.

And friends, that is the Good News of the Gospel of Christ. Christ in you, the hope of glory. Christ is present in the world today. Christ is present in our lives today. Jesus Christ is the Lord of human history. He is the Lord of all

다. 저는 오늘 이 강단에서 일치를 법으로 제정할 수 없습니다. 진정한 영적 일치는 성령으로부터만 임합니다. 여러분을 위해 기도드립니다. 한국 교회를 위해 기도드립니다.

D. 성령의 사역 : 개인적 적용

이제 오늘 우리 연구의 마지막 부분에 이르렀습니다. 그것은 성령의 사역의 개인적인 적용입니다.

1. 임재

다시 한번 성령의 임재에 초점을 맞춰 봅시다. 마태복음 28 : 20의 예수님의 약속입니다. "하늘과 땅의 모든 권세를 내게 주셨으니." 예수님께서는 우리가 요한복음 14 : 16에서 읽게 되듯이, 우리의 삶 가운데 임재하실 수 있도록 우리에게 성령을 주셨습니다.

우리가 성령 충만할 때, 우리는 우리 안에 살아 계신 그리스도를 모시게 됩니다. 또한 우리는 그리스도 안에 있게 됩니다. 그리고 우리 안에 계신 그리스도는 영광의 소망이 되십니다. 사도 바울은 이것을 여러 세대 동안 숨겨져 온 비밀이라고 불렀습니다. 그는 자기가 이 좋은 소식을 이방인과 함께 나누도록 부르심을 받은 사도라고 말했습니다.

그런데 형제 여러분, 그것이 그리스도의 좋은 소식입니다. 여러분 안에 계신 그리스도는 영광의 소망이십니다. 그리스도께서는 오늘 여러분의 삶 가운데 임재하고 계십니다. 예수 그리스도는 인간 역사의 주님이십니다. 그 분은 모든 피조물의 주님이십니다. 그 분은 알파와 오메가, 처음이자 나중이십니다. 모든 무릎이 꿇고 모든 입이 예수 그리스도가 주라 시인할 날이 임할 것입니다. 우리와 온 세상이 그 분이 왕 중의 왕, 주 중의 주라 시인할 날이 임할 것입니다.

creation. He is the Alpha and Omega, the beginning and the end. The day is coming that every knee will bow and every tongue will confess that Jesus Christ is Lord. The day is coming when all the world will acknowledge that He is King of kings and Lord of lords.

And this Jesus is present in this room today. And He is present in our lives. What an awesome, awesome thought! What a joy! What a privilege! The presence of Jesus Christ in the person and the power of the Holy Spirit.

2. The Authority

Secondly, we have the authority of the Holy Spirit, the authority of Jesus Christ. "All authority has been given to Me in heaven and on earth." Matthew 28 : 18. Many Christians do not live as though Christ is in charge. Many of us have been deceived by the enemy. We need to be reminded that "Greater is He who is in us than he who is in the world." We've been promised victory through our Lord Jesus Christ. Jesus said, "In this world you will have persecution."

The Scripture says that all those who live godly in Christ Jesus will suffer persecution. The Bible says "There will be tribulation." Jesus said, "The world has hated Me, they will hate you because of Me." But in the midst of that kind of world, there is the authority of Jesus Christ. There is the absolute assurance that He is in control. And He has been kind enough to show us the last page of human history. We know what is going to happen to this world. We know what is going to happen to us.

We have a glimpse of the glory that will be when we gather around the throne of the lamb, when with the elders we worship the lamb. At times the world looks ominous. We

이 예수님은 오늘 이 방에 임재하고 계십니다. 그리고 그 분은 우리 삶 가운데 임재하고 계십니다. 이 얼마나 경외로운 생각입니까? 얼마나 커다란 기쁨입니까? 얼마나 놀라운 특권입니까? 성령의 인격과 능력을 통한 예수 그리스도의 임재 말입니다.

2. 권세

둘째로, 우리는 성령의 권세, 그리스도의 권세를 소유하고 있습니다. "하늘과 땅의 모든 권세를 내게 주셨으니." 마태복음 28 : 18 말씀입니다. 많은 그리스도인들은 그리스도가 주장하는 삶을 살고 있지 않습니다. 우리 중 많은 사람들은 원수에게 속아 왔습니다. 우리는 우리 안에 계신 자가 세상에 있는 자 보다 더 크다는 사실을 일깨움 받을 필요가 있습니다. 우리는 우리 주 예수 그리스도를 통해 승리를 약속받았습니다. 예수님께서는 "이 세상에서는 너희가 고난을 받으나"라고 말씀하셨습니다.

성경은 "그리스도 예수안에서 경건하게 살고자 하는 자는 핍박을 받으리라"고 말씀하셨습니다. 성경은 "환란이 있으리라"고 말씀하고 있습니다. 예수님께서는 "세상이 나를 핍박한 것처럼 나를 인해 너희를 핍박하리라"고 말씀하셨습니다. 그러나 그런 세상 가운데, 예수 그리스도의 권세가 존재합니다. 그 분이 통치하신다는 절대적인 확신이 존재합니다. 그리고 그 분은 우리에게 인류 역사의 마지막 장을 보여 주실 정도로 친절하셨습니다. 우리는 이 세상에 어떤 일이 일어날지를 알고 있습니다. 우리에게 어떤 일이 일어날지를 알고 있습니다.

우리는 우리가 어린 양의 보좌 앞에 함께 모일 때 나타날 영광을 희미하게 보았습니다. 우리는 장로들과 함께 그 어린 양을 경배할 것입니다. 세상이 불길하게 보일 때가 있습니다. 우리는 낙심할 수 있습니다. 우리는 바울이 말한 것처럼 괴로움을 당할 수 있습니다. 그러나 우리는 결코

may be knocked down. We may be harassed as the apostle Paul said. But we never need be defeated.

All authority in heaven and on earth has been given to Jesus Christ. And faith is the victory that gives us the victory through our Lord Jesus Christ. Jesus was observed by the Scribes and the Pharisees and people as preaching with one who has authority. My brothers, we need to preach with the authority of God. And the only way to do it is to preach in the power of the Holy Spirit, under the Lordship of Jesus Christ.

If we try to impress people with our preaching, we will lack the authority of the Holy Spirit. If we attempt for people to like our preaching and focus on our preaching, we will never preach with the authority of Jesus Christ. We must be willing to surrender all to Christ. Then the Holy Spirit will be unleashed in our preaching and in every facet of our ministry.

3. THE POWER

A third practical application of the ministry of the Holy Spirit is spiritual power. Again we have reviewed today the promise of Jesus Christ. "When the Holy Spirit has come upon you, you will receive power, and then you will be witnesses unto Me in Jerusalem, in Judea, Samaria, and unto the uttermost parts of the earth." He didn't say some of you will be witnesses. He didn't say you can choose to be witnesses. He said when the Holy Spirit comes upon us, we will receive power and we will be witnesses unto the world. In my opinion, that is the key to the fulfillment of the Great Commission.

In the book of Acts, there were two major categories of

패배하지 않을 것입니다.

　하늘과 땅의 모든 권세가 예수 그리스도께 주어졌습니다. 그리고 우리는 우리 주 예수 그리스도를 통해서 우리가 승리할 것을 믿습니다. 바리새인과 서기관들과 사람들은 예수님께서 권세 있는 자처럼 설교하셨음을 보았습니다. 여러분, 우리는 하나님의 권세를 가지고 설교할 필요가 있습니다. 그렇게 하는 유일한 방법은 성령의 능력으로, 예수 그리스도의 주권 하에 설교하는 것 뿐입니다.

　만일 우리가 우리의 설교를 가지고 사람들에게 인상을 심어주려고 애쓰고 있다면 우리는 성령의 권세를 결여할 것입니다. 만일 우리가 사람들로 하여금 우리 설교를 좋아하게 만들고 우리 설교에 초점을 맞추게 한다면, 우리는 결코 예수 그리스도의 권세를 가지고 설교하지 않을 것입니다. 우리는 기꺼이 모든 것을 그리스도께 복종시켜야 합니다. 그러면 성령께서 우리 설교 안에, 우리 사역의 모든 국면에 역사하실 것입니다.

3. 능력

　성령의 사역의 세번째 실제적인 적용은 영적인 능력입니다. 우리는 오늘 예수 그리스도의 약속을 검토했습니다. "오직 성령이 너희에게 임하시면 너희가 권능을 받고 예루살렘과 온 유대와 사마리아와 땅 끝까지 이르러 내 증인이 되리라." 그 분은 여러분 중 일부가 증인이 되리라고 말씀하지 않으셨습니다. 그 분은 여러분이 증인이 되기를 선택할 수 있다고 말씀하지 않으셨습니다. 그 분은 성령이 우리에게 임하실 때 우리가 권능을 받고 세상의 증인이 되리라고 말씀하셨습니다. 제 의견으로는 그것이 지상 명령 성취의 열쇠입니다.

　사도행전에 보면, 전도의 두가지 주요한 범주가 나옵니다. 첫번째는 우리가 자발적인 전도라고 부르게 될 것입니다. 이것은 예수님께서 사도

evangelism. The first is what we would call "spontaneous evangelism." This is the kind of evangelism that Jesus described in Acts 1 : 8. These were ordinary Christians who were filled with the Holy Spirit. And wherever they went, they were witnesses for Christ. And when persecution came upon, it did not stop them from witnessing. Quite to the contrary, they moved all over the world. And wherever they moved, they took Jesus with them. And they were His witnesses wherever they went.

So much of the evangelism in the early church was spontaneous evangelism of the Holy Spirit, working through the lives of ordinary Christians. And the same thing is true today? How are most people coming to faith in Christ in China? It cannot be through large, organized crusades. It primarily is through house churches and through some organized churches. But mostly through ordinary Christians who are filled with the Holy Spirit, who are empowered by the Holy Spirit, who are witnesses for Christ.

That's what God wants for all of us. The power is not given to call attention to itself. In the Western world, there is a great delight in being spectacular. We often call that being like Hollywood. There is a high profile and a lot of what is called "glitz." But the power of the Holy Spirit is not that kind of power. The power of the Holy Spirit doesn't say "look at me." The power of the Holy Spirit doesn't try to outdo other people to become more spectacular than someone else. The power of the Holy Sprit works through ordinary people in convicting of sin and drawing people to Christ. It is a constructive power, not a destructive power.

Spontaneous evangelism is a wonderful manifestation of the power of the Holy Spirit. But in the book of Acts, there

행전 1 : 8에서 말씀하고 계신 전도입니다. 성령에 충만한 평범한 그리스도인들이 있었습니다. 그들은 가는 곳마다 그리스도를 위한 증인이 되었습니다. 핍박이 임했을 때, 그것이 그들의 증거를 막지 못했습니다. 그와 정반대로 그들은 온 세상을 향해 나아갔습니다. 그리고 그들은 가는 곳마다 예수님을 모시고 갔습니다. 그들은 그들이 가는 곳마다 그 분의 증인이었습니다.

이처럼 초대 교회의 전도의 많은 부분이 평범한 그리스도인들의 삶을 통해서 역사하신 성령의 자발적인 전도였습니다. 그것은 오늘날에도 마찬가지입니다. 중국의 대부분의 사람들이 어떻게 그리스도를 믿으러 나아 옵니까? 그것은 커다란 조직 교회들을 통해 일어날 수 없습니다. 그것은 우선적으로 가정 교회들을 통해서 일어나고 있습니다. 그리고 일부 조직 교회들을 통해서 일어나고 있습니다. 그러나 대부분은 성령 충만하고, 성령의 능력을 받고, 그리스도의 증인들인, 평범한 그리스도인들을 통해서 일어나고 있습니다.

그것이 하나님께서 우리에게 원하시는 것입니다. 그 능력은 그 자체에게 주의를 끌기 위해서 주어지지 않았습니다. 그런데 서구 세계에는 구경거리가 되는 것을 매우 즐깁니다. 우리는 종종 그것을 헐리웃 같다고 말합니다. 거기에는 고자세와 많은 화려함이 있습니다. 그러나 성령의 능력은 그런 종류의 능력이 아닙니다. 성령의 능력은 "나를 보라"고 말하지 않습니다. 성령의 능력은 다른 사람 보다 더 시선을 집중시키기 위해서 다른 사람들을 능가하려 하지 않습니다. 성령의 능력은 죄를 깨닫게 하고 사람들을 그리스도께로 이끄는 평범한 사람들을 통해서 역사합니다. 그것은 파괴적인 능력이 아니라 건설적인 능력입니다.

자발적인 전도는 성령의 능력의 놀라운 나타나심입니다. 그러나 사도행전에는 또 다른 종류의 전도가 있습니다. 저는 그것을 전략적인 전도라고 부르고자 합니다. 그것은 자발적인 전도 이상가는, 매우 조심스럽

is also another kind of evangelism. I would call that "strategic evangelism," evangelism which is more than spontaneous, in which very careful plans and strate is laid out.

As we know, the Apostle Paul was the master strategist of the early church. Certainly his strategies were led by the Holy Spirit. He did not merely make human plans and then ask God to bless them. As we see throughout the book of Acts, he constantly sought for the guidance of the Holy Spirit. But the Holy Spirit led him to very specific strategies.

In church planting, Paul and his colleagues were responsible for planting most of the new churches in the early days of the church. He was also involved in the strategy of the missionary movement. God very clearly called him to Macedonia. In a very systematic way, he went from city to city. He had a very specific strategy in how to establish a church in a given community. But the key to strategic evangelism was also the power of the Holy Spirit. It was much more than just human effort. It was the guidance and the provision of the Holy Spirit.

The same thing is true of the church today. We need spontaneous evangelism. Every Christian and every church should be a witness for Christ. But it takes more than training. It takes the power of the Holy Spirit. The same thing is true of our strategy. Many of us are involved in very strategic kinds of evangelism. And again, we need to be guided by the Holy Spirit and minister by the power of the Holy Spirit.

4. The Fruit

There is a fourth kind of application for the ministry of the Holy Spirit. It is what we know as the fruit of the Holy Spirit. Most of us are very familiar with the fruit of the Holy

게 세워진 계획과 전략들입니다. 아시다시피, 사도 바울은 초대 교회의 뛰어난 전략가였습니다. 분명히 그의 전략들은 성령의 인도를 받았습니다. 그는 인간적인 계획들을 세우고 하나님께 그 계획들을 축복해 주시기만을 구하지 않았습니다. 사도행전 전체를 통해서 볼 수 있듯이, 그는 끊임 없이 성령의 인도를 구했습니다. 그러나 성령께서는 그를 매우 독특한 전략으로 인도하셨습니다.

교회 개척에 있어서, 바울과 그 동료들은 교회의 초창기에 대부분의 새로운 교회를 세운 공로가 있습니다. 그는 또한 선교 활동의 전략에도 개입되어 있었습니다. 하나님께서는 매우 분명히 그를 마게도니아로 부르셨습니다. 그리고 매우 조직적으로 그는 각 성을 방문했습니다. 그에게는 매우 독특한 전략, 주어진 어떤 공동체에 교회를 세우는 방법이 있었습니다. 그러나 전략적인 전도의 열쇠 또한 성령의 능력이었습니다. 그것은 단순한 인간의 노력 이상이었습니다. 그것은 성령의 인도와 섭리였습니다.

동일한 사실이 오늘날의 교회에도 해당됩니다. 우리는 자발적인 전도를 필요로 합니다. 모든 그리스도인과 모든 교회가 그리스도를 위한 증인이 되어야 합니다. 그러나 그것은 훈련 이상을 요구합니다. 그것은 성령의 능력을 필요로 합니다. 동일한 사실이 우리의 전략에도 해당됩니다. 우리 중 많은 사람들이 매우 전략적인 전도에 개입되어 있습니다. 그리고 다시 한 번 우리는 성령의 인도를 받고 성령의 능력으로 사역할 필요가 있습니다.

4. 열매

성령의 사역의 네번째 적용이 있습니다. 그것은 우리가 성령의 열매라고 부르는 것입니다. 우리 대부분은 갈라디아서 5장에 설명되어 있는 성령의 열매에 매우 친숙합니다. 오늘날 성령의 열매가 얼마나 크게 필요합니까!

Spirit outlined in Galatians 5. What a great need there is for the fruit of the Spirit today!

We have a daughter whose name is Debbie. Debbie is a very special young lady. She spent many years of her life in a hospital from the time she was a little baby until she became a teenager. She spent most of her life in the hospital. She had many surgeries. Over a hundred and fifty surgeries during those years. She is a story of God's grace and God's healing. She's now in her twenties. I know, it's hard to believe such a young father could have such an old daughter. You are supposed to laugh.

When she was a little girl, she was home from the hospital. And I came home one day and she was very excited. And she said, "Dad, I want a Juicy Fruit gum tree." Now Juicy Fruit gum is a brand of chewing gum in the United States. And at that time, they were running TV commercials. They had taken a beautiful California orange tree. And they had taken all of the oranges off. They had used rubber cement and replaced it with packages of chewing gum. And little Debbie was about 5 years old at the time. She saw this commercial. And like most children, she wanted a tree that had gum instead of oranges.

So I told her to come and sit on my lap. And I explained to her that there wasn't such a thing as a Juicy Fruit gum tree, that there was just some advertising people that had made it. So she seemed satisfied, until I came home the next night. And again, she told me she wanted a Juicy Fruit gum tree. And again, I invited her to sit on my lap. And again, I explained why she couldn't have one.

But when I came home the next night, she was very excited. Now she didn't ask for the tree. Instead, she said to me,

우리에게는 데비라는 이름을 가진 딸이 하나 있습니다. 데비는 매우 특별한 젊은 여성입니다. 그녀는 어린 아기일 때부터 십대가 될 때까지 그녀의 삶의 여러 해를 병원에서 보냈습니다. 그녀는 삶의 대부분을 병원에서 보냈습니다. 그녀는 여러 차례 수술을 받았습니다. 그 기간 동안 150여 번의 수술을 받은 것입니다. 그녀는 하나님의 은혜와 치유의 이야기입니다. 그녀는 이제 이십대입니다. 이렇게 젊은 아버지가 그렇게 늙은 딸을 가질 수 있다는 것이 믿기 어려운 일인 줄 압니다. 웃으시도록 되어 있는데 안 웃으시는군요.

그녀가 어린 소녀일 때 병원에서 집으로 돌아 왔습니다. 어느 날 제가 집에 왔을 때 그녀가 매우 흥분해 있었습니다. 그녀는 "아빠, 쥬시 프루트 껌 나무가 갖고 싶어요"라고 말했습니다. 쥬시 프루트 껌은 미국에서 파는 껌의 상표입니다. 그 당시에 그 회사에서 텔레비전 광고를 하고 있었습니다. 그들은 아름다운 캘리포니아 산 오렌지 나무에서 오렌지 열매를 보여 주었습니다. 그리고 그 오렌지들을 모두 땄습니다. 그리고는 그것들을 추잉 껌 꾸러미로 바꿔 놓았습입니다. 그 당시 어린 데비는 다섯 살 정도 되었었습니다. 그녀는 이 광고를 보았습니다. 그리고 대부분의 아이들처럼, 그녀는 오렌지 주스 대신에 껌이 열리는 나무를 원했습니다.

그래서 저는 그녀에게 '와서 내 무릎에 앉으라'고 말했습니다. 그리고 저는 그녀에게 쥬시 프루트 껌 나무 같은 것은 없으며, 그것을 만든 것은 광고를 하는 사람들이라고 말해 주었습니다. 그래서 그녀는 다음 날 밤 내가 집에 돌아 왔을 때까지는 만족한 것처럼 보였습니다. 그런데 그녀는 다시 쥬시 프루트 껌 나무를 갖고 싶다고 말했습니다. 그래서 저는 다시 그녀를 불러 무릎에 앉혔습니다. 그리고 왜 그런 나무를 가질 수 없는지를 다시 설명해 주었습니다.

다음 날 밤 제가 집에 왔을 때, 그녀는 매우 흥분해 있었습니다. 이제 그녀는 나무를 요구하지 않았습니다. 그 대신에 그녀는 제게 "아빠 나

"Dad, guess what? I have a Juicy Fruit gum tree." And I was absolutely astounded. So she took me by the hand and let me down the hallway to her bedroom. And there was a tree that her mother had helped her make. There was a little scrawny branch from a tree. And it was put in a base of clay. And there on the branches were some sticks of gums that her mother had helped her put on with Scotch tape. And for some reason, most of the sticks of gum looked like the gum was gone and just the wrapping was left. But she was very excited. "I've got a Juicy Fruit gum tree."

Now you say, "What does that got to do with the Holy Spirit?" Very much. Let me tell you how. Many times over the years, the Lord has brought that little tree back to my mind. Because I've seen many Christians try to do the same thing with the fruit of the Spirit. They've tried to fabricate the fruit of the Spirit. They've tried to act like they are joyful when they are not. Or they pretend they love when they don't really love. Or they pretend they have peace when really their hearts ave in turmoil.

My friends, that's the most miserable way we could ever live life, to pretend something that we are not. First, it is hypocrisy. But second, it is tragic. Jesus did not say, "Pretend you have fruit in your life." Jesus said in John 15 : 5, "I am the vine, you are the branches. If you abide in Me and allow Me to abide in you, you will bring forth much fruit." And then He made a very radical statement as you know. "For without Me you can do nothing."

Friends, we must believe that. The fruit is the Spirit comes only when we are abiding in Christ and He is abiding in us. And then we do not need to make fruit appear. It is impossible for the fruit not to appear. If we abide in Christ and

쥬시 프루트 껌 나무를 가졌어"라고 말했습니다. 그래서 저는 깜짝 놀랐습니다. 그녀는 제 손을 잡고 자기 침실로 데리고 갔습니다. 거기에는 그녀의 어머니가 만들어 준 나무가 있었습니다. 거기에는 나무에서 꺾은 말라빠진 가지가 있었습니다. 그것은 진흙에 심겨져 있었습니다. 그 가지들 아래에는 껌이 몇개 달려 있었습니다. 어머니가 스카치 테입으로 달아 준 것이었습니다. 그런데 어떤 이유에서인지, 대부분의 껌은 없어지고 껍질만 남아 있는 것처럼 보였습니다. 그러나 그녀는 매우 흥분하고 있었습니다. "난 쥬시 프루트 껌 나무를 가지고 있어요."

이제 여러분은 그것이 성령과 무슨 상관이 있느냐고 말씀하실 것입니다. 많은 상관이 있습니다. 어떻게 그런지를 말씀드리겠습니다. 주님께서는 여러 해에 걸쳐서 여러 번 그 작은 나무를 제 마음에 떠오르게 하셨습니다. 왜냐하면 저는 성령의 열매에 대해서도 꼭 같은 일을 하려고 시도하는 사람들을 많이 보았기 때문입니다. 그들은 성령의 열매를 조작하려고 시도해 왔습니다. 그들은 기쁘지 않을 때 기쁜 것처럼 행동해 왔습니다. 또는 그들은 실제로 사랑하지 않을 때 사랑하는 척 합니다. 또는 상처가 있거나 혼란에 빠졌을 때 평강이 있는척 하는 것입니다.

여러분, 그것은 우리가 삶을 살 수 있는 가장 비참한 방법입니다. 그렇지 않은데 마치 어떤 존재인 것처럼 꾸미는 것 말입니다. 첫째로, 그것은 위선입니다. 그러나 둘째로, 그것은 비극입니다. 예수님께서는 여러분의 삶 가운데 열매가 있는척 하라고 말씀하지 않으셨습니다. 예수님께서는 요한복음 15 : 5에서 이렇게 말씀하셨습니다. "저는 포도 나무요 너희는 가지니 너희가 내 안에 거하고 내가 너희 안에 거하면 너희가 과실을 맺으리라." 그리고나서 그 분은 "나를 떠나서는 아무 것도 할 수 없느니라"라는 매우 근본적인 말씀을 하셨습니다.

여러분, 우리는 그것을 믿어야 합니다. 열매는 우리가 그리스도 안에 거하고 그 분이 우리 안에 거할 때에라야만 임하시는 성령입니다. 그럴 때 우리는 열매가 나타나게 만들 필요가 없습니다. 열매가 나타나지 않

He abides in us, fruit is absolutely going to appear. That is one of the ways to know whether we are filled with the Holy Spirit. It is one of the ways we know whether Jesus is Lord of our lives and our ministries.

Jesus said, "By their fruit you will know them." And the proof of the Lordship of Christ and the proof of the indwelling of the Holy Spirit are the authentic fruit of the Spirit. Let us never pretend. It does not work. People know when we are pretending. Only when the authentic fruit is there, and people ask for the reason that the hope that dwells within us. We can acknowledge that it is Jesus.

The fruit of the Holy Spirit is a very practical application of the ministry of the Holy Spirit. Do you realize wealthy people would give all the money in the world if they had love, if they had joy? Ludwig Beethoven, the great composer once said this about joy. "Oh God, I wish I could live one day of true joy." Our Lord Jesus promises His joy every day. And His peace that passes all understanding. Peace that is so deep and wonderful that it cannot be comprehended.

Oh friends, it is not enough to talk about the spectacular acts of the Holy Spirit, if we do not have His peace ruling in our hearts and lives. His patience and kindness and goodness. His faithfulness and gentleness and self-control.

And let me remind you of the next verse of Galatians 5 : 24. "Those who belong to Christ Jesus have crucified the sinful nature with its passions and desires." That's the key to the fullness of the Holy Spirit. That's the key to the Lordship of Jesus Christ. That's the key to unleashing the power of the Holy Spirit in our lives. That's the key to the fruit of the Spirit being manifested in our lives.

는다는 것은 불가능한 일입니다. 만일 우리가 그리스도 안에 거하고 그분이 우리 안에 거하신다면 열매가 절대적으로 나타날 것입니다. 그것이 우리가 성령 충만한지 알 수 있는 한가지 방법입니다. 그것이 예수님이 우리 삶과 사역의 주이신지의 여부를 아는 한가지 방법입니다.

예수님께서는 "열매로 그들을 알리라"고 말씀하셨습니다. 그리고 그리스도의 주되심과 성령의 내주하심의 증거는 성령의 진정한 열매입니다. 절대로 꾸미지 맙시다. 그것은 효과가 없습니다. 우리가 꾸밀 때 사람들은 압니다. 진정한 열매가 있을 때, 사람들은 우리 안에 거하는 소망의 이유를 물을 것입니다. 우리는 그것이 예수 그리스도라고 고백할 수 있습니다.

성령의 열매는 성령의 사역의 매우 실제적인 적용입니다. 여러분은 부유한 사람들이 만일 사랑을 소유하고 있다면, 기쁨을 소유하고 있다면, 세상의 모든 돈을 주리라는 사실을 깨닫고 계십니까? 위대한 작곡가 루드비히 베에토벤은 언젠가 기쁨에 관해서 이렇게 말한 적이 있습니다. "오 하나님, 진정으로 기쁜 하루를 살고 싶나이다." 우리 주 예수님께서는 자신의 기쁨을 날마다 주시겠다고 약속하셨습니다. 그리고 그것은 모든 지각을 초월하는 평강입니다. 너무나 깊고 놀라워서 이해할 수 없는 평강인 것입니다.

여러분, 우리의 마음과 삶을 지배하는 이러한 평강을 가지고 있지 않는 한, 성령의 대대적인 사역들에 관해서 이야기하는 것만으로는 충분하지 않습니다. 그분의 인내와 자비와 양선이 있습니다. 그분의 충성과 온유와 절제가 있습니다.

다음으로 여러분에게 다음 구절 갈라디아서 5 : 24을 상기시켜드리려 합니다. "그리스도 예수에게 속한 자는 정과 욕심을 십자가에 못박았느니라." 그것이 성령 충만의 열쇠입니다. 그것이 예수 그리스도의 주되심의 열쇠입니다. 그것이 우리 삶 가운데 성령의 능력이 역사하는 열쇠입니다. 그것이 우리 삶 가운데 나타나는 성령의 열매의 열쇠입니다.

5. The Ministry

There is one last area of personal application. It is one of
the things that gathers us together in this conference. It is
the ministry. Most of us are involved in local church minis-
try. It is a very difficult thing, an impossible thing to minis-
ter in our own strength. It is a very sad thing to try to earn
favor with God by our ministry. It's impossible. We will
ultimately fail. And so the Word of God has reminded us
today of a very wonderful truth.

In 1 Peter 4:10~11, each of us should use whatever gift
we've received for service to others, ministry to others. These
are gifts of the Holy Spirit. This goes far beyond our natural
talent and our natural ability.

When I was young in the ministry, I was being interviewed
for my first full-time ministry position. It was a youth minis-
try called Youth for Christ. I had become a Christian throug-
h the ministry of Youth for Christ. I had ministered with
young people all through high school and college. And now
my wife Jeannie and I were going into youth ministry
full-time. And so I was being interviewed by a board of dir-
ectors. We had prayed a great deal about that time. And
God was being very gracious.

It was going very well. The board was composed of pastors
and Christian lay leaders. And they seemed to be greatly ap-
preciating our time of sharing together. We were sensing the
presence of Christ and the peace of Christ until one of the
pastors made a very difficult statement. I will never forget it
as long as I live.

At first, I was hurt by it because I didn't understand what
he was saying. His statement was "There is one thing that
bothers me about you." I didn't know what I had done that

5. 사역

개인적인 적용의 마지막 한가지 영역이 있습니다. 그것은 우리를 이 모임에 함께 모이게 만든 이유 중 하나입니다. 그것은 사역입니다. 우리 대부분은 지역 교회 사역에 참여하고 있습니다. 우리 스스로의 힘으로 사역하는 것은 매우 힘들고 불가능한 일입니다. 우리의 사역으로 하나님의 마음을 얻고자 애쓰는 것 또한 슬픈 일입니다. 그것은 불가능한 일입니다. 우리는 결국 실패할 것입니다. 그래서 하나님의 말씀이 매우 놀라운 진리를 오늘 우리에게 상기시켜 주었습니다.

베드로전서 4 : 4, 7, 10, 11에 보면, 우리는 각각 받은 은사를 다른 사람들을 섬기고 봉사하는데 사용해야 합니다. 이것들은 성령의 은사들입니다. 그것은 우리의 타고난 재능과 능력을 훨씬 초월합니다.

제가 젊어서 사역을 감당하고 있을 때, 저는 저의 최초의 전임 사역 자리를 얻기 위해서 면담을 받게 되었습니다. 그것은 YFC(Youth for Christ)라고 부르는 청년 사역이었습니다. 저는 YFC의 사역을 통해서 그리스도인이 되었습니다. 저는 고등학교와 대학교 시절 내내 젊은이들과 함께 사역했습니다. 그리고 이제 아내 제니와 저는 전임 청년 사역에 뛰어들고 있었습니다. 그래서 제가 이사진의 면담을 받고 있었던 것입니다. 우리는 그 시간을 놓고 기도를 많이 했습니다. 하나님께서는 매우 자비로우셨습니다.

면담은 아주 잘 진행되고 있었습니다. 이사회는 목사들과 그리스도인 평신도 지도자들로 구성되어 있었습니다. 그들은 우리가 함께 나눈 시간을 매우 높이 평가하고 있는 것 같았습니다. 목사 중 한 사람이 매우 어려운 말을 할 때까지, 우리는 그리스도의 임재와 평안을 느끼고 있었습니다. 저는 살아 있는 한 그 말을 잊지 못할겁니다.

처음에, 저는 그 말에 상처를 입었습니다. 왜냐하면 저는 그가 무슨 말을 하는지 이해하지 못했기 때문이었습니다. 그의 말은 "당신에 대해 한

was wrong. I didn't know what I said that he didn't care for. And then he finished his statement. And it was a very wise statement. It was a very spiritual statement. It was a statement that God has used to help me very much in my ministry. And I want to share it with you to encourage you today.

This was his statement. "There is one thing that bothers me about you. I believe that God has given you just enough natural talent that you may make this ministry successful without God's help."

I will never forget that. Most of the people in this room are very talented. God has given you many natural abilities and talents. But the most talented person in this room is not adequate for spiritual ministry. We need to believe what Jesus said, "Without Me you can do nothing." There is a kind of successful ministry that can take place with human effort. But it will always fall far short of what God intends. For God desires us not to minister in the power of our flesh but in the power of the Holy Spirit. It is impossible for any of us to minister effectively in the church of Jesus Christ without being filled with the Holy Spirit, without being empowered by the Holy Spirit.

As Paul said, "Our bodies are like jars of clay." And Jesus Christ has chosen to come and live in our bodies in the person of the Holy Spirit and to minister in the power of the Holy Spirit. So that the glory will not go to the jar. But the glory will go to Jesus Christ.

The ministry of the Holy Spirit is foundational. I realize that because of our enemy, the topic of the ministry of the Holy Spirit is often controversial.

I hope that what I've shared with you this afternoon has been helpful. You may not agree with all that I've said. And

가지 마음에 걸리는 것이 있습니다"라는 것이었습니다. 저는 제가 무엇을 잘못 했는지를 알 수 없었습니다. 그가 싫어하는 무슨 말을 말했는지를 알 수 없었습니다. 그리고나서 그는 말을 마쳤습니다. 그런데 그것은 매우 현명한 말이었습니다. 매우 영적인 말이었습니다. 그것은 하나님께서 제 사역 가운데 저를 크게 도우시기 위해 사용해 오신 말이었습니다. 그러므로 저는 오늘 여러분을 격려하기 위해서 그 말을 함께 나누고자 합니다.

그 말은 다음과 같은 것이었습니다. "당신에 대해 한가지 마음에 걸리는 것이 있소. 저는 하나님께서 당신에게 충분한 타고난 재능을 주셨음을 믿습니다. 그래서 당신은 하나님의 도우심이 없이도 이 사역을 성공적인 것으로 만들지도 모릅니다."

저는 그 말을 결코 잊지 못할 겁니다. 이 방 안에 있는 대부분의 사람들은 매우 재능이 있는 사람들입니다. 하나님께서 여러분에게 여러가지 능력과 재능을 주셨습니다. 그러나 이 방 안에서 가장 재능 있는 사람은 영적인 사역에 합당하지 않습니다. 우리는 예수님께서 하신 말씀을 믿을 필요가 있습니다. "나를 떠나서는 너희가 아무 것도 할 수 없느니라." 인간의 노력으로 일어날 수 있는 종류의 사역이 있습니다. 그러나 그것은 언제나 하나님께서 의도하신 바에 훨씬 미치지 못할 것입니다. 왜냐하면 하나님께서는 우리가 우리의 육신의 능력이 아니라 성령의 능력으로 사역하기를 바라시기 때문입니다. 우리 중 어느 누구든지 성령 충만

함이 없이, 성령의 능력을 받음이 없이 예수 그리스도의 교회에서 효과적으로 사역하기란 불가능한 일입니다.

바울이 말했듯이 "우리는 질그릇" 같습니다. 예수 그리스도께서는 성령의 인격을 통해서, 성령의 능력으로 말미암는 사역을 통해서 우리 몸 안에 오사 사시기를 선택하셨습니다. 그러므로 영광이 그릇에게 가지 않을 것입니다. 영광은 예수 그리스도께로 갈 것입니다.

that is fine. I've shared just as honestly as I've been able to share. But my concern this afternoon is not that you would agree with everything that I've said. My desire is that not one of us would minister in our own strength. That we would not only believe in the Holy Spirit, that we would be filled with the Holy Spirit. And that we would minister in the power of the Holy Spirit with the grace and the tenderness and the gentleness of Jesus Christ. If we are to have spiritual disciplines, we must have the Spirit of God.

Today we've talked about the foundation of spiritual disciplines, tomorrow we will proceed to speak more practically about some of the disciplines that the spirit—filled life should include. We will talk tomorrow specifically about the ministry of prayer and the ministry of the Word of God.

And if you will look at your watches, I'd like to give you a gift. I'd like to close just a few minutes early. It's been a long day and you've been very gracious. Thank God for you all. Let us stand together and bow for a word of prayer.

> Our Lord and Savior Jesus Christ
> We give thanks for your many blessings in our lives.
> We give special thanks today that you've not left us alone.
>
> That you've come to us
> In the presence and the power of the Holy Spirit.
> And that you long to live in us and minister through us.
> Oh Lord, may we not let our enemy divide us.
> May your prayer be fulfilled that all of us would dwell
> In unity with you and with each other.
> And may our enemy be defeated on every hand.

성령의 사역은 근본적입니다. 저는 우리 원수 때문에, 성령의 사역이라는 주제가 자주 논쟁의 대상이 된다는 사실을 깨닫습니다.

오늘 오후에 여러분과 함께 나눈 것이 유익했기를 바랍니다. 여러분은 제가 말한 모든 것에 동의하지 않으실 수 있습니다. 그래도 좋습니다. 저는 여러분과 함께 나눌 수 있었던 것을 정직하게 함께 나눴습니다. 그러나 오늘 오후 저의 관심은 여러분이 제가 말한 모든 것에 동의하는 것이 아닙니다. 제가 바라는 것은 우리 중 한 사람도 우리 자신의 능력으로 사역하지 않는 것입니다. 우리가 성령을 믿을 뿐 아니라 성령으로 충만해지는 것입니다. 그리고 우리가 성령의 능력으로, 예수 그리스도의 은혜와 자비하심과 선하심으로 사역하는 것입니다. 만일 우리가 영적 훈련을 받고자 한다면, 우리는 하나님의 영을 소유해야 합니다.

오늘 우리는 영적 훈련의 기초에 관해서 이야기했습니다. 내일은 계속해서 성령 충만한 삶이 포함해야 하는 영적인 훈련들에 관해서 더 실제적으로 말씀드리겠습니다. 우리는 내일 특별히 기도의 사역과 하나님의 말씀의 사역에 관해서 이야기할 것입니다.

여러분이 시계를 보시면, 여러분에게 한가지 선물을 드리고자 합니다. 몇 분 일찍 마치고자 합니다. 긴 하루였습니다. 그리고 여러분 매우 친절하셨습니다. 여러분 모두를 인해 하나님께 감사드립니다. 함께 일어서서 기도드립시다.

우리의 주님, 구주되시는 예수 그리스도시여,
우리 삶에 허락하신 많은 축복을 감사드립니다.
오늘 우리를 홀로 버려 두지 아니하심을 특별히 감사드립니다.
성령의 임재와 능력을 통해 우리에게 임하심을 감사드립니다.
우리 안에 사시고 우리를 통해 역사하시기를 바라심을 감사드립니다.
오 주여, 우리로 하여금 우리 원수가 우리를 분열시키게 내버려두지

And may vicory come through our Lord Jesus Christ.
We rejoice and we give you thanks.
As we pray in the precious and powerful name of Jesus.
Amen.

말게 하옵소서
당신의 기도가 이루어져서 우리 모두가 당신과 그리고 서로와 하나
되어 거하게 하옵소서.
그래서 우리 원수가 모든 곳에서 패배하게 하옵소서.
그래서 우리 주 예수 그리스도를 통하여 승리가 임하게 하옵소서.
우리는 기뻐하며 감사드립니다.
예수 그리스도의 귀하고 능하신 이름으로 기도드립니다. 아멘.

【Tape 5】

Session Three

The Word of God

Introduction

It's nice to be with you again. I hope you had a wonderful evening of rest, and that you enjoyed this beautiful morning. I understand this is a typical morning for Seoul, Korea. What a beautiful morning it is!

As you may know, this is the day of elections in the United States. And we are praying for God's will be done. And we appreciate your prayers very much. This is the first time in my life I've ever been out of the country during a national election. And I understand that they can get along well without me. But they can't get along well without the Lord.

And as I shared with you yesterday, the United States is in great need of spiritual awakening. I know you pray a great deal for Korea. And I know you pray a great deal for North Korea. And I know that many Koreans have a special concern for Japan and they pray for Japan. We hope you will also pray for the United States and for the church in the United States. Before we begin this morning, shall we bow together for a word of prayer?

Our Father and our God,

【테이프 #5】

제 3 강
하나님의 말씀

서 론

다시 함께 하게 되어 반갑습니다. 지난 밤에 잘 쉬시고 이 아름다운 아침을 즐기셨기를 바랍니다. 저는 이것이 한국의 전형적인 아침이라고 생각합니다, 얼마나 아름다운 아침입니까?

아시다시피 오늘은 미국의 선거일입니다. 우리는 하나님의 뜻이 이루어지기를 기도하고 있습니다. 그리고 우리는 여러분의 기도를 크게 감사하고 있습니다. 제가 전국적인 선거가 있는 동안에 고국을 벗어나기는 이번이 처음입니다. 저 없이도 그들이 잘 해나가리라고 생각합니다. 하지만 그들은 하나님 없이는 잘 해나갈 수 없을 것입니다.

어제 여러분과 함께 살펴 보았듯이, 미국은 영적 각성을 크게 필요로 하고 있습니다. 저는 여러분이 한국을 위해 많이 기도하고 계심을 알고 있습니다. 북한을 위해서도 많이 기도하고 계심을 알고 있습니다. 많은 그리스도인들이 일본에 특별한 관심을 가지고 있으며, 일본을 위해 기도하고 있음을 알고 있습니다. 우리는 여러분이 미국과 미국의 교회들을 위해서도 기도해 주시기를 바랍니다. 오늘 아침 시작하기 전에, 함께 기도하실까요?

How grateful we are for the beautiful day you've given us.
How we give thanks for our brothers and sisters
Who have gathered here this morning.
We would invite You to be our teacher today.
We pray that we would hear much more than the voice of a man.
That we would hear much more than the ideas of a human being.
But we pray that you may speak to us through your Word,
And through the person and the power of the Holy Spirit.
And we pray we will not only hear Your Word,
But we will obey Your Word.
For we pray these things
In the name of Jesus Christ our Lord. Amen.

If you'll turn to page 11 in your notebook.

We begin this morning on a very important subject. Again I realize that it's a subject about which all of us are very familiar. But it is a foundational subject. It is one subject about which we always need to be alert. For we need to be on guard. For our enemy is constantly trying to discredit the Word of God.

There are many ways that our enemy can get us off base or out of the flow of God's Spirit. One of them has to do with the Word of God. As you know, there are many philosophies and many theologies of the Word of God. But it seems to me they all come down to be two basic issues. Either the Word of God is to be thoroughly trusted as God's

우리 아버지 되시는 하나님

우리에게 주신 아름다운 아침을 인해 감사드립니다.

오늘 아침 여기 모인 우리 형제 자매들을 인해 감사드립니다.

오늘 당신을 우리의 선생님으로 초청합니다.

우리가 인간의 음성 이상을 들을 수 있게 해주시기를 기도드립니다.

인간의 개념 이상을 들을 수 있게 해주시기를 기도드립니다.

그러나 우리는 당신이 당신의 말씀을 통해서,

성령의 인격과 능력을 통해서 말씀하시기를 기도드립니다.

그리고 우리는 당신의 말씀을 들을 뿐 아니라,

당신의 말씀에 순종하게 해주시기를 기도드립니다.

이 모든 말씀을

우리 주 예수 그리스도의 이름으로 기도드립니다. 아멘

여러분의 강의안 11면을 펴 주십시오.

우리는 오늘 아침 매우 중요한 주제에 대해서 시작합니다. 다시 한 번 저는 그 주제가 우리에게 매우 익숙한 것임을 깨닫습니다. 그러나 그것은 근본적인 주제입니다. 그것은 우리가 언제나 경성할 필요가 있는 주제입니다. 우리가 긴장할 필요가 있는 주제입니다. 왜냐하면 우리 원수가 끊임 없이 하나님의 말씀을 믿을 수 없는 것으로 만들려고 애쓰고 있기 때문입니다.

우리 원수가 우리를 하나님의 영의 흐름으로부터 벗어나게 만들 수 있는 방법은 여러가지가 있습니다. 그 방법 중 하나는 하나님의 말씀과 연관되어 있습니다. 아시다시피 하나님의 말씀에 대한 많은 철학과 신학이 있습니다. 그러나 제가 보기에는 그 모든 것들이 두가지 기본적인 문제로 봉착합니다. 하나님의 말씀이 하나님의 말씀으로 철저하게 신봉되든지, 아니면 우리가 인간들과 하나님의 말씀에 대한 그들의 해석을 믿어

Word or we must trust human beings and their interpretation of God's Word. There are many different kinds of theologies that deny that this is God's Word.

A. The Word of God in the Early Church

And this morning we want to study and reaffirm the trustworthiness of the Word of God. Let us begin this morning with the study of the use of God's Word in the early church.

If you would turn your Bibles once again to the book of Acts 2, we are reminded of the supernatural birth of the church. Many Americans are very surprised to find out the church was not begun by a committee. Americans are famous for appointing committees for everything. And many are surprised to find out the Church was not begun as a memorial society to Jesus.

As we know, human beings did not organize or create the Church. The Church of Jesus Christ was born by the Spirit of God. It did not come into being by man's initiation. It came into being by God's initiation. And it came into being in a prayer meeting.

There is a marvelous prayer leader in the United States by the name of Armand Gueswine. He is now in his eighties, he's over eighty years of age. He has walked with God for many years. He has a great love and a great heart for those of you who pray so faithfully in Korea. I've had the privilege of becoming his close friend. Recently, he shared an insight with me which I think is very helpful.

He shared with me that when Jesus Christ left the earth, He only left one thing behind. It was a prayer meeting. And it was comprised of many people who were failures. They

야 하든지, 둘 중 하나인 것입니다. 하나님의 말씀임을 부인하는 여러가지 서로 다른 종류의 신학이 있습니다.

A. 초대 교회에 있어서의 하나님의 말씀

오늘 아침 우리는 하나님의 말씀의 신빙성을 연구하고 재단언하기를 바랍니다. 오늘 아침에는 초대 교회에 있어서의 하나님의 말씀의 용도를 연구함으로써 시작해 봅시다.

다시 성경을 펴서 사도행전 2장을 보시면, 우리는 교회의 초자연적인 탄생에 대해서 일깨움 받게 됩니다. 많은 미국인들은 교회가 위원회에 의해서 세워지지 않았다는 사실에 매우 놀랍니다. 미국인들은 모든 문제를 위해 위원회를 지명하는 것으로 유명합니다. 그래서 많은 사람들은 교회가 예수님을 기념하는 모임에 의해 시작되지 않았다는 사실에 놀랍니다.

아시다시피, 인간들이 교회를 조직하거나 창출하지 않았습니다. 예수 그리스도의 교회는 하나님의 영에 의해 탄생했습니다. 그것은 하나님의 손에 의해 존재하게 되었습니다. 그리고 그것은 기도 모임을 통해 존재하게 되었습니다.

미국에 알몬드 거윈이라는 이름을 가진 놀라운 기도 지도자가 있습니다. 그는 지금 80대입니다. 그는 80세가 넘었습니다. 그는 여러 해 동안 하나님과 동행했습니다. 그는 한국에서 너무나 신실하게 기도하고 있는 사람들에게 큰 사랑과 애정을 가지고 있습니다. 저는 그의 친한 친구가 되는 특권을 누렸습니다. 최근에 그는 제가 생각하기에 매우 유익한 통찰을 저와 함께 나누었습니다.

그는 예수님께서 세상을 떠나실 때, 그 분이 오직 한가지 만을 남기셨다는 사실을 저와 함께 나누었습니다. 그것은 기도 모임이었습니다. 그리고 그것은 실패자들이었던 많은 사람들로 이루어져 있었습니다. 그들

had failed the Lord at the time of His greatest need. They were weak and fearful, and often defeated.

1. Central in Their Preaching

But when they all came together in one place, they were powerful in the Lord. And as we were reminded yesterday, the church was born in that prayer meeting. And the first thing that happened after the church was born was the Word of God was preached. And in Acts 2, we have a summary of Peter's sermon on the day of Pentecost. It is interesting to see that Peter primarily preaches upon the Old Testament Scripture texts. Let us begin, if we may, with Peter's message in chapter 2 of Acts beginning with verse 14~21.

Then Peter stood up with the Eleven, raised his voice and addressed the crowd : "Fellow Jews and all of you who live in Jerusalem, let me explain this to you ; listen carefully to what I say. These men are not drunk, as you suppose. It's only nine in the morning! No, this is what was spoken by the prophet Joel :
'In the last days, God says, I will pour out my Spirit on all people.
Your sons and daughters will prophesy, your young men will see visions, your old men will dream dreams.
Even on my servants, both men and women, I will pour out my Spirit in those days, and they will prophesy.
I will show wonders in the heaven above and signs on the earth below, blood and fire and billows of smoke.
The sun will be turned to darkness and the moon to blood before the coming of the great and glorious day of the Lord.

은 주님께서 가장 큰 곤경에 처하셨을 때 주님을 버리고 돌보지 않았습니다. 그들은 약하고 두려움에 가득차 있었습니다. 그리고 때로는 패배했습니다.

1. 그들의 설교의 핵심

그러나 그들이 한 곳에 모였을 때, 그들은 주 안에서 강했습니다. 그리고 어제 말씀드렸듯이 그 기도 모임에서 교회가 탄생했습니다. 그리고 교회가 탄생한 후에 처음으로 일어난 일은 하나님의 말씀이 설교된 것이었습니다. 우리는 사도행전 2장에서 오순절에 베드로가 한 설교의 요약을 대하게 됩니다. 베드로가 첫째로 구약 성경을 본문으로 설교한 것을 보는 것은 재미 있는 일입니다. 사도행전 2장의 베드로의 메시지와 더불어 시작하고자 합니다. 14~21절입니다.

베드로가 열 한 사도와 같이 서서 소리를 높여 가로되 유대인들과 예루살렘에 사는 모든 사람들아 이 일을 너희로 알게 할 것이니 내 말에 귀를 기울이라 때가 제 삼 시니 너희 생각과 같이 이 사람들이 취한 것이 아니라 이는 곧 선지자 요엘로 말씀하신 것이니 일렀으되 하나님이 가라사대 말세에 내가 내 영으로 모든 육체에게 부어 주리니 너희의 자녀들은 예언할 것이요 너희의 젊은이들은 환상을 보고 너희의 늙은이들은 꿈을 꾸리라 그 때에 내가 내 영으로 내 남종과 여종들에게 부어 주리니 저희가 예언할 것이요 또 내가 위로 하늘에서는 기사와 아래로 땅에서는 징조를 베풀리니 곧 피와 불과 연기로다 주의 크고 영화로운 날이 이르기 전에 해가 변하여 어두워지고 달이 변하여 피가 되리라 누구든지 주의 이름을 부르는 자는 구원을 얻으리라 하였느니라

And everyone who calls on the name of the Lord will be saved.'

Under our first heading in your note this morning, "The Word of God and the Early Church," our first sub−point is the Word of God was central in their preaching. Throughout the book of Acts, we see Christian leaders preaching from the Old Testament texts.

As in the passage which we've just read, there is a quotation from Joel, Joel 2 : 28∼32. This is the wonderful prophecy from the prophet Joel. "In the last days I will pour out My Spirit on all people. Your sons and daughters will prophesy. Your young men will see visions, your old men will dream dreams. I will pour out My Spirit in those days."

And as you remember, Peter said, "This prophecy is being fulfilled today." He completes his quotation with this wonderful verse : "Everyone who calls on the name of the Lord will be saved." And then he goes on and shaves a quotations from Psalms. Let us read now from Acts 2 : 22∼33.

Men of Israel, listen to this : Jesus of Nazareth was a man accredited by God to you by miracles, wonders and signs, which God did among you through him, as you yourselves know. This man was handed over to you by God's set purpose and foreknowledge ; and you with the help of wicked men, put him to death by nailing him to the cross. But God raised him from the dead, freeing him from the agony of death, because it was impossible for death to keep its hold on him. David said about him :
'I saw the Lord always before me. Because he is at my

오늘 아침의 첫번째 표제에 보면, "하나님의 말씀과 초대 교회"로 되어 있습니다. 우리의 첫번째 부제는 하나님의 말씀이 그들의 설교의 핵심이었다는 것입니다. 사도행전 전체를 통해서, 우리는 교회 지도자들이 구약성경 본문으로부터 설교하고 있음을 보게 됩니다.

우리가 방금 읽은 구절에 나타나 있듯이, 2장 28절부터 32절까지 요엘서의 말씀이 인용되어 있습니다. 그것은 요엘 선지자의 놀라운 예언입니다. "그 후에 내가 내 신을 만민에게 주어주리니 너희 자녀들이 장래 일을 말할 것이며 너희 늙은이는 꿈을 꾸며 너희 젊은이는 이상을 볼 것이며 그 때에 내가 또 내 신으로 부어 줄 것이며"

기억하시다시피, 베드로는 다음과 같은 놀라운 절로 인용을 마치고 있습니다. "누구든지 주의 이름을 부르는 자는 구원을 얻으리로다." 그는 계속해서 시편으로부터 일련의 구절들을 인용하고 있습니다. 사도행전 2 : 22~33을 읽어 봅시다.

이스라엘 사람들아 이 말을 들으라 너희도 아는 바에 하나님께서 나사렛 예수로 큰 권능과 기사와 표적을 너희 가운데서 베푸사 너희 앞에서 그를 증거하셨느니라 그가 하나님의 정하신 뜻과 미리 아신 대로 내어준 바 되었거늘 너희가 법 없는 자들의 손을 빌어 못 박아 죽였으나 하나님께서 사망의 고통을 풀어 살리셨으니 이는 그가 사망에게 매여 있을 수 없었음이라 다윗이 저를 가리켜 가로되 내가 항상 내 앞에 계신 주를 뵈웠음이여 나로 요동치 않게 하기 위하여 그가 내 우편에 계시도다 이러므로 내 마음이 기뻐하였고 내 입술도 즐거워하였으며 육체는 희망에 거하리니 이는 내 영혼을 음부에 버리지 아니하시며 주의 거룩한 자로 썩음을 당치 않게 하실 것임이로다 주께서 생명의 길로 내게 보이셨으니 주의 앞에서 나로 기쁨이 충만하게 하시리로다 하였으니 형제들아 내가 조상 다윗에

right hand, I will not be shaken.
Therefore my heart is glad and my tongue rejoices ; my body also will live in hope,
because you will not abandon me to the grave, nor will you let your Holy One see decay.
You have made known to me the paths of life ; you will fill me with joy in your presence.'
Brothers, I can tell you confidently that the patriarch David died and was buried, and his tomb is here to this day. But he was a prophet and knew that God had promised him on oath that he would place one of his descendants on his throne. Seeing what was ahead, he spoke of the resurrection of the Christ, that he was not abandoned to the grave, nor did his body see decay. God has raised this Jesus to life, and we are all witnesses of the fact. Exalted to the right hand of God, he has received from the Father the promised Holy Spirit and has poured out what you now see and hear.

As we know within this context, he quoted from Psalms 16 : 8~11. Although God had just done a new thing in their lives, the Apostles quoted the Word of God. Because the Word of God is always new and fresh and powerful. It is quick and it is alive. And the Word of God is always relevant. It always speaks to people where they are. It speaks to the needs of people. But it also brings solutions to those needs.

Once more, Peter quoted the Word of God in this text. Let us read now from Acts 2 : 34~36.

For David did not ascend to heaven, and yet he said,

대하여 담대히 말할 수 있노니 다윗이 죽어 장사되어 그 묘가 오늘까지 우리 중에 있도다 그는 선지자라 하나님이 이미 맹세하사 그 자손 중에서 한 사람을 그 위에 앉게 하리라 하심을 알고 미리 보는 고로 그리스도의 부활하심을 말하되 저가 음부에 버림이 되지 않고 육신이 썩음을 당하지 아니하시리라 하더니 이 예수를 하나님이 살리신지라 우리가 다 이 일에 증인이로다 하나님이 오른손으로 예수를 높이시매 그가 약속하신 성령을 아버지께 받아서 너희 보고 듣는 이것을 부어 주셨느니라

이 문맥에서 아시다시피, 그는 시편 16 : 8~11을 인용하고 있습니다. 하나님께서 그들의 삶 가운데 새로운 일을 행하셨음에도 불구하고, 사도들은 하나님의 말씀을 인용했습니다. 하나님의 말씀이 언제나 새롭고 신선하고 강력하기 때문입니다. 그것은 빠르고 살아 있습니다. 그리고 하나님의 말씀은 언제나 적절합니다. 그것은 언제나 사람들이 있는 곳에 대해 이야기합니다. 그것은 사람들의 필요에 대해서 이야기합니다. 그러나 그것은 또한 그 필요들에 대한 해결책들을 가져다 줍니다.
베드로는 다시 한번 하나님의 말씀을 인용했습니다. 사도행전 2 : 34~36을 읽겠습니다.

다윗은 하늘에 올라가지 못하였으나 친히 말하여 가로되 주께서 내 주에게 말씀하시기를 내가 네 원수로 네 발등상 되게 하기까지는 너는 내 우편에 앉았으라 하셨도다 하였으니 그런즉 이스라엘 온 집이 정녕 알지니 너희가 십자가에 못 박은 이 예수를 하나님이 주와 그리스도가 되게 하셨느니라 하니라

다시 한 번 그는 하나님의 말씀을 인용했습니다. 이번에는 시편 110편

'The Lord said to my Lord : "Sit at my right hand
until I make your enemies a footstool for your feet." '
Therefore let all Israel be assured of this : God has
made this Jesus, whom you crucified, both Lord and
Christ.

Once again, he quoted from the Word of God. This time
from Psalm 110. And notice the response of the people to
the preaching of the Word of God. When the people heard
this, they were cut to the heart. And they said to Peter and
the other Apostles, "Brothers, what shall we do?" And as we
were reminded yesterday, Peter said, "Repent and be baptiz-
ed, every one of you in the name of Jesus Christ for the for-
giveness of your sins."

My brothers and sisters, let me remind you of a very im-
portant truth. The Word of God is powerful. The Word of
God speaks to the heart. The Word of God penetrates to the
heart. As we read in this text, it cuts to the heart.

Powerful preaching always is based upon the Word of
God. Those of you who are preachers, let us share a very
important truth this morning. The success of good preaching
does not depend upon our gifts. It is not enough for people
to be impressed with our preaching. It is not enough for
people to say to you after a Sunday service, "Pastor, that
was a wonderful sermon!"

The greatest compliment we can receive in our preaching
is this : "Pastor, God spoke to me through your message this
morning. The Word of God came alive to me this morning.
The Word of God cut to my heart." That is the key to Bibli-
cal preaching. And throughout the book of Acts, we find the

으로부터였습니다. 그리고 하나님의 말씀의 설교를 들은 사람들의 반응을 주목하십시오. 사람들은 이것을 들었을 때 마음이 찔렸습니다. 그래서 그들은 베드로와 다른 사람들에게 이렇게 말했습니다. "형제들이여 우리가 어찌할꼬?" 어제 우리가 상기해 보았듯이 베드로는 "너희가 회개하여 각각 예수 그리스도의 이름으로 세례를 받고 죄사함을 얻으라"라고 말했습니다.

형제 자매 여러분, 매우 중요한 진리를 상기시켜 드리고자 합니다. 하나님의 말씀은 강력합니다. 하나님의 말씀은 마음에 이야기합니다. 하나님의 말씀은 마음을 관통합니다.

능력 있는 설교는 언제나 하나님의 말씀에 기초합니다. 설교자들이신 여러분, 오늘 아침 매우 중요한 진리를 함께 나눕시다. 좋은 설교의 성공은 우리의 은사에 의존하지 않습니다. 사람들에게 우리의 설교에 감명을 받게 하는 것만으로는 충분치 않습니다. 주일 예배 후에 사람들이 당신에게 와서 "목사님, 매우 놀라운 설교였습니다"라고 말하는 것만으로는 충분치 않습니다.

우리가 받을 수 있는 최고의 찬사는 이런 것입니다. "목사님, 하나님께서 오늘 아침 당신의 메시지를 통해서 내게 말씀하셨습니다. 하나님의 말씀이 오늘 아침 내게 살아 있었습니다. 하나님의 말씀이 내 마음을 찔렀습니다." 그것이 성경적인 설교의 열쇠입니다. 사도행전 전체를 통해서, 우리는 사도들이 하나님의 말씀을 사용하고 있음을 발견하게 됩니다.

두가지 예를 더 살펴 봅시다. 사도행전 4 : 8~12까지를 펴 보십시오. 기억하시다시피, 베드로와 요한은 산헤드린 앞에 부름을 받았습니다. 그래서 그들은 하나님의 말씀을 그것을 제일 잘 알고 있었을 사람들과 함께 나누었습니다. 아시다시피, 산헤드린은 유대 지도자들로 구성되어 있었습니다. 베드로와 요한이 하나님의 말씀을 나눈 것은 바로 그런 배경

Apostles using the Word of God.

Let us look at just two more examples. Turn to Acts 4 : 8~12. As you will remember, Peter and John were called before the Sanhedrin. And they shared the Word of God with those who should have known it best. As you know, the San·hedrin was comprised of Jewish leaders. And it was in that context that Peter and John shared the Word of God. Dr. Kwon will read those verses for us, Acts 4 : 8~12.

> Then Peter, filled with the Holy Spirit, said to them : "Rulers and elders of the people! If we are being called to account today for an act of kindness shown to a cripple and are asked how he was healed, then know this, you and everyone else in Israel : It is by the name of Jesus Christ of Nazareth, whom you crucified but whom God raised from the dead, that this man stands before you completely healed. He is 'the stone you builders rejected, which has become the capstone.'
> Salvation is found in no one else, for there is no other name under heaven given to men by which we must be saved.

Peter preached to the Sanhedrin about Jesus Christ. But he did not preach from the New Testament. As we all know, the New Testament had not yet been written. Instead he preached from the Old Testament, and his text was Psalm 118 : 22. "The stone you builders rejected has become the capstone." And he said, "That stone, that capstone is Jesus Christ, the very one that you crucified. But He is not dead. God has raised Him from the dead."

You see, the power of the preaching of God's Word is the

에서였습니다. 권 박사님께서 읽어주시겠습니다.

이에 베드로가 성령이 충만하여 가로되 백성의 관원과 장로들아 만일 병인에게 행한 착한 일에 대하여 이 사람이 어떻게 구원을 얻었느냐고 오늘 우리에게 질문하면 너희와 모든 이스라엘 백성들은 알라 너희가 십자가에 못 박고 하나님이 죽은 자 가운데서 살리신 나사렛 예수 그리스도의 이름으로 이 사람이 건강하게 되어 너희 앞에 섰느니라 이 예수는 너희 건축자들의 버린 돌로서 집 모퉁이의 머릿돌이 되었느니라 다른 이로서는 구원을 얻을 수 없나니 천하 인간에 구원을 얻을만한 다른 이름을 우리에게 주신 일이 없음이니라 하였더라

베드로는 산헤드린에게 예수 그리스도에 대해 설교했습니다. 그러나 그는 신약성경으로부터 설교하지 않았습니다. 우리 모두가 알다시피, 신약성경은 아직 기록되어 있지 않았습니다. 그 대신에 그는 구약성경으로부터 설교했습니다. 그가 사용한 본문은 시편 118 : 22이었습니다. "건축자의 버린 돌이 집 모퉁이의 머릿돌이 되었나니." 그리고 그는 이렇게 말했습니다. "그 돌, 그 머릿돌은 예수 그리스도, 바로 너희가 십자가에 못박은 분이다. 그러나 그는 죽지 않았다. 하나님께서 그를 죽은 자들로부터 일으키셨다."

여러분은 하나님의 말씀의 설교의 능력을 보고 계십니다. 그것은 예수님을 죽은 자들로부터 부활시킨 바로 그 능력입니다. 하나님의 능력은 제한되지 않습니다. 복음은 매우 강력합니다. 왜냐하면 그것이 하나님의 말씀이기 때문입니다. 그것은 역사상의 하나님의 역사를 기록한 것입니다. 그것은 예수님의 부활을 문서화한 것입니다. 그것은 강력한 메시지입니다. 그것은 마음을 찌릅니다.

same power that raised Jesus from the dead. God's power is not put into compartments. The Gospel is very powerful because it is the Word of God. It is the recording of God's work in history. It is the documentation of the resurrection of Jesus. That is a powerful message. that cuts to the heart.

Do you remember the first day you heard the Gospel? I do. I was just a young boy. I was sitting in the front row of a auditorium. And a simple man was standing in the pulpit preaching about Jesus. He was a simple man. He was not a very gifted speaker. He had a strange accent, it was a Swedish accent. I had difficulty understanding him. Besides that, I was just seven years of age. I didn't usually listen to preachers. But that day he shared the simple message of the Gospel of Jesus and it became powerful.

The very Word of God, it absolutely cut to my heart. He did not have to use any psychology. He didn't have to use any persuasion. He didn't have to use any clever stories or ideas. The Gospel of Jesus Christ is inherently powerful. The Apostles did not defend the Gospel. They did not even explain the Gospel. They proclaimed the Gospel in its simplicity and its power. And over and over again, it cut to the heart. There were even members of the Sanhedrin who came to believe in Jesus. Although they were very defensive, the Word of God cut to their heart.

My brothers and sisters, I would remind all of us once again. The Word of God is inherently powerful. The best defense of the Word of God is not human argument. It is the simple and powerful proclamation of the Gospel and of the whole counsel of the Word of God. It will cut to the heart.

Paul and Barnabas also shared the Word of God. Let us turn to Acts 13. As you remember, within this context Paul

여러분은 복음을 처음 들은 날을 기억하십니까? 저는 기억합니다. 저는 어린 소년이었습니다. 저는 실내 체육관의 앞자리에 앉아 있었습니다. 그리고 강단에서는 한 단순한 사람이 예수님에 관해서 설교하고 있었습니다. 그는 매우 재능 있는 설교자가 아니었습니다. 그는 이상한 액센트를 가지고 있었습니다. 그것은 스웨덴 액센트였습니다. 저는 그의 말을 이해하는데 어려움을 겪었습니다. 게다가 일곱 살에 불과했습니다. 저는 보통은 설교자들의 말에 귀를 기울이지 않았습니다. 그러나 그 날 그는 예수님의 복음에 대한 단순한 메시지를 함께 나누었습니다. 그런데 그것이 강력해졌습니다.

하나님의 말씀 자체가 정말로 제 마음을 찔렀습니다. 그는 어떤 심리학을 사용할 필요가 없었습니다. 설득할 필요도 없었습니다. 기발한 이야기나 개념을 사용할 필요도 없었습니다. 예수 그리스도의 복음은 원래 강력합니다. 사도들은 복음을 변호하지 않았습니다. 그들은 복음을 설명하지 조차 않았습니다. 그들은 복음을 그 간단함과 능력 가운데 선포했습니다. 그리고 거듭 되풀이하여 그것은 마음을 찔렀습니다. 산헤드린의 구성원들조차 예수님을 믿게 되었습니다. 그들이 방어적이었음에도 불구하고, 하나님의 말씀이 그들의 마음을 찔렀던 것입니다.

형제 자매 여러분, 다시 한 번 우리 모두를 일깨우고자 합니다. 하나님의 말씀은 본래부터 강력합니다. 그것은 복음, 즉 하나님의 말씀의 전반적인 지혜에 대한 단순하고도 강력한 선포입니다. 그것은 마음을 찌를 것입니다.

바울과 바나바 또한 하나님의 말씀을 나누었습니다. 사도행전 13장을 펴봅시다. 기억하시다시피, 바울과 바나바는 이 문맥에서 하나님의 말씀을 나누고 있었습니다. 46~49을 읽어봅시다.

바울과 바나바가 담대히 말하여 가로되 하나님의 말씀을 마땅히 먼

and Barnabas were sharing the Word of God. Let us read from verses 46~49.

> Then Paul and Barnabas answered them boldly : "We had to speak the word of God to you first. Since you reject it and do not consider yourselves worthy of eternal life, we now turn to the Gentiles." For this is what the Lord has commanded us :
> 'I have made you a light for the Gentiles,
> that you may bring salvation to the ends of the earth.'
> When the Gentiles heard this, they were glad and honored the word of the Lord ; and all who were appointed for eternal life believed.
> The word of the Lord spread through the whole region.

Paul and Barnabas were ministering in Antioch. In verse 44, we read the whole city turned out to hear them preach the Gospel. But in verse 45, we read the Jews became jealous of them. And they talked abusively about Paul and Barnabas. But Paul and Barnabas answered them boldly. They just said, "We had to proclaim the Word of God. We proclaimed it to you, the Jews first. But you have rejected it. And therefore God's Word said that we should go to the Gentiles."

And at this point, they did not quote from a special revelation from the Lord. They quoted instead from the Old Testament Scriptures. From Isaiah 49 : 6. "I have made you a light for the Gentiles. That you may bring salvation to the ends of the earth." This was not the idea of Paul and Barnabas. This was not human strategy. This was something that God had prophesied generations before.

The Lord had sent Paul and Barnabas to declare the

저 너희에게 전할 것이로되 너희가 버리고 영생 얻음에 합당치 않
은 자로 자처하기로 우리가 이방인에게로 향하노라 주께서 이같이
우리를 명하시되 내가 너를 이방의 빛을 삼아 너로 땅 끝까지 구원
하게 하리라 하셨느니라 하니 이방인들이 듣고 기뻐하여 하나님의
말씀을 찬송하며 영생을 주시기로 작정된 자는 다 믿더라 주의 말
씀이 그 지방에 두루 퍼지니라

바울과 바나바는 안디옥에서 사역하고 있었습니다. 44절에서 우리는
온 성이 그들이 복음 설교하는 것을 듣고자 모였다는 사실을 읽게 됩니
다. 그러나 43절에서, 우리는 유대인들이 그들을 시기하게 되었다는 사
실을 읽게 됩니다. 그리고 그들은 바울과 바나바에 대해 좋지 않게 이야
기했습니다. 그러나 바울과 바나바는 그들에게 담대하게 이야기했습니
다. 그들은 이렇게 말했을 뿐입니다. "우리는 하나님의 말씀을 선포해야
했다. 우리는 그것을 여러분, 유대인들에게 먼저 선포했다. 그러나 여러
분은 그것을 거부했다. 그래서 하나님의 말씀이 우리가 이방인들에게 가
야한다고 말씀하셨다."
  그런데 이 점에서 그들이 주님의 특별한 계시를 인용한 것은 아니었습
니다. 그들은 그 대신에 구약성경 이사야 49 : 6을 인용했습니다. "내가
너를 이방의 빛을 삼아 너로 땅 끝까지 구원하게 하리라." 이것은 바울
과 바나바의 생각이 아니었습니다. 인간의 전략이 아니었습니다. 이것은
하나님께서 여러 세대 전에 예언하신 어떤 것이었습니다.
  주님께서는 하나님의 말씀을 이방인들에게 전파하게 하기 위해서 바
울과 바나바를 보내셨습니다. 그리고 사도행전과 신약성경 전체를 통해
서 우리는 사도들과 그리스도인 지도자들이 거듭 되풀이하여 구약성경
을 인용하고 있음을 발견하게 됩니다. 그들은 하나님의 말씀을 인용하고
그것을 자기들의 설교의 기초로 삼았습니다. 하나님의 말씀은 초기 교회

Word of God to the Gentiles. And throughout the book of Acts and throughout the New Testament, we find the Apostles and the Christian leaders quoting the Old Testament Scriptures again and again. They quoted and based their preaching upon the very Word of God. The Word of God was central in the preaching of the early church.

2. Central in Their Lives

Secondly, the Word of God was also central in their lives. They did not only preach the Word of God, they lived the Word of God. In fact, as you remember in Acts 2 : 42, "They devoted themselves to the Word of God." they devoted themselves to the Apostles' teaching which as we know, became much of the text for the New Testament canon and became a part of the word of God in the New Testament.

My friends, it is very important we do not only preach the Word of God. We must also live the Word of God. If people are going to believe the gospel of love, we must live the life of love. If people are going to believe the gospel of grace, we must live the gospel of grace. If people are going to believe the gospel of forgiveness of sins, we must live as those who have been forgiven of our sins, chansed by the very blood of Jesus Christ. The Word of God was central in their preaching. The Word of God was central in their living, in their life-style.

3. Central in Their Leadership

And thirdly, the Word of God was central in their leadership. Turn with us to the book of Acts 6. And Dr. Kwon will read for us verses 1～4.

의 설교에 있어서 핵심적이었습니다.

2. 그들의 삶의 핵심

둘째로, 하나님의 말씀은 그들의 삶에 있어서도 핵심적이었습니다. 그들은 하나님의 말씀을 선포하기만 한 것이 아니었습니다. 그들은 하나님의 말씀대로 살았습니다. 사실상, 기억하시다시피 그들은 사도행전 2 : 42에서 하나님의 말씀에 자신을 헌신했습니다. 그들은 우리가 알다시피 신약성경 정경의 많은 부분이 된 사도들의 가르침에 자신을 헌신했습니다.

여러분, 우리가 하나님의 말씀을 설교하는 것만이 아니라는 것은 매우 중요합니다. 우리는 하나님의 말씀대로 살아야 합니다. 사람들이 사랑의 복음을 믿기 위해서는, 우리가 사랑의 삶을 살아야 합니다. 사람들이 은혜의 복음을 믿기 위해서는, 우리가 은혜의 복음의 삶을 살아야 합니다. 사람들이 죄의 용서를 믿기 위해서는, 우리가 죄 용서 받은 자들로서의 삶을 살아야 합니다. 여러분, 예수 그리스도의 보혈로 말미암아 하나님의 말씀이 그들이 설교의 핵심이 되었습니다. 하나님의 말씀은 그들의 생활, 생활 방식에 있어서 핵심적이었습니다.

3. 그들의 지도력의 핵심

그리고 세째로, 하나님의 말씀은 그들의 지도력에 있어서 핵심적이었습니다. 사도행전 6장을 펴 보십시오. 권박사님께서 1~4절을 읽어 주시겠습니다.

그때에 제자가 더 많아졌는데 헬라파 유대인들이 자기의 과부들이 그 매일 구제에 빠지므로 히브리파 사람을 원망한대 열 두 사도가 모든 제자를 불러 이르되 우리가 하나님의 말씀을 제쳐놓고 공궤를

In those days when the number of disciples was increasing, the Grecian Jews among them complained against those of the Aramaic speaking community because their widows were being overlooked in the daily distribution of food. So the Twelve gathered all the disciples together and said, "It would not be right for us to neglect the ministry of the word of God in order to wait on tables. Brothers, choose seven men from among you wo are known to be full of the Spirit and wisdom. We will turn this responsibility over to them and will give our attention to prayer and the ministry of the word."

The Apostles committed themselves to the ministry of the Word of God and to prayer. The enemy tried to divert them from those priorities. But they would not be diverted. The church had grown significantly, they were no longer able to do everything that needed to be done. And so they solved the problem, as you know, by appointing deacons.

But they refused to compromise on their two major ministries. And those are the two major ministies that we focus on today : the ministry of the Word of God and the ministry of prayer. That was key to New Testament ministry. And that was key to the growth of the early church, the phenomenal growth of the early church that grew so strategically and so phenomenally.

Notice the commentary in verse 7. "So the Word of God spread. And the number of disciples in Jerusalem increased rapidly, and a large number of priests became obedient to the faith." The Word of God was so powerful, many of the Jewish priests came to faith in Jesus Christ.

일삼는 것이 마땅치 아니하니 형제들아 너희 가운데서 성령과 지혜가 충만하여 칭찬 듣는 사람 일곱을 택하라 우리가 이 일을 저희에게 맡기고 우리는 기도하는 것과 말씀 전하는 것을 전무하리라 하니

사도들은 하나님의 말씀과 기도 사역에 헌신했습니다. 원수는 그들을 그들의 우선 순위로부터 멀어지게 하려 애썼습니다. 그러나 그들은 멀어지려 하지 않았습니다. 교회가 크게 성장했습니다. 그들은 더 이상 필요한 모든 일을 할 수 없었습니다. 그래서 그들은 아시다시피, 집사들을 임명함으로써 그 문제를 해결했습니다.

그러나 그들은 두가지 주요한 사역에 대해서 타협하기를 거부했습니다. 그리고 그것들은 우리가 오늘날 직면하게 되는 두가지 주요한 사역입니다. 하나님의 말씀의 사역과 기도의 사역이 그것입니다. 그것이 신약성경 사역의 열쇠였습니다. 그리고 그것은 초기 교회의 성장, 초기 교회의 괄목할 만한 성장의 열쇠였습니다. 그들은 너무나 전략적으로, 그리고 비상하게 성장했습니다.

9절에 대한 설명을 주목하십시오. 그렇게 하나님의 말씀이 왕성해졌습니다. 그리고 예루살렘의 제자들의 수가 빠르게 증가했으며, 제사장 다수가 믿음에 순종했습니다. 하나님의 말씀이 너무나 능력이 있어서 유대 제사장 다수가 예수 그리스도를 믿게 되었던 것입니다.

이제 형제 자매 여러분, 이것이 우리를 향한 경고입니다. 우리는 오늘날 교회 성장에 관한 너무나 많은 문헌을 가지고 있습니다. 우리는 너무나 많은 프로그램과 전도 방법을 가지고 있습니다. 우리는 교회 내에서 너무나 많은 사회적인 도움을 가지고 있습니다. 교회 내에서 심리학으로부터 너무나 많은 도움을 얻고 있습니다. 우리는 이 모든 보화들에 대해서 감사해야 합니다.

Now, brothers and sisters, this is a warning for us. We have so much literature today about church growth. We have so many programs and methods of evangelism. We have so much sociological help in the church. We have so many helps from psychology in the church. And we should be grateful for all of these resources.

Please understand, I am not speaking against them. We should be grateful for all the resources God provides. But friends, none of them is as important as the proclamation of the Word of God. It is the Word of God that will spread rapidly. It is the Word of God that will make people grow spiritually. It is the proclamation of the Word of God that will help churches grow increasingly. That is the Biblical commentary. "So the Word of God spread."

There are so many people hurting in our society today. Have you ever asked this question? "What would happen if Jesus came to earth today? What would Jesus do if He came to Korea today?" Let us be even more specific than that. "What would Jesus do if He came to your church? If He came to minister to your congregation? If He came to minister to your community?" I believe we find a very good answer for that in Matthew's Gospel. Turn with me for just a moment, if you will, to Matthew 9 : 35~38.

Jesus went through all the towns and villages, teaching in their synagogues, preaching the good news of the kingdom and healing every disease and sickness. When he saw the crowds, he had compassion on them, because they were harassed and helpless, like sheep without a shepherd. Then he said to his disciples, "The harvest is plentiful but the workers are few. Ask the Lord of the

제가 그것들을 반대하고 있지 않음을 이해해 주십시오. 그러나 여러분, 그것들 중 어느 것도 하나님의 말씀의 선포 만큼 중요하지 않습니다. 빠르게 퍼질 것은 하나님의 말씀입니다. 사람들을 영적으로 성장하게 만들어 줄 것은 하나님의 말씀입니다. 교회들을 빠르게 성장하게 도와 줄 것은 하나님의 말씀의 선포입니다. 그것이 성경적인 설명입니다. 하나님의 말씀은 그렇게 흥왕해졌습니다.

오늘날 우리 사회에는 너무나 많은 사람들이 상처를 입고 있습니다. 여러분은 이런 질문을 해본 적이 있습니까? 예수님께서 세상에 오신다면 어떤 일이 일어날까요? 오늘 예수님께서 한국에 오신다면 어떤 일을 하실까요? 그보다 더 구체적으로 이야기해 봅시다. 그 분이 여러분의 교회에 오신다면 어떤 일을 하시겠습니까? 여러분의 교회에 사역하시려 오신다면 말입니다. 여러분의 공동체에 사역하러 오신다면 말입니다. 저는 우리가 마태복음에서 그 질문에 대한 좋은 답변을 발견할 수 있다고 믿습니다. 원하신다면 잠간 동안 마태복음 9장을 펴보십시다. 35~38절입니다.

예수께서 모든 성과 촌에 두루 다니사 저희 회당에서 가르치시며 천국복음을 전파하시며 모든 병과 모든 약한 것을 고치시니라 무리를 보시고 민망히 여기시니 이는 저희가 목자 없는 양과 같이 고생하며 유리함이라 이에 제자들에게 이르시되 추수할 것은 많되 일군은 적으니 그러므로 추수하는 주인에게 청하여 추수할 일군들을 보내어주소서 하라 하시니라

만일 예수님께서 오늘 세상에 오신다면, 그 분은 과거에 사람들을 보셨던 것처럼 사람들을 보실 것입니다. 그 분은 그들을 보셨을 때 민망히 여기셨습니다. "민망히 여김"이라는 말은 매우 강력한 말입니다. 여러

harvest, therefore, to send out workers into his harvest field."

If Jesus came to our communities today, He would see people just as He saw them in His day. When He saw the crowds, He had compassion on them. The word 'compassion' is very powerful word. Many of you have studied it in the original Greek. It is a powerful word but not a very polite word. It literally means 'to be moved to the depth of one's bowels.' To be so concerned about others it makes our stomaches ache.

Why did Jesus have such deep compassion? Because He saw people as they really were. He saw them as harassed, He saw them as helpless, He saw them as lost. And you may say, "Where does the text say they were lost?" Well, they were like sheep without a shepherd. And a sheep without a shepherd is lost. That's what Jesus would see if He came to Korea today.

One of the problems that Christians struggle with is how we see non-Christians. There is a movement in the church that Christians should separate themselves from non-Christians. There are many christians who think they should judge non-Christians. There are many Christians who think they should impose their values on non-Christians. Jesus didn't tell us to do any of those things. And in fact, He said very clearly we should not judge others.

Instead we should minister to them in the way that Jesus would minister to them. In fact, that's what Christian ministry to non-Christians is all about. Allowing Jesus Christ to live in us in the person and the power of the Holy Spirit and to minister to others through us. The harassed and the help-

분 중 다수가 헬라 원어로 그 단어를 연구하셨습니다. 그것은 강력한 단어이지만 매우 품위 있는 단어는 아닙니다. 문자적으로 그 단어는 어떤 사람의 깊은 배속으로 들어가는 것을 의미합니다. 다른 사람들에게 너무 관심을 가지는 것은 우리의 배를 아프게 만듭니다.

예수님께서 왜 그렇게 민망히 여기셨습니까? 사람들을 있는 모습 그대로 보셨기 때문이었습니다. 그 분은 그들을 무력하게 보셨습니다. 잃어버린 자들로 보셨습니다. 여러분은 그들이 잃어버려졌다든가 아니면 목자 없는 양 같다든가 하는 말이 본문에 어디 있느냐고 물을 수 있습니다. 그것이 예수님께서 한국에 오실 경우에 보실 것입니다.

그리스도인들이 씨름하고 있는 문제 중 하나는 우리가 비그리스도인들을 어떻게 보느냐는 것입니다. 그리스도인들이 비그리스도인들로부터 분리해야 한다는 운동이 있습니다. 자기들의 가치들을 비그리스도인들에게 부과해야 한다고 생각하는 그리스도인들도 많이 있습니다. 예수님께서는 우리에게 그런 일을 하라고 말씀하지 않으셨습니다. 사실상, 그 분은 우리가 다른 사람들을 판단하지 말아야 한다고 매우 분명히 말씀하셨습니다.

그 대신에 우리는 예수님께서 그들을 섬기셨을 방법으로 그들을 섬겨야 합니다. 사실상, 그것이 비그리스도인에 대한 그리스도인의 사역의 내용입니다. 예수 그리스도로 하여금 성령의 인격과 능력 안에서 우리 안에 사시게 하고, 우리를 통해서 다른 사람들을 섬기시게 하십시오. 그들은 괴롭힘을 당하고, 무력하고 길을 잃고 있습니다.

여러분은 한국의 비그리스도인들이 무엇을 필요로 하는지 아십니까? 미국의 비그리스도인들이 필요로 하는 것과 꼭 같은 것입니다. 그리고 세상의 모든 사회의 비그리스도인들이 필요로 하는 것과 꼭 같은 것입니다. 그들은 복음의 좋은 소식을 들을 필요가 있습니다. 그들은 소망이 있다는 놀라운 소식을 들을 필요가 있습니다. 하나님은 그들을 사랑하십니

less and the lost.

Do you know what non-Christians in Korea need? The same thing that non-Christians in the United States need. And the same thing that non-Christians in every society in the world need. They need to hear the word of God. They need to hear the Good News of the Gospel. They need to hear the wonderful news that there is hope. That God loves them. And He loved them so much, He gave His only begotten Son to die for them, to shed His blood on the cross for the forgiveness of sin.

They need the same opportunity that people in Jerusalem needed on the day of Pentecost. When the Holy Spirit came on the little group of 120 people, they did not merely go to their homes or to their own little huddle. They moved out into the streets of Jerusalem. They moved together and they proclaimed the Word of God, and God used it powerfully. And the people were cut to the heart.

My grandfather came to the United States when he was a teenager. He was born and grew up in Sweden. He was not a Christian. In fact, he was not only not a Christian, he was a very profane man. He hated God, and he hated Christians. He was not only a non-christian, he was an anti-christian. He was anti-Christ. Whenever he heard anyone singing or talking about the gospel, he would mock them. When they would hold street meetings, he would go to mock and to try to break up the meetings. When he was 19 years of age, he went to such a meeting. It was a baptismal service of a Swedish Free Church. And a Salvation Army band was there playing hymns. And he went to mock them.

But something wonderful happened to him that day. The Word of God was proclaimed. And it was powerful. And it

다. 그들을 너무나 사랑하사 그들을 위해 죽으시고, 죄 용서를 위해 십자가에서 그의 피를 흘리시도록 독생자를 주셨습니다.

그들은 예루살렘 사람들이 오순절에 필요로 했던 것과 꼭 같은 기회를 필요로 하고 있습니다. 성령께서 120명의 적은 무리에게 임하셨을 때, 그들은 단지 집이나 고향에만 간 것이 아닙니다. 그들은 예루살렘의 거리들로 들어갔습니다. 그들은 함께 움직이며 하나님의 말씀을 선포했습니다. 그리고 하나님께서는 그것을 크게 사용하셨습니다. 그리고 사람들은 마음이 찔렸습니다.

저의 할아버지는 십대에 미국에 오셨습니다. 그는 스웨덴에서 태어나 성장하셨습니다. 그는 그리스도인이 아니었습니다. 사실상 그는 그리스도인이 아닐 뿐 아니라 매우 불경한 사람이었습니다. 그는 하나님과 그리스도인들을 증오했습니다. 그는 반그리스도인이었습니다. 그는 누가 노래를 하거나 복음에 대해서 이야기하는 것을 들을 때마다 그들을 조롱했습니다. 그리고 그들이 거리에서 모임을 가질 때 그는 가서 조롱하고 그 모임을 방해하려 했습니다. 그는 19세 때 그런 모임에 갔습니다. 그것은 스웨덴 자유 교회의 세례식 또는 예배였습니다. 군대 밴드가 찬송가를 연주하고 있었습니다. 그는 그들을 조롱하기 위해 갔습니다.

그러나 그날 어떤 놀라운 일이 일어났습니다. 하나님의 말씀이 선포되고 있었습니다. 그것은 강력했습니다. 그리고 그것은 그의 마음을 찔렀습니다. 그는 더 이상 조롱하지 않았습니다. 그는 그날 놀랍게 회심하였습니다. 여러분 중 다수가 여러분의 삶 가운데 일어난 더 많은 이야기들을 나눌 수 있을 겁니다.

하나님의 말씀은 단순한 이론 이상입니다. 하나님의 말씀은 단순한 문헌 이상입니다. 하나님의 말씀은 살았고 운동력이 있습니다. 그리고 그것은 우리 마음을 찌릅니다. 제 할아버지는 하나님의 말씀의 선포자가 되셨습니다. 그는 설교하는 법을 배우기 위해 스웨덴 성경 학교에 가셨

cut to his heart. And he no longer mocked. He fell on his knees before God. He was cut to the heart. He was wonderfully converted that day. Many of you can share similar stories in your life.

On how the Word of God was more than just theory. How the Word of God was more than just literature. How the Word of God was alive and active. And it cut to our hearts.

My grandfather became a proclaimer of the Word of God. He went to a Swedish Bible school and learned how to preach. He became a pastor and an evangelist. He has been dead for many years. He lived to be an old man. But he has been gone now for over 20 years. But his ministry still lives on. As I traveled through the United States preaching in different churches, I have people come and tell me, "I became a Christian through your grandfather's ministry."

That is the power of the Word of God. It lives on. One of his sons became a proclaimer of the Word of God and then my brother and I both were called to the Gospel ministry. Both of us are involved in proclaiming the Word of God. And now both of us have sons who are being called to the Gospel ministry. And they are preaching the Word of God. We have a son who is preaching the Word of God on the radio. And it's being shared all over the world on missionary radio stations.

My brothers and sisters, there is no greater privilege than to know Jesus Christ. And there is no higher honor than to proclaim the Word of God. Let us never grow discouraged. Let us never compromise. Let us rejoice at the privilege of proclaiming the Word of God. For there is supernatural power in the Word of God.

습니다. 그는 목사이자 전도자가 되셨습니다. 그가 돌아가신지 여러 해가 되었습니다. 그는 오래 사셨습니다. 그러나 그는 돌아가신지 20년이 넘었습니다. 그러나 그의 사역은 여전히 계속되고 있습니다. 나는 자유교회들에서 설교하면서 미국 전역을 여행할 때, 사람들이 나를 찾아 와서는 "저는 당신의 할아버지의 사역을 통해서 그리스도인이 되었습니다"라고 말하는 것을 들어 왔습니다.

그것이 하나님의 말씀의 능력입니다. 그것은 계속 살아 있습니다. 그의 아들 중 하나가 하나님의 말씀의 선포자가 되었고, 저의 형과 제가 복음 사역에 부르심을 받았습니다. 우리 두 사람 모두가 하나님의 말씀 선포에 참여하고 있습니다. 그들은 하나님의 말씀을 선포하고 있습니다. 우리에게는 라디오에서 하나님의 말씀을 설교하고 있는 아들이 있습니다. 그것은 선교 라디오 방송국을 통해서 세계 전역에 전파되고 있습니다.

형제 자매 여러분, 예수 그리스도를 아는 것 보다 더 큰 특권은 없습니다. 그리고 하나님의 말씀을 선포하는 것보다 더 큰 영예는 없습니다. 결코 낙심하지 맙시다. 결코 타협하지 맙시다. 하나님의 말씀을 선포하는 특권을 기뻐합시다. 하나님의 말씀에는 초자연적인 능력이 있기 때문입니다.

B. The Supernatural Power of the Word of God

As you will notice, that's the next heading in your outline. The supernatural power of the Word of God.

1. At Pentecost

All of us know that that manifestation began at Pentecost. Several times in the last two days, I have quoted from Acts 2 : 37. I have done it again this morning. The people were cut to the heart as the Word of God was proclaimed. But that is not the only place in the book of Acts that they proclaimed the growth and the spread of the churches based upon the pro-
clamation of the Word of God. We have just seen that in Acts 6.

2. In the Growth and Spread of the Church

But let us look at some additional passages. For example, let's turn to Acts 12 : 24. "The Word of God continued to increase and spread."

The Bible sometimes uses the phrase, "The Lord added unto the church those who were being saved." That's how we would normally measure the growth of the church. We ask the question, "How many members does your church have?" And we ask the question, "how many people attend the local church?"

And as you know, Korea has some of the largest churches in the world. When I was a pastor in the United States, I had the privilege of being pastor of one of the largest churches in the United States. But in Korea, that would be a small church. God has given you large churches. We have to

B. 하나님의 말씀의 초자연적인 능력

여러분이 주지하시다시피, 이것이 다음 표제입니다. 하나님의 말씀의 초자연적인 능력.

1. 오순절

우리 모두는 그 나타남이 오순절에 시작되었음을 알고 있습니다. 저는 지난 이틀 동안 몇번에 걸쳐서 사도행전 2 : 37을 인용했습니다. 저는 오늘 아침에도 그렇게 했습니다. 하나님의 말씀이 선포될 때 사람들은 마음이 찔렸습니다. 그러나 그것이 그들이 선포한 유일한 장소는 아니었습니다. 교회들의 성장과 확산은 하나님의 말씀 선포에 기초했습니다. 우리는 그 사실을 사도행전 8장에서 살펴 보았습니다.

2. 교회의 성장과 확산

그러나 몇 구절을 추가적으로 살펴 봅시다. 예를 들어, 사도행전 12 : 24을 펴 봅시다. 하나님의 말씀은 계속 증가하고 확산됩니다.

때때로 성경은 "주께서 구원받은 자들을 교회에 더하셨다"라는 표현을 사용합니다. 그것이 우리가 보통 교회 성장을 재는 방법입니다. 우리는 "교회 성도수가 얼마나 됩니까?"라고 묻습니다. "지역 교회에 출석하는 사람들이 얼마나 됩니까?"라고 묻습니다.

아시다시피, 한국은 세계에서 가장 큰 교회들 중 일부를 가지고 있습니다. 저는 미국에서 목사로 봉사할 때, 미국에서 가장 큰 교회 중 하나의 목사가 되는 특권을 누렸습니다. 그러나 한국에서라면 그것은 작은 교회였을 겁니다. 하나님께서는 여러분에게 큰 교회들을 주셨습니다. 우리는 교만해지지 않도록 조심해야 합니다. 여러분 중 일부는 작은 교회를 섬기고 계십니다. 작은 교회가 큰 교회 보다 덜 중요합니까? 절대로

be very careful not to become proud. Some of you serve smaller churches. Is a smaller church less important than a large church? Absolutely not! Being God's shepherd of His flock is an important ministry regardless of the size of the church.

God's concept of church growth is shared in this verse. The Word of God continued to increase and spread. That can take place in a large church. That can take place in a small church. That can take place in a house church. That can take place in a church of any size.

The important thing is not to glory in numbers. The last time I was in Korea was 4 years ago. I was here with my dear friend, Peter Wagner, who was a member of the church that I pastored for ten years. As many of you know, Peter Wagner is a church growth expert and leader. And we came to visit a number of the growing churches here in Korea. And I had the privilege of ministering in a number of the churches, as I have also had opportunity in past visits. However that particular visit was very unique.

The two Sundays I was here, I preached in the largest Methodist church in the world and the largest Presbyterian church in the world and the largest Assemblies of God Church, and Dr. Wagner preached in the largest Baptist church in the world in the world, and they are all in Korea!

Some of you may be serving some of those churches. Large churches can be a great blessing, but they can also be a very heavy burden. One of you just mentioned that to me yesterday. One of the pastors here is pastor of a large church. And he said, "It is a very heavy burden. It is very difficult."

Friends, the focus should not be on the size of the church. The focus should be on the proclamation of the Word of

그렇지 않습니다. 하나님의 양무리의 목자가 되는 것은 교회의 크기에 상관 없이 중요한 직분입니다.

하나님의 교회 성장 개념이 이 절에 나타나 있습니다. 하나님의 말씀이 계속 증가하고 확장되는 것이 그것입니다. 그것은 큰 교회에서 일어날 수 있습니다. 작은 교회에서 일어날 수 있습니다. 가정 교회에서 일어날 수 있습니다. 어떤 크기의 교회에서도 일어날 수 있습니다.

중요한 것은 수자를 자랑하지 않는 것입니다. 저는 4년 전에 한국에 왔었습니다. 제가 10년 동안 목회했던 교회의 성도였던 친한 친구 피터 와그너와 함께 이곳에 왔었습니다. 많은 분들이 아시다시피, 피터 와그너는 교회 성장 전문가이자 지도자입니다. 우리는 여기 한국의 성장하는 많은 교회들을 방문했습니다. 저는 이전에도 여러 교회를 섬기는 특권뿐 아니라 여러 교회를 방문하는 특권을 누렸습니다. 하지만 그 특별한 방문은 매우 독특했습니다.

저는 이곳에 있었던 두 주일에 세계에서 가장 큰 감리교 교회, 가장 큰 장로교 교회, 가장 큰 하나님의 성회 교회에서 설교했습니다. 그리고 와그너 박사는 세계에서 가장 큰 침례 교회에서 설교했습니다. 그 교회들 전부가 한국에 있습니다!

여러분들 중 어떤 분들은 그 교회들 중 일부를 섬기고 계실 겁니다. 큰 교회들은 커다란 축복입니다. 그러나 그 교회들은 매우 무거운 짐이 될 수도 있습니다. 여러분 중 한 분이 어제 제게 그 사실을 말씀해 주셨습니다. 여기 계신 목사님 중 한 분은 한 큰 교회의 목사님이신데, "그것은 내게 매우 무거운 짐입니다"라고 말씀하셨습니다. 그것은 매우 어려운 일입니다.

여러분, 교회의 크기에 초점이 맞춰져서는 안됩니다. 하나님의 말씀의 선포에 초점이 맞춰져야 합니다. 여러 크기의 교회를 주신데 대해서 하나님께 감사를 드립니다. 하지만 우리에게 필요한 것은 사람들이 예수

God. Thank God for churches of every size! But the need that we have is to proclaim the Word of God faithfully, whether a large church or a small church.   So people may grow in the grace and knowledge of Jesus Christ.   So non-Christian will be reached with the gospel of Christ. That the Word of God may continue to increase and spread.

Let us look at another passage in the book of Acts. Let us look at Acts 13 : 4~5. Once again we find Paul and Barnabas ministrering. Dr. Kwon will read that passage.

The two of them, sent on their way by the Holy Spirit, went down to Seleucia and sailed from there to Cyprus. When they arrived at Salamis, they proclaimed the word of God in the Jewish synagogues. John was with them as their helper.

Paul and Barnabas went to Cyprus. Notice they were sent on their way by the Holy Spirit. They not only were going on their own plans, they were open to the guidance of the Holy Spirit. And the Holy Spirit sent them on their way. And they arrived in Salamis. And they proclaimed the Word of God in the Jewish synagogue. As we know, this was often their strategy. They would begin their ministry in a city in the Jewish synagogue when there was one present in that city. And here they did it once again.

3. In the Lives of People
The Jewish people were familiar with the Old Testament Scriptures. And so it was wise for them and right for them to proclaim the Old Testament Scriptures. And the Word of God was used in that context. And then we see again the

그리스도의 은혜와 지식 가운데 성장할 수 있도록 큰 교회든 작은 교회든 신실하게 하나님의 말씀을 선포하는 것입니다. 비그리스도인들에게 그리스도의 복음이 전달되어 하나님의 말씀이 흥왕하도록 말입니다.

사도행전의 또 다른 한 구절을 살펴 봅시다. 13 : 4, 5을 살펴 보겠습니다. 다시 한 번 우리는 바울과 바나바의 사역을 발견하게 됩니다. 권 박사님께서 그 구절을 읽어 주시겠습니다.

두 사람이 성령의 보내심을 받아 실루기아에 내려가 거기서 배타고 구브로에 가서 살라미에 이르러 하나님의 말씀을 유대인의 여러 회당에서 전할째 요한을 수종자로 두었더라

바울과 바나바는 구브로로 갔습니다. 그들이 성령의 인도 하에 파송받았음을 주목하십시오. 그들은 스스로의 계획 하에 가고 있었을 뿐 아니라 성령의 인도하심에 개방되어 있었습니다. 그래서 성령께서 그들을 보내셨습니다. 그래서 그들은 살리마스에 도착했습니다. 그들은 유대인의 회당에서 하나님의 말씀을 선포했습니다. 우리가 알다시피, 이것은 그들이 자주 사용한 전략이었습니다. 그들은 회당이 성 안에 있을 때, 성 안의 유대인 회당에서 사역을 시작하곤 했습니다. 그들은 여기에서도 다시 한 번 그렇게 했습니다.

3. 사람들의 삶

유대인들은 구약성경에 친숙했습니다. 그러므로 그들이 구약성경을 선포한 것은 현명하고도 합당한 일이었습니다. 하나님의 말씀이 그런 배경 가운데 사용되었습니다. 우리는 다시 한 번 하나님의 말씀의 초자연적인 용도와 능력을 보게 됩니다.

그것은 사람들의 삶에 있어서도 마찬가지입니다. 우리는 그것을 오순

supernatural use and the power of the Word of God.

But it was also true in the lives of the people. Not just at Pentecost, not just in the growth and the spread of the church, not just in the preaching of the Apostles, but as we know in the very lives of the people.

There are many wonderful verses in Scripture about the Word of God. But one of the most powerful and the most familiar is found in Hebrews 4 : 12. Let us turn for a few moments to that important passage.

> For the word of God is living and active. Sharper than any double-edged sword, it penetrates even to dividing soul and spirit, joints and marrow; it judges the thoughts and attitudes of the heart.

The Word of God is alive. A person would say, "how can you say this book is alive? It looks just like any other book." That's what many people have said down through the ages. What is so usual about this book we call the Bible? How can you say that it is alive? Yesterday, I shared the story of Dr. J. B. Phillips, who asked that question and who tried to prove this book was not a unique book. And then he went to the Word of God.

A number of years ago, I was involved in evangelism as a college student. We went out in pairs and in twos visiting from door to door. We would spend all day talking to people about Christ and the Gospel. It was very hard work. It was also very wonderful work. We saw many people come to personal faith in Christ.

One day, we were in a little city in Michigan and we were visiting door to door. It was a very hot summer day, and we

절, 교회의 성장과 확산, 사도들의 설교 가운데 만이 아니라 오히려 사람들의 삶 자체 내에서 알고 있습니다.

하나님의 말씀에 관한 많은 놀라운 구절들이 있습니다. 하지만 가장 놀랍고도 친숙한 구절은 히브리서 4 : 12에서 찾아 볼 수 있습니다. 잠시 동안 그 중요한 구절을 살펴 봅시다.

하나님의 말씀은 살았고 운동력이 있어 좌우에 날선 어떤 검보다도 예리하여 혼과 영과 및 관절과 골수를 찔러 쪼개기까지 하며 또 마음의 생각과 뜻을 감찰하나니

하나님의 말씀은 살아 있습니다. 혹자는 이 책이 어떻게 살아 있다고 말할 수 있느냐고 물을 것입니다. 성경은 다른 여느 책처럼 보입니다. 그것이 여러 세기에 걸쳐 사람들이 말해 온 바입니다. 우리가 성경이라고 부르는 이 책이 무엇이 특별하다는 말입니까? 어떻게 그것이 살아 있다고 말할 수 있습니까? 어제 저는 그 질문을 제기하고 이 책이 유별난 책이 아님을 입증하고자 시도했던 사람인 필립스에 대한 이야기를 함께 나눈 바 있습니다. 그 때 그는 하나님의 말씀으로 나아갔습니다.

여러 해 전에 저는 대학생으로 전도에 참여했습니다. 우리는 둘씩 짝을 지어 축호전도를 하고 있었습니다. 우리는 사람들에게 그리스도와 복음에 관해서 하루 종일 전할 생각이었습니다. 그것은 매우 힘든 일이었습니다. 또한 매우 놀라운 일이기도 했습니다. 우리는 많은 사람들이 개인적으로 그리스도를 믿기 위해 나아 오는 모습을 보았습니다.

어느 날 우리는 미시간 주의 한 작은 도시에 있었습니다. 우리는 가가호호 방문하고 있었습니다. 매우 더운 여름 날이 었습니다. 우리는 한 집으로 올라갔습니다. 남편과 아내인 남자와 여자가 앞 마당에 앉아 있었습니다. 중서부의 더 오래 된 집에 사는 그들은 모기가 성가시게 굴지 못

came up to one house. And there was a man and a woman, a husband and a wife, sitting on the front porch. And on the older homes in the Midwest, they had screens on their porch so the mosquitos wouldn't bother them. And so there was a screen door. We greeted them, and we told them why we were there.

And suddenly without warning, the man got out of his chair. He was a very big man and he was very angry. He screamed at us. He said, "Get off my property! I want nothing to do with God!" And he threatened us and shouted at us. I, of course, began to leave. But before doing so, I took a little portion of God's Word and I carefully slipped it through a crack in the door. And I said to the man and woman, "We are not here to bother you. We are here to share with you the Good News of God's love."

And then we went on our way. And soon I forgot about the angry man. We walked up the street several blocks. And then two or three hours later, we were coming down the other side of the street. I was not thinking about the man at all, until we got just across the street from him. Suddenly, I heard a loud noise. I turned and looked at his house and he came running through that screen door and a cross the street.

My first thought is "He's going to harm us." But instead of harming us, he stopped and he spoke to us very kindly. He said, "Young men, would you come to my house?" And we said, "Yes, we will." We followed him across the street, we walked up the steps into his screen porch. We followed him into the house, into the living room. And he suddenly he closed the door behind us.

All of a sudden I thought, "Now, he is going to harm us."

하도록 현관 아래 스크린(방충망)을 설치하고 있었습니다. 그렇게 거기
에는 스크린 문이 있었습니다. 우리는 그들에게 인사를 하고 왜 우리가
그곳에 오게 되었는지를 이야기했습니다.

그런데 갑자기 경고도 없이 그 남자가 자리에서 일어났습니다. 그는
아주 몸집이 큰 사람이었는데 몹시 화가 나 있었습니다. 그는 우리에게
소리를 질렀습니다. 그는 이렇게 말했습니다. "내 집에서 나가! 난 하나
님과 아무런 관계도 갖고 싶지 않아." 그는 우리를 위협하며 소리를 질
렀습니다. 물론 저는 떠나기 시작했습니다. 그러나 그렇게 하기 전에 하
나님의 말씀을 담은 소책자를 꺼냈습니다. 그리고 그것을 문 틈으로 조
심스럽게 밀어넣었습니다. 그리고 그 남자와 여자에게 이렇게 말했습니
다. "우리는 여러분을 괴롭히려고 여기 온 것이 아닙니다. 우리는 하나
님의 사랑에 대한 좋은 소식을 여러분과 함께 나누기 위해 이곳에 왔습
니다."

그리고나서 우리는 우리 갈 길을 갔습니다. 그리고 저는 그 성난 남자
에 대해서 곧 잊어버렸습니다. 우리는 몇 구역을 더 걸어 올라갔습니다.
그리고나서 두 세 시간 후에 우리는 길의 반대 방향으로 내려 오고 있었
습니다. 저는 길을 건널 때까지 그 남자에 대해 전혀 생각하지 않았습니
다. 갑자기 저는 큰 소리를 들었습니다. 저는 고개를 돌려 그의 집을 바
라보았습니다. 그가 그 스크린 문을 지나 길을 건너고 있었습니다.

제가 처음 생각한 것은 그가 우리에게 해를 입히리라는 것이었습니다.
그러나 그는 우리에게 해를 입히는 대신에 멈춰 서서 매우 친절하게 우
리에게 이야기했습니다. 그는 이렇게 말했습니다. "젊은이들, 우리 집으
로 가시지요?" 우리는 "예 그렇게 하지요"라고 말했습니다. 우리는 길
을 건너 그를 따라 갔습니다. 우리는 스크린이 쳐진 현관으로 걸어들어
갔습니다. 우리는 그를 따라 집으로 들어가 거실에 들어갔습니다. 그러
자 그는 갑자기 우리 뒤에 있는 문을 닫았습니다. 갑자기 저는 "이제 그

I turned around to see what he was going to do. Much to my surprise, he did something which I would have never expected. He began to cry. He had read the Word of God. It was alive. It spoke to his heart, he was cut to the heart. And he said to us much what the people said to Peter at Pentecost. "What must I do to be saved?" And we knelt together in his living room. We shared the Good News of the Gospel. We prayed with Him. And we led him to faith in Jesus Christ.

We had not argued with him. We had not challenged him. We simply shared a little bit of God's Word with him. And the Word of God was alive. And it was powerful. And it cut to his heart. Dear friends, we need to believe that. We need to believe that not only intellectually, we need to believe that not only theologically, we need to believe that practically. that when we share God's Word, it is different from any other kind of word. It is unique. It is alive. It speaks to us about our needs and about the solutions to our needs.

But the Word of God is also alive for Christians. Most of you are involved in Bible studies and many of you have small home Bible studies in your churches. And you prepare Bible studies for your people. And I realize that many cell groups are not only for Christians, they are for non-Christians to come. And they came to hear the Word of God.

In the United States, I have led evangelistic Bible studies for many years. In fact, we have developed a videotape training series for evangelistic Bible studies. And we have seen many people come to Christ through that simple approach. But every once in a while, I will hear a Christian say something like this, "Do we have to study the book of Ephesians again? We already studied the book of Ephesians 5 or 6 years ago."

가 우리에게 해를 입히려는구나"라고 생각했습니다. 저는 그가 무슨 일을 하려는지를 보려고 고개를 돌렸습니다. 놀랍게도, 그는 제가 전혀 예기치 않았던 일을 했습니다. 그는 울기 시작했습니다. 그는 하나님의 말씀을 읽었던 것입니다. 그것은 살아 있었습니다. 그것은 그의 마음에 말했습니다. 그래서 그의 마음이 찔렸습니다. 그는 우리에게 오순절에 사람들이 베드로에게 했던 말을 했습니다. "구원받기 위해 무엇을 해야 합니까?" 우리는 그의 거실에서 함께 무릎을 꿇었습니다. 우리는 복음의 좋은 소식을 함께 나누었습니다. 우리는 그와 함께 기도했습니다. 그리고 우리는 그를 예수 그리스도께 대한 신앙으로 인도했습니다.

우리는 그와 논쟁을 벌이지 않았습니다. 그에게 도전을 가하지 않았습니다. 우리는 단지 하나님의 말씀 중 적은 부분을 그와 함께 나누었을 뿐이었습니다. 그런데 하나님의 말씀이 살아 있었습니다. 그리고 그것은 강력했습니다. 사랑하는 여러분. 우리는 그것을 믿을 필요가 있습니다. 우리는 지적으로만 아니라 실제적으로 그것을 믿을 필요가 있습니다. 그럴 때, 우리가 하나님의 말씀을 함께 나눌 때, 그것은 다른 어떤 말과도 다릅니다. 그것은 독특합니다. 살아 있습니다. 그것은 우리의 필요들에 대해서, 우리의 필요들의 해결책들에 관해서 이야기해 줍니다.

그러나 하나님의 말씀은 그리스도인들에게도 살아 있습니다. 여러분 중 대부분은 성경 연구에 참여하고 있습니다. 그리고 여러분 중 다수가 여러분의 교회의 가정 성경 공부에 참여하고 있습니다. 그리고 여러분은 사람들을 위해 성경 공부를 준비하고 계십니다. 그런데 저는 많은 소 그룹들이 그리스도인들을 위한 것 만이 아니라 비그리스도인들도 참여할 수 있는 것임을 깨달았습니다. 그들은 하나님의 말씀을 들으러 옵니다.

저는 미국에서 여러 해 동안 전도 성경 공부를 인도해 왔습니다. 사실 우리는 전도 성경 공부를 위한 비디오 테입 훈련 시리이즈를 발전시켜 왔습니다. 우리는 많은 사람들이 간단한 접근방법을 통해서 그리스도께 나아 오는 모습을 목격해 왔습니다. 그러나 저는 이따금씩 그리스도인들

Whenever I hear a person say something like that, I know they do not understand the Word of God. Those dear people are looking at the Word of God like they look at any other human book. And they are saying, "I've already read that book. I've already studied that book. I've already spent a great deal of time on that book. Why do I need to do it again?" Then I have the opportunity to tell them that the Word of God is alive.

That every time we study a passage, it is new again. That God brings the Word of God alive to us. That there is something new in a passage every time we study it. That it is not like any other human literature. That the word of God brings it alive according to our needs. It is a guick. It is alive. It is active. And it speaks to us where we are. Let us never relegate the Word of God to other literture. It is different. It is unique.

D. L. Moody once told a very interesting story about his ministry. He was ministering in the British Isles. And someone told him about an evangelist or a pastor who was there. And that God was using his ministry in a very powerful way. And that pastor came one evening to one of Dr. Moody's public services. And Mr. Moody met him after the service. And he told this brother that he had heard a great deal about his ministry. And he invited him to come and minister in the United States.

And sometime later, the man came to the United States. He was invited to preach. He preached on John 3:16. God blessed in that service in a powerful way. They asked him to preach the next night. He preached again. He preached on John 3:16. It was a different message. God again blessed in a powerful way. They asked him to preach again. He preac-

이 다음과 같은 말을 하는 것을 듣게 됩니다. "에베소서를 다시 공부해야 합니까? 우리는 이미 5, 6년 전에 에베소서를 공부했습니다."

저는 사람들이 그런 비슷한 말을 하는 것을 들을 때마다 그들이 하나님의 말씀을 이해하지 못하고 있음을 알게 됩니다. 하나님의 말씀을 다른 여느 책과 꼭 같이 보면서 이렇게 말하는 사람들이 있습니다. "나는 이미 그 책을 공부했습니다. 나는 이미 그 책에 대해서 상당히 많은 시간을 소비했습니다. 다시 그렇게 해야 할 이유가 무엇입니까?" 그러면 저는 그들에게 하나님의 말씀은 살아 있다고 말할 기회를 가지게 됩니다.

우리가 어떤 구절을 연구할 때마다 그것은 다시 새롭습니다. 하나님께서는 하나님의 말씀을 우리에게 살아 있게 하십니다. 우리가 매일 연구하는 본문에는 무언가 새로운 것이 있습니다. 그것은 다른 인간의 문헌과 다릅니다. 하나님의 말씀은 우리의 필요에 따라 새로와집니다. 그것은 지침입니다. 그것은 살아 있습니다. 그것은 운동력이 있습니다. 그리고 그것은 우리의 처지에 말합니다. 결코 하나님의 말씀을 다른 문헌에 속하게 하지 맙시다. 그것은 다릅니다. 그것은 독특합니다.

무디가 언젠가 자신의 사역에 관한 매우 재미 있는 이야기를 한 적이 있습니다. 그는 브리티쉬 아일즈에서 사역하고 있었습니다. 그런데 누군가가 그에게 그곳에 있던 한 전도자 또는 목사에 관해서 이야기 해주었습니다. 하나님께서는 그를 매우 강력하게 사용하고 계셨습니다. 어느 날 밤 그 목사가 무디 박사가 인도하는 한 공예배에 참석했습니다. 예배 후에 무디가 그를 만났습니다. 그는 그 형제에게 자기가 그의 사역에 관해서 많이 들었다고 말했습니다. 그리고 미국에 와서 사역해달라고 그에게 요청했습니다.

그리고 얼마 후에 그 사람이 미국에 왔습니다. 그는 설교해달라는 초청을 받았습니다. 그는 요한복음 3 : 16에 대해서 설교했습니다. 하나님께서는 그 설교를 통해서 강력하게 축복하셨습니다. 그들은 그에게 다음 날 밤에도 설교해 달라고 부탁했습니다. 그는 다시 설교했습니다. 그는

hed again on John 3 : 16. And for eight nights in a row, he preached different messages on John 3 : 16.

Friends, you can never exhaust the Word of God. It is quick. It is alive. It is active. It is powerful.

We've spent a great deal of time the last two days talking about the power of the Holy Spirit. And we've spent significant time this morning talking about the supernatural power of the Word of God. And so I won't say anything more about it except this one statement.

My friends, I hope you believe in the inherent power of the Word of God. It will make all the difference in the world in your ministry. But notice the next description in Hebrews 4 : 12. "It is sharper than any two-edged sword." As we have seen, it cuts to the heart. It cuts to the heart of sinners. It cut to the hearts of the people at Pentecost. It cut to the heart of my grandfather. It cut to my own heart. And it has cut to your heart. It is sharper than any double-edged sword.

I have learned that the best use of the Word of God is to use it like a sword. It is a part of the Christian armor. As we know, a sword is not used for defensive purposes. A sword is used for offensive purposes. A sword needs to be sharp. A shield doesn't need to be sharp. The shield of faith defenses us. The Word of God is used offensively. My friends, don't spend a great deal of time defending the Word of God. Don't spend a great deal of time arguing with people about the Word of God. Use the Word of God.

There is a story about a young college student in the United States. She was a very committed Christian. She was studying in a college far from her home. And so at Christmas time, she was returning to her home for a vacation. She was riding on an airplane, and she seated next to a very brilliant

다시 요한복음 3 : 16에 대해 설교했습니다. 그리고 그는 팔일 밤 동안 계속해서 요한복음 3 : 16에 대한 다른 메시지를 설교했습니다.

여러분, 여러분은 결코 하나님의 말씀을 남김 없이 이야기할 수 없습니다. 그것은 빠릅니다. 그것은 살아 있습니다. 운동력이 있습니다. 강력합니다. 우리는 지난 이틀 동안 성령의 능력에 대해서 많은 이야기를 했습니다. 그리고 우리는 오늘 아침에 말씀의 초자연적인 능력에 관해서 많은 이야기를 했습니다. 그래서 저는 다음 한 말씀만 더 드리리고자 합니다.

여러분, 하나님의 말씀의 본래의 능력을 믿으시기를 바랍니다. 그것은 이 세상과 여러분의 사역에 차이를 초래할 것입니다. 그러나 다음 성경 구절, 히브리서 4 : 12을 주목하십시오. 그것은 어떤 날선 검보다 더 예리합니다. 우리가 살펴 보았듯이, 그것은 마음을 찌릅니다. 그것은 죄인들의 마음을 찌릅니다. 그것은 오순절에 사람들의 마음을 찔렀습니다. 그것은 저의 할아버지의 마음을 찔렀습니다. 그것은 제 자신의 마음을 찌릅니다. 그것은 여러분의 마음을 찔렀습니다. 그것은 어떤 두날 선 검보다 더 예리합니다.

저는 하나님의 말씀을 가장 잘 사용하는 길이 검으로 사용하는 것이라는 사실을 배웠습니다. 그것은 그리스도인의 전신갑주의 일부입니다. 아시다시피 검은 방어적인 목적으로 사용되지 않습니다. 검은 예리할 필요가 있습니다. 방패는 예리할 필요가 없습니다. 믿음의 방패는 우리를 보호해 줍니다. 하나님의 말씀은 공격적으로 사용됩니다. 여러분, 하나님의 말씀을 변호하는데 많은 시간을 보내지 마십시오. 사람들과 하나님의 말씀에 관해 논쟁하는데 많은 시간을 보내지 마십시오. 하나님의 말씀을 사용하십시오.

한 젊은 대학생에 관한 이야기가 있습니다. 그녀는 매우 헌신된 그리스도인이었습니다. 그녀는 집에서 멀리 떨어진 대학에서 공부하고 있었습니다. 그래서 그녀는 크리스마스 때 휴가를 맞아 집으로 가고 있었습

laywer or attorney.

During the flight, she took out her Bible and she began to read her Bible. And this brilliant attorney began to look over the top of his glasses. He couldn't believe his eyes. He could't believe that this intelligent young lady would be reading an old antiquated book like the Bible.

And finally he spoke to her. He said, "Young lady, may I ask what is that book you're reading?" And she said, "It's the Bible." And he said, "The Bible? You don't believe that book, do you? That's a book that's out of date. That's a book that simple people read and believe but not smart people like you. That book is full of fables and fairy tales. You shouldn't be reading the Bible."

But the young Christian lady said, "Oh sir, I believe that it's the Word of God. I believe every word is true. I trust this book more than any other book in all the world." He was astounded. He couldn't believe it. So he said, "Well, what about that story of Jonah? You know, the guy who was swallowed by a whale?" She said, "Well, the Bible doesn't say he was swallowed by a whale. The Bible just says it was a large fish." He said, "Well, how can you believe that stupid story?" She said, "Well, God's Word says that it is true. And I believe that God's Word is true. And in the New Testament, Jesus quoted from that story. Jesus believed it was true. And so do I." He said, "Well, how can you prove to me that story is true?" That was very difficult question. She thought a long time. And finally she said, "When I get to heaven, I'll ask Jonah if it was true." And he said, "Well, what if Jonah doesn't go to heaven?" She said, "That's easy, then you can ask him." That is one story that translats into Korean.

니다. 비행기에 탄 그녀는 매우 똑똑한 법관 또는 변호사와 함께 앉게 되었습니다.

그녀는 비행기를 타고 가는 동안 성경을 꺼내 읽기 시작했습니다. 그러자 이 똑똑한 변호사는 안경너머로 보기 시작했습니다. 그는 자기 눈을 믿을 수 없었습니다. 그는 이 지적인 젊은 숙녀가 성경처럼 오래된 시대에 뒤진 책을 읽는다는 사실을 믿을 수 없었습니다.

그래서 그는 마침내 그녀에게 말을 건넸습니다. 그는 "아가씨 무슨 책을 읽고 있는지 물어 봐도 괜찮겠소?"라고 물었습니다. 그러자 그녀는 "성경책을 읽고 있는데요"라고 대답했습니다. "성경책이라고요? 그 책을 믿지 않겠지요, 그렇죠? 그것은 시대에 뒤진 책인데요. 그것은 단순한 사람들이 읽고 믿는 책이지만 당신처럼 똑똑한 사람들은 그렇지 않을 겁니다. 그 책은 우화와 꾸며진 이야기들로 가득차 있습니다. 당신은 성경을 읽지 말아야 합니다."

그러나 그 젊은 숙녀는 이렇게 말했습니다. "선생님, 저는 성경이 하나님의 말씀이라고 믿습니다. 저는 모든 말씀이 진리라고 믿습니다. 저는 세상의 다른 어떤 책보다 더 이 책을 신뢰합니다." 그는 놀랐습니다. 그는 그 말을 믿을 수 없었습니다. 그래서 그는 이렇게 말했습니다. "요나의 이야기는 어때요? 고래에게 삼켜진 사람을 알아요?" 그녀는 "글쎄요, 성경은 그가 고래에 삼켜졌다고 말하지 않아요. 성경은 단지 그것이 큰 물고기였다고 말하고 있어요"라고 말했습니다. 그는 "그래요, 어떻게 그렇게 어리석은 이야기를 믿을 수 있나요?"라고 말했습니다. 그녀는 "하나님의 말씀이 그것이 사실이라고 말해요. 저는 하나님의 말씀이 옳다고 믿어요. 그리고 신약 성경에서 예수님이 그 이야기를 인용하셨어요. 예수님께서는 그것이 사실이라고 믿으셨어요. 저도 그렇게 믿어요"라고 말했습니다. 그러자 그가 "그래요, 어떻게 그 이야기가 사실인지 증명할 수 있나요?"라고 물었습니다. 그것은 매우 어려운 질문이었습니

It's a very important truth. God's Word is eternal. And even though brilliant people may not believe, it is Word of God. It takes simple faith.

I shared with you yesterday had the privilege of working with Billy Graham for a number of years. As a young minister of the gospel, he and a close friend of his came to determine whether the Bible was the Word of God. Mr. Graham said that his own experience he stayed up all night one night.

He was in school in Florida and it was adjacent to a golf course. He walked through that golf course all night praying and asking God to work in his life. He had the Bible with him. And he prayed that God would reveal truth to him. And when that night was over, he came the to deep conviction that the Bible could be trusted, the deep conviction that the Bible was the Word of God. And all through these years that has been the center of his ministry. He constantly uses the phrases, "The Bible says," "The Word of God tells us." And God has used it powerfully in his ministry.

In the meantime, his friend decided that the Bible couldn't be trusted. He was much more brilliant than Mr. Graham. He was much more gifted. He lacked simple faith. And he rejected not only the Bible, he later rejected God. And he departed from the ministry. He became a very famous TV commentator. He became very successful in another country. The contrast between those two lives is amazing. Hundreds of thousands of people have come to believe in Christ through the ministry of Mr. Graham. As far as we know, no one has come to faith in christ through the other man's life. And it all hinged upon their commitment to Jesus Christ. And their trust in the Word of God. The Word of God is living and active and sharp.

다. 그녀는 오랫 동안 생각했습니다. 마침내 그녀는 "천국에 가면 요나에게 그것이 사실인지 물어보겠어요"라고 대답했습니다. 그러자 그는 "만일 요나가 천국에 가지 못했다면 어쩌겠소?"라고 말했습니다. 그녀는 "그건 쉽지요, 그러면 선생님이 그에게 물어 보실 수 있겠네요"라고 대답했습니다. 그것은 한국어로 번역된 한 이야기입니다.

그것은 매우 중요한 진리입니다. 하나님의 말씀은 영원합니다. 비록 똑똑한 사람들이 안 믿을 수 있다 하더라도, 그것은 하나님의 말씀입니다. 그것은 단순한 믿음을 요구합니다.

저는 어제 내가 여러 해 동안 빌리 그래함과 함께 일하는 특권을 누려 왔다는 사실을 여러분과 함께 나누었습니다. 복음의 젊은 사역자였던 그와 그의 친한 친구 하나가 성경이 하나님의 말씀인지의 여부를 결정하게 되었습니다. 그래함은 그것이 자기가 자지 않고 밤을 지새웠던 유일한 체험이었다고 말했습니다.

그는 플로리다에 있는 학교에 다니고 있었는데, 그 학교는 골프장 가까이에 있었습니다. 그는 하나님께서 그의 삶에 동행해 주시기를 밤새 기도하고 구하면서 그 골프장을 걸어다녔습니다. 그는 성경을 가지고 있었습니다. 그는 하나님께 진리를 계시해 주시기를 기도했습니다. 그날 밤이 지났을 때, 그는 성경이 신뢰될 수 있으며 성경이 하나님의 말씀이라는 깊은 확신에 이르게 되었습니다. 그리고 이제까지 그것은 그의 사역의 핵심이 되어 왔습니다. 그는 끊임 없이 "성경이 말씀하십니다" "하나님의 말씀이 우리에게 말씀하십니다"라는 표현을 사용합니다. 그리고 하나님께서는 그의 사역에 그것을 강력하게 사용해 오셨습니다.

그런 와중에 그의 친구는 성경을 신뢰할 수 없다는 판결을 내렸습니다. 그는 빌리 그래함 보다 훨씬 더 똑똑했습니다. 그는 훨씬 더 많은 은사를 가지고 있었습니다. 그러나 그에게는 단순한 신앙이 없었습니다. 그래서 그는 성경 뿐 아니라 후에는 하나님까지를 거절했습니다. 그는 사역으로부터 떠났습니다. 그는 매우 유명한 텔레비전 해설가가 되었습

Mr. Graham is no longer a young man. He has a birth day in just three days. He will be 74 years of age. His body is not as strong as it used to be. You have maybe read in your newspaper he's suffering from Parkinson's disease.

I saw him preach two weeks ago in Portland, Oregon. His body is much more frail than it used to be. It is difficult for him to walk up and down steps. I was sitting on the platform that evening when he went to the pulpit to preach. It was difficult for him to even to go up a couple of steps. Then he went to the pulpit and he did something I've never seen him do before. He went to the pulpit and stood there throughout his whole sermon.

In the past, he's always moved around the pulpit. It's been impossible for him to stand still. He stood very still. His body was weak, until he began to preach. The Word of God became powerful and active and sharp. The Holy Spirit anointed him. He became very powerful. Guess what he preached on that night? John 3 : 16.

It began to pour down rain. It came time to give the invitation. He gave a very simple invitation. He did not plead. He didn't beg. He invited people to respond to the preaching of the Word of God. Literally hundreds of people came. And soon there were thousands who came. Because Billy Graham is a young vigorous man? No. But because he proclaims the Word of God. It is alive. It is active. It is powerful. It is sharper than a double-edged sword. It penetrates even to the dividing of the soul and spirit. And it judges the thoughts and the attitudes of the heart.

Brothers and sisters, let us use the Word of God. Let us use it in our personal lives. Let us use it in our families' lives. Let us use it in our preaching and teaching. Let us rec-

니다. 그는 외국에서 매우 유명해졌습니다. 그 두 삶 간의 대조는 놀랍습니다. 수 많은 사람들이 다른 한 사람의 삶을 통해서 그리스도를 믿게 되었습니다. 그런데 그 모든 것은 그들의 예수 그리스도께 대한 헌신에 달려 있었습니다. 그리고 하나님의 말씀에 대한 그들의 헌신에 달려 있었습니다. 하나님의 말씀은 살아 있고 운동력이 있습니다.

그래함은 더 이상 젊은이가 아닙니다. 그는 삼일 후에 생일을 맞습니다. 그는 74세가 될 것입니다. 그의 몸은 이전처럼 강하지 않습니다. 여러분은 신문에서 그가 파킨슨씨 병을 알고 있음을 읽으셨을 겁니다.

저는 두 주 전에 그가 오레곤 주 포틀랜드에서 설교하는 것을 보았습니다. 그의 몸은 이전보다 약했습니다. 계단을 오르내리는 것조차 그에게는 힘들었습니다. 저는 그가 설교하기 위해 강단에 선 그날 저녁 단 위에 앉아 있었습니다. 그는 강단 위로 와서 이전에는 전혀 보지 못했던 일을 했습니다. 그는 강단에 가서 설교하는 동안 줄곧 서 있었습니다. 과거에는 그는 언제나 강단 주위를 돌아다녔었습니다. 잠잠히 서 있기가 불가능했었던 것입니다. 그런데 그는 매우 잠잠히 서 있었습니다. 그의 몸은 설교를 시작하기 전까지 약했습니다. 하나님의 말씀이 강력하고 활동력이 있고 날카로와졌습니다. 성령이 그에게 부어졌습니다. 그는 매우 강력해졌습니다. 그가 무엇에 대해 설교했는지 상상해 보십시오. 요한복음 3 : 16입니다.

비가 쏟아지기 시작했습니다. 그가 초청을 할 시간이 왔습니다. 그는 매우 간단한 초청을 했습니다. 그는 간청하지 않았습니다. 구걸하지 않았습니다. 그는 사람들에게 하나님의 말씀의 설교에 응하도록 촉구했습니다. 말 그대로 수많은 사람이 나왔습니다. 그리고 수천명이 초청에 응했습니다. 빌리 그래함이 젊은 정력적인 사람이기 때문입니까? 아닙니다. 그가 하나님의 말씀을 선포했기 때문입니다. 그것은 살아 있습니다. 운동력이 있습니다. 강력합니다. 두날 선 검 보다 더 예리합니다. 그것은 혼과 영혼을 쪼개기까지 합니다. 그리고 그것은 마음의 생각과 태도를

ognize that God has not left us alone. That He has given us Himself in the person of the Holy Spirit. And that He has given us His Word that is different from any other literature. It is powerful and active and alive. It is sharp and penetrates and judges to the depths.

We thank God for the Word of God. We're going to continue after our break. Speaking and talking about the uniqueness and the power of the Word of God. Please enjoy your break.

【Tape 6】

C. The Purpose of the Word of God

1. The Word of God in Preaching and Teaching

You will find this on page 12. We all know that those of us in the pastoral ministry use the Word of God in preaching and teaching. The passage which I want us to turn to is one that we all know very well. Most of us in this room have preached on this passage many times. But I pray that God will use it to speak to our hearts and minds this morning.

Let us turn to 2 Timothy 3 : 16~17. Dr. Kwon will read that for us.

All Scripture is God-breathed and is useful for teaching, rebuking, correcting and training in righteousness, so that the man of God may be thoroughly equipped for every good work.

감찰합니다. 그것을 우리의 개인적인 삶에 사용합시다.

형제 자매 여러분, 하나님의 말씀을 사용합시다. 그것을 우리 가정의 삶에 사용합시다. 우리의 설교와 가르침에 사용합시다. 하나님께서 우리를 홀로 내버려 두지 않으셨음을 인식합시다. 그 분은 우리에게 자신과 성령을 주셨습니다. 그리고 우리에게 다른 어떤 문헌과도 다른 자신의 말씀을 주셨습니다. 그것은 강하고 운동력이 있고 살아 있습니다. 그것은 날카롭고 마음속까지 쪼개고 감찰합니다.

하나님의 말씀을 인해 하나님께 감사드립니다. 휴식 후에 계속하겠습니다. 휴식 시간을 즐기시기를 바랍니다.

【테이프 #6】

C. 하나님의 말씀의 목적

1. 설교와 교육에서의 하나님의 말씀

여러분은 이것을 12페이지에서 발견할 것입니다. 목회사역을 하고 있는 우리는 설교와 가르침에서 하나님의 말씀을 사용합니다. 우리가 함께 보고자 하는 구절은 우리 모두가 매우 잘 아는 구절입니다. 이 강의실의 우리들 대부분은 이 구절로 많은 설교를 하였습니다. 그러나 저는 하나님이 이 구절을 사용해서 오늘 아침 우리의 감성과 지성에 말씀하시기를 기도합니다.

디모데후서 3 : 16, 17을 펴봅시다. 권 박사님께서 읽어 주시겠습니다.

모든 성경은 하나님의 감동으로 된 것으로 교훈과 책망과 바르게 함과 의로 교육하기에 유익하니 이는 하나님의 사람으로 온전케 하며 모든 선한 일을 행하기에 온전케 하려 함이니라

All Scripture is God-breathed. That is why it is alive, powerful and active. That's why it penetrates to the heart. That's why it judges the thoughts and intents of the heart. The Word of God comes from God Himself. It is God-breathed.

As we also know, it is useful. It is not powerful just for the sake of being powerful. It is not the kind of book that we just put on the shelf and admire. It is a book that we use in our lives. It is useful. It is practical. It is applicable in our lives. As we would be reminded from this passage, there are four particular ways the Word of God should be used in our preaching and teaching.

a. Teaching the Truth

Number one is for teaching the truth. The Word of God is useful in teaching the truth. Many ask in our society today, "What is truth? How do we know what is true? And how do you know what to believe?"

There are many universities in Korea. There are people here today who have graduated from many different universities. Some of you've studied in the United States or other nations of the world. When you sat in a classroom, you learned from a learned scholar. Many of you have studied under brilliant teachers. They were supposed to share the truth with you.

Our children and young people go to high school and junior high school. Our younger children go to elementary school. They want to learn truth from their teachers. But when we begin to compare notes with one another, different teachers teach different things as truth. For example, in psychology today.

When I went to university a number of years ago, there

모든 성경은 하나님의 감동으로 된 것입니다. 이것은 성경이 살아있고 능력있고 활력있는 이유입니다. 성경이 우리 마음을 관통하는 이유입니다. 성경이 마음의 생각과 의도를 판단하는 이유입니다. 하나님의 말씀은 하나님 자신으로부터 옵니다. 성경은 하나님의 감동으로 된 것입니다.

우리가 또한 아는 바와 같이, 성경은 유용합니다. 성경은 단지 능력있으려 하기 때문에 능력있는 것이 아닙니다. 성경은 우리가 단지 선반 위에 올려 놓고 경탄만 하는 그런 종류의 책이 아닙니다. 성경은 우리 생활에서 쓰는 책입니다. 유용합니다. 실제적입니다. 우리 삶에서 적용할 수 있습니다. 우리가 이 구절로부터 바로 깨닫게 된다면, 하나님의 말씀이 설교와 가르침에서 사용되어야 하는 네가지 실제적인 방법이 있음을 알게 됩니다.

a. 진리를 가르침

첫째는 진리를 가르치기 위한 것입니다. 하나님의 말씀은 진리를 가르치는 데 유용합니다. 오늘날 우리 사회에서 많은 사람들은 다음과 같이 질문합니다. "진리가 무엇입니까? 무엇이 진리인지 어떻게 압니까? 무엇을 믿어야할 지 어떻게 압니까?"

한국에는 많은 대학들이 있습니다. 오늘 여기 계신 분들은 서로 다른 대학을 졸업한 사람들입니다. 어떤 분은 미국이나 세계 여러 나라에서 공부했습니다. 여러분은 강의실에 앉아 박식한 학자로부터 배웠습니다. 여러분들 중 많은 분들은 뛰어난 스승들 밑에서 배웠습니다. 그들은 여러분과 진리를 나누려 했습니다.

우리의 아이들과 젊은 사람들은 고등학교와 중학교에 갑니다. 더 어린 학생들은 국민학교에 갑니다. 그들은 선생님들로부터 진리를 배우기 원합니다. 그러나 우리가 서로 공책을 비교하기 시작한다면, 서로 다른 선생님들이 서로 다른 것이 진리라고 가르칩니다. 예를 들어, 현대 심리학

was one basic psychologist. His name was Sigmund Freud. He was the hero of psychology. He was the founder of the modern psychology movement. Almost all psychologists in the world were Freudians. They believed he was telling the truth. They proclaimed the teachings of Freud as truth. That is no longer true today. If you have taken a psychology course recently, you know that most psychologists no longer honor Freud. It would be very unusual to find a young contemporary psychologist who would be Freudian.

Today we have literally scores of schools of psychology. It changes almost everyday. The gospel of psychology changes. What is taught as truth today, ten years from now will be replaced by someone else's ideas. The same is true of most of the disciplines, including much theology. Theologians come and go. Theologies may change. But the Word of God is constant. The Word of God never changes. The Word of God is totally trustworthy.

The Word of God teaches the truth. We ask the question, "How can we know the truth?" Our societies tell us truth is relative. But the Word of God says truth is absolute. One thing never changes in this world. It is God. And it is His Word. It's absolutely amazing how in a changing world the Bible remains constant. Now our understanding of the Bible wouldn't remain constant. Hopefully, we are always learning new things. And we're growing in our understanding of the Bible. As we said a few moments ago, the Bible is alive and active. The Holy Spirit reveals new truth and new insights to us. But the Word of God always teaches the truth.

Brothers and sisters, we need to teach the Word of God to our children. We need to teach the Word of God to the members of our churches. We need to teach the Word of

에서 그렇습니다.

제가 수십년 전 대학에 다닐 때, 유명한 심리학자 한 분이 있었습니다. 그의 이름은 지그문트 프로이트입니다. 그는 심리학의 영웅입니다. 그는 현대 심리학 운동의 창설자입니다. 세계의 거의 모든 심리학자들은 프로이트 학설의 신봉자들이었습니다. 그들은 그가 진리를 말하고 있다고 믿었습니다. 그들은 프로이트의 가르침은 진리라고 선언했습니다. 그러나 그것은 오늘날 더 이상 진리가 아닙니다. 여러분이 최근에 심리학 강의를 듣는다면, 대부분의 심리학자들이 프로이트를 존경하지 않는다는 것을 알게 됩니다. 현대의 젊은 심리학자가 프로이트의 신봉자가 되는 경우는 매우 드물 것입니다.

오늘날에는 문자 그대로 수 많은 심리학 학파들이 있습니다. 그것은 거의 매일 변합니다. 심리학의 복음은 변합니다. 가르치는 것이 진리입니다. 지금부터 10년 후에는 다른 사람들의 사상이 그것을 대체(代替)할 것입니다. 이것은 대부분의 학문에 있어서도 마찬가지입니다. 신학을 포함해서 말입니다. 신학자들은 나타났다가 사라집니다. 신학도 변할 수 있습니다. 그러나 하나님의 말씀은 한결같습니다. 하나님의 말씀은 결코 변하지 않습니다. 하나님은 전적으로 믿을 만합니다.

하나님의 말씀은 진리를 가르칩니다. 우리는 질문합니다. "우리가 어떻게 진리를 알 수 있습니까?" 우리 사회는 진리가 상대적이라고 가르칩니다. 그러나 하나님의 말씀은 진리가 절대적이라고 말합니다. 이 세상에서 변하지 않는 것이 하나 있습니다. 그것은 하나님이십니다. 그리고 그것은 그의 말씀입니다. 어떻게 성경이 변화하는 세상 속에서도 변하지 않는가 하는 것은 매우 놀랍습니다. 바람직하게도 우리는 항상 새로운 것을 배우고 있습니다. 그리고 현재 우리는 성경을 이해하는 데에서 자라고 있습니다. 조금 전에 말씀드린 것처럼, 성경은 살아있고 활력있습니다. 성령님은 새로운 진리와 새로운 통찰력을 우리에게 계시하십니다. 그러나 하나님의 말씀은 항상 진리를 가르칩니다.

God to anyone who will listen. I have found in the United States many people want to know what the Bible says. And that again is one of the values of an evangelistic Bible study: Invite people to come to listen to the Word of God.

In many parts of the world today, there's great hunger for the Word of God. Most of you know that is true in the former Soviet Union. And in Eastern Europe. People are absolutely open, they want to know what does the Bible teach.

I am reminded of an experience I had a number of years ago when I went to Moscow for the first time. The Communists were still very much in rule. Gorbachev was serving as president. But they were cracks in the dam; the Soviet Union was beginning to crumble. And there was a new openness to spiritual things.

On one Sunday afternoon we had a guide who took us to show us city of Moscow. We had worshipped that morning at the First Baptist Church of Moscow and had a wonderful time fellowshiping with our brothers and sisters. Our young guide that Sunday afternoon was a dedicated Communist. She was a very brilliant young lady. She showed us many interesting sights. One of them was a bookstore.

We drove by a large bookstore. She said that is the largest bookstore in the world. She said it has every conceivable book that is published in the world. I asked her a question quietly. I said, "Could I buy a Bible in that bookstore?" She was very surprised. She stuttered and stammered. She said, "Yes uh, yes, you could." I said, "That's strange. We worshipped in a church this morning. In a Christian church. We asked people whether they could buy a Bible in Moscow. They said there was no store in all of Moscow where you could buy a Bible."

　형제 자매 여러분, 우리는 하나님의 말씀을 자녀들에게 가르쳐야 합니다. 우리는 하나님의 말씀을 교인들에게 가르쳐야 합니다. 우리는 하나님의 말씀을 듣고자 하는 모든 사람들에게 가르쳐야 합니다. 저는 많은 미국사람들이 하나님의 말씀이 무엇을 말하는지 알기 원한다는 사실을 발견했습니다. 그것은 복음주의적 성경공부의 가치들 중에 하나입니다. 즉, 하나님의 말씀을 듣도록 사람들을 초청하는 것입니다.

　오늘날 세계 여러 곳에는 하나님의 말씀에 대한 큰 굶주림이 있습니다. 여러분 대부분은 그것이 옛 소련에 있어서 사실이라는 것을 압니다. 그리고 동구에 있어서도 마찬가지입니다. 사람들은 성경이 가르치는 것을 알고자 하는 데 완전히 열려 있습니다.

　몇년 전 처음으로 모스크바에 갔을 때 겪었던 경험이 생각납니다. 많은 공산주의자들이 여전히 소련을 지배하고 있었습니다. 고르바초프가 대통령이었습니다. 그러나 그들은 둑의 갈라진 틈과 같았고 소련은 무너지기 시작했습니다. 그리고 영적인 것들에 대한 새로운 개방성이 있었습니다.

　어느 주일 오후 우리에게는 모스코바 시(市)를 관광시켜주는 안내원이 있었습니다. 아침에 우리는 모스크바에 있는 제일침례교회에서 예배를 드렸습니다. 우리는 형제자매들과 교제하는 놀라운 시간을 가졌습니다. 우리의 젊은 안내원은 헌신된 공산주의자였습니다. 그녀는 매우 똑똑한 젊은 아가씨였습니다. 그녀는 우리에게 매우 재미있는 명소(名所)를 보여주었습니다. 그것들 중 하나가 서점이었습니다. 우리는 큰 서점을 방문했습니다. 그녀는 그곳이 세계에서 가장 큰 서점이라고 말했습니다. 그곳은 세계에서 출판되는 모든 책을 다 가지고 있다고 말했습니다. 저는 그녀에게 조용하게 질문했습니다. "이 서점에서 성경을 살 수 있습니까?" 그녀는 말했습니다. "어, 예, 살 수 있습니다." 저는 말했습니다. "참 이상하군요. 우린 오늘 아침 교회에서 예배드렸습니다. 기독교회에서 말이죠. 우리가 모스크바에서 성경을 살 수 있냐고 사람들에게 묻자

She was embarrassed. And she said, "Well, the reason they don't sell Bibles is no one wants them. The only people who ever read them are little old ladies. No one else would want to read a Bible." Then I asked her another question quietly and gently. "Would you like a Bible?" She replied, "Yes, I would." And then she realized what she had said. She said, "Of course I would only want to read it as literature."

See, God has put a spiritual hunger in people's lives. People all over the world want to know what the Bible says. Even when they mock the Bible. Even when like that young lady she didn't want me to know that she really wanted a Bible. Now that Bibles are available in the former Soviet Union, people are just taking them with great joy. And reading them. Many people are coming to know Christ through reading the Bible. It is the Bible alone that teaches the truth. It is not Karl Marx. It is not Sigmund Freud. It is not the politicians in the United States or your country. It is the Word of God that teaches the truth.

A number of years ago I was speaking at a banquet in Canada. It was a large banquet of city leaders and civic leaders, business leaders. I happened to be sitting next to a man who was very interesting. He was one who rated movies. Canada did that a number of years before they started doing it in the United States. He decided what movies would be good for children to watch and which movies would not be good for children. And he would have to decide which movies were moral and which ones were immoral.

I asked him the obvious question : "How do you decide whether something is moral or immoral? How do you decide whether it's pornography or not pornography?" He became

사람들은 '성경을 살 수 있는 곳은 모스크바에는 없다'고 하던데요." 그녀는 당황했습니다. 그리고 대답했습니다. "성경을 팔지 않는 이유는 아무도 성경을 원하지 않기 때문입니다. 성경을 읽는 유일한 사람들은 나이든 부인들입니다. 그들 외에는 아무도 성경읽기를 원치 않습니다." 그때 저는 그녀에게 조용하고 부드럽게 또다른 질문을 했습니다. "당신은 성경을 좋아합니까?" 그녀가 대답했습니다. "예, 그렇습니다." 그 때 그녀는 자신이 말한 내용을 깨달았습니다. 그녀는 말했습니다. "물론 저는 이 문학작품을 읽고 싶을 따름입니다."

보십시오, 하나님은 사람들의 삶 속에 영적인 굶주림을 주셨습니다. 전 세계의 사람들은 성경이 무엇을 말하는가 알고 싶어 합니다. 심지어 성경을 조롱할 때도 말입니다. 그 젊은 아가씨처럼 그녀가 정말 성경을 원한다는 사실을 저에게 숨기고 싶어할 때도 말입니다. 지금 구 소련에는 성경이 사용되고 있습니다. 사람들은 큰 기쁨으로 성경을 가지고 다닙니다. 그리고 성경을 읽습니다. 많은 사람들이 성경을 읽으며 그리스도를 알기 위해 옵니다. 진리를 가르치는 것은 오로지 성경뿐입니다. 칼 마르크스가 아닙니다. 지그문트 프로이트가 아닙니다. 미국이나 한국의 정치가도 아닙니다. 진리를 가르치는 것은 바로 하나님의 말씀입니다.

수년전 저는 카나다의 한 연회에서 연설했습니다. 시(市) 지도자들과 시민 지도자들과 사업 지도자들의 큰 연회였습니다. 저는 우연히 매우 재미있는 사람 옆에 앉게 되었습니다. 그는 영화의 등급을 매기는 사람이었습니다. 카나다에서는 미국에서 시작하기 오래 전부터 이 일을 했습니다. 그는 어떤 영화가 아이들이 보기에 좋고 어떤 영화가 좋지 않은가를 결정했습니다. 그는 어떤 영화가 도덕적이고 어떤 영화가 비도덕적인가를 결정해야만 했습니다. 저는 그에게 한가지 확실한 질문을 했습니다. "당신은 어떻게 도덕적인 것과 비도덕직인 것을 결정합니까? 어떻게 외설인가 아닌가를 결정합니까?" 그는 이 질문에 답하는 데에 매우 예민해 있었습니다. 그는 아주 많은 이유를 말했습니다. 그것은 기본적으로

very nervous as he answered the question. He gave me a whole number of reasons. It basically came down to this : his decisions were relative based upon society. He had no standard of morality. He had no standard of what was right or wrong. Because he did not believe in the Word of God.

In all of the religions of the world and all the philosophies of the world, it is the Bible that gives us the Ten Commandments. It is the Bible that gives us the standards of righteousness. It is the Bible that tells us the truth. God's moral standards never change. They are always the same.

b. Rebuking us when we are wrong

There's a second reason to preaching the Bible. It first teaches us the truth. Secondly, it's useful for rebuking. For rebuking us when we are wrong. The Bible begins by giving us standards of truth. Then it tells us when we stray from that truth. The Bible is used by the Holy Spirit to convict us of truth. It tells us when we are wrong. When we are out of touch with God's standards. When we've moved off the road of God's way.

Now, rebuking is not a popular word. It is not popular in the United States and I'm sure it's not popular here.

As I mentioned to you yesterday, we have three wonderful children. We love them very much. They were wonderful children. They all came to personal faith in Christ as children. We are so grateful they are living for the Lord today. But our children never came to me with one question. Not once in their lives did they ever come and say, "Dad, would you please rebuke me?" Children never want to be rebuked. Nor do adults want to be rebuked. Some of us have been in the pastorate for many years. I've never had anyone come and

다음과 같이 정리됩니다. 즉, 그의 결정들은 상대적이고 사회에 근거를 둔 것입니다. 그는 도덕적 기준을 갖고 있지 않았습니다. 무엇이 옳고 그른지의 기준이 없었습니다. 왜냐하면 그는 하나님의 말씀을 믿지 않았기 때문입니다. 세계의 모든 종교와 모든 철학 중에서 십계명을 제공하는 것은 바로 성경입니다. 의(義)의 기준을 제시하는 것은 바로 성경입니다. 진리를 말하는 것은 바로 성경입니다. 하나님의 도덕적 기준은 결코 변하지 않습니다. 그 기준은 항상 동일합니다.

b. 우리가 잘못되었을 때 우리를 책망함

성경을 설교하는 두번째 이유가 있습니다. 첫째로, 성경은 우리에게 진리를 가르칩니다. 둘째로, 성경은 책망하기에 유용합니다. 우리가 잘못 되었을 때 우리를 책망하는 데 유용합니다. 성경은 우리가 진리에서 빗나갈 때 우리에게 말합니다. 성경은 우리에게 진리를 확신시켜 주기 위해 성령님에 의해 사용됩니다. 성경은 우리가 잘못 되었을 때 우리에게 말합니다. 우리가 하나님의 기준에서 벗어날 때 우리에게 말합니다. 우리가 하나님의 길에서 벗어났을 때 우리에게 말합니다.

오늘날 책망이란 말은 인기있는 단어가 아닙니다. 미국에서도 인기 없고 여기 한국에서도 마찬가지이리라 믿습니다.

제가 어제 여러분에게 말씀드린 것처럼, 우리에게는 놀라운 세명의 자녀가 있습니다. 우리는 그들을 매우 사랑합니다. 그들은 놀라운 자녀들입니다. 그들은 모두 개인적으로 그리스도를 믿게 되었습니다. 우리는 그들이 현재 주님을 위해 사는 것이 매우 감사합니다. 그러나 우리 아이들은 다음의 질문을 가지고 제게 온 일이 없습니다. 그들의 삶에서 한번도 제게 와서 이렇게 말하는 아이가 없었습니다. "아버지, 저 좀 꾸중해 주시겠어요?" 아이들은 결코 책망받기를 원하지 않습니다. 어른도 마찬가지입니다. 어떤 분은 오랫동안 목회를 하셨습니다. 저는 제게 와서 이렇게 말하는 사람을 보지 못했습니다. "목사님, 절 책망해 주시겠습니

say, "Pastor, will you rebuke me?" But all of us need to be rebuked.

The Bible says, "Who the Lord loves He chastens." He disciplines us. He does it for our good. When we go astray, He wants to tell us, "You've gone astray." The Bible is like a signal at the railroad tracks. The flashing red lights, or the arm that comes down in front of the road way. It rebukes us. It tells us it's not safe to come this way. There's danger.

God did not give us the Ten Commandments to punish us. God does not share instruction in this Word to punish us. He loves us and He wants what is best for us. It is sin that destroys people. Our Lord longs to save people. God didn't send His Son in the world to condemn the world. But to save those who would believe in Him. For years, I thought the Ten Commandments were punitive or they were given to punish us. Several years ago, the Lord opened my eyes and my heart of understanding that, that was not true.

As we all know, we were all born in communion with God. We were all born in full fellowship with Him. It is sin that has taken us the wrong way. The Bible says, "there's a way that seems right unto man. But the ends was the way of death." We listen to society and they say, "You're going the right way." But then God's Word comes and says, "No, you're going the wrong way. You must repent." Repent, as we know, means to turn around. To not only feel sorry that we're doing the wrong thing but to turn from the wrong thing. And to return to God.

People all around us say, "If you obey the Ten Commandments, you won't be happy. If you obey the Ten Commandments, you won't be fulfilled. If you obey God and His Word, you will miss the good life." Friends, that is not true.

까?” 그러나 우리 모두는 책망받아야 합니다.

성경은 주님이 그가 책망하시는 자를 사랑하신다고 말합니다. 그는 우리를 훈련시키십니다. 우리의 이익을 위해 그것을 하십니다. 우리가 길을 잃을 때, 그는 우리에게 이렇게 말씀하시기를 원합니다. “넌 길을 잃었어.” 성경은 선로 위의 신호등과 같습니다. 반짝거리는 붉은 빛 또는 선로 앞에 내려지는 막대와 같습니다. 성경은 우리를 책망합니다. 이 길로 가면 안전하지 못하다고 우리에게 말해줍니다. 거기엔 위험이 있다고 말해줍니다.

하나님은 우리를 벌하기 위해 십계명을 주시지 않았습니다. 하나님은 교훈하시지 않습니다. 우리를 벌하는 것은 말씀입니다. 그는 우리를 사랑하시고 우리에게 최선인 것을 주기 원하십니다. 사람들을 파괴시키는 것은 죄입니다. 우리 주님은 사람들을 구원하기를 간절히 원하십니다. 하나님은 세상을 정죄하려고 세상에 그의 아들을 보내신 것이 아닙니다. 그를 믿는 사람을 구원하려고 그 아들을 보내셨습니다. 수년 동안 저는 십계명이 징계하기 위한 것이거나 우리를 벌주기 위해 주어진 것으로 생각했습니다. 몇년 전 주님은 저의 눈과 마음을 여셔서 그것이 사실이 아님을 알게 하셨습니다.

우리 모두가 아는 바와 같이, 우리 모두는 하나님과의 교제 속에서 태어났습니다. 우리 모두는 그와의 완전한 친교 속에서 태어났습니다. 우리를 잘못된 길로 이끄는 것은 바로 죄입니다. 성경은 사람에게 옳바르게 보이는 길을 우리에게 말합니다. 그러나 그 끝은 죽음입니다. 우리는 사람들이 “당신은 옳바른 길을 가고 있어”라고 말할 때 그 말을 하는 사회에 귀를 기울입니다. 그러나 하나님의 말씀은 다음과 같이 말씀하십니다. “아니오, 당신은 잘못된 길을 가고 있습니다. 당신은 회개해야 합니다.” 우리가 아는대로, 회개는 돌아서는 것입니다. 우리가 잘못된 일을 하고 있다는 것에 대해 미안한 감정을 가지는 것 뿐만 아니라, 잘못된 일로부터 돌아서는 것입니다. 그리고 하나님께로 가는 것입니다.

It is sin that separated us from God. The Lord gave us the Ten Commandments to help us live in the way we were created to live. I'm convinced if we could obey the Ten Commandments, that we would live the life of fullness that God created Adam and Eve to live.

But we read in Romans 8, the problem is none of us can "All have sinned and come short of the glory of God." So Romans tells us God has put into effect a better plan. He gave Jesus Christ to us. Jesus is the only one who obeyed all the Ten Commandments throughout His earthly life. And He provided the way for us to live the truth. Jesus said, "I am the way, the truth and the life. No one comes to the Father but by me." Jesus said, "There is a wide highway and a wide gate that leads to destruction. And there is a very narrow road and there is a very small gate that leads to life everlasting. And there are very few people who go that way." Most people are taking the road that seems right. But they are on the way to destruction, to eternal death.

How do we know what is the truth? How do we know what is right and wrong? It is the Word of God that tells us. And it's the Word of God that tells us when we are going the wrong way. It rebukes us.

Friends, never disobey the Word of God. Let us teach the people in our churches to obey the Word of God in all things. The Word of God teaches us the truth. The Word of God rebukes us when we are wrong. It tells us when we're going the wrong way.

c. Correcting Us

There's a third thing the Word of God does for us. It corrects us. It is not enough to merely know we're going the

사람들은 이렇게 말할 것입니다. "당신이 십계명을 지킨다면, 당신은 행복하지 않을 것입니다. 십계명을 지킨다면, 당신의 힘을 완전히 발휘할 수 없을 것입니다. 하나님과 그의 말씀에 순종한다면, 당신은 좋은 생활을 놓칠 것입니다." 여러분, 그것은 진실이 아닙니다. 하나님과 우리를 분리시키는 것은 바로 죄입니다. 주님은 우리가 창조된 방식대로 살도록 도우시기 위해 십계명을 주셨습니다. 저는 우리가 십계명에 복종한다면 하나님이 아담과 하와에게 살도록 하신 완전한 삶을 살게 될 것이라고 확신합니다.

그러나 로마서 8장에서 읽었던 대로, 문제는 우리 중 아무도 십계명을 지킬 수 없다는 것입니다. 우리는 그 십계명 모두를 어겼습니다. 모든 사람이 죄를 범하여 하나님의 영광에 이르지 못했습니다. 그래서 로마서는 하나님이 더 좋은 계획을 실행하셨다고 말합니다. 그는 우리에게 예수 그리스도를 주셨습니다. 예수님은 그의 지상생활을 통해 십계명에 완전히 복종하신 유일한 분이십니다. 그래서 그는 우리가 진리대로 살 수 있는 길을 마련해 주셨습니다. 예수님은 말씀하셨습니다. "내가 곧 길이요 진리요 생명이니 나로 말미암지 않고는 아버지께로 올 자가 없느니라." 예수님은 또 말씀하셨습니다. "멸망으로 인도하는 넓은 길과 넓은 문이 있다. 영생으로 인도하는 좁은 문과 좁은 길이 있다. 그러나 그 길로 가는 사람은 매우 적다." 대부분의 사람들은 옳게 보이는 길을 택합니다. 그러나 그들은 멸망으로 가는 길 위에 있는 것입니다. 영원한 죽음으로 가는 길 위에 있는 것입니다.

진리가 무엇인지 우리가 어떻게 알 수 있습니까? 무엇이 옳고 그른지 어떻게 알 수 있습니까? 그것은 바로 우리에게 말하는 하나님의 말씀입니다. 우리가 잘못된 길을 가고 있을 때 우리에게 말하는 것은 바로 하나님의 말씀입니다. 그것은 우리를 책망합니다.

여러분, 하나님의 말씀에 절대 순종하십시오. 모든 일에 있어서 하나님의 말씀에 순종하도록 교인들에게 가르칩시다. 하나님의 말씀은 우리

wrong way. We need to know how to direct our course.

I do not know the city of Seoul very well. The times I've been here, I've never driven a car. I've always ridden with someone else. So I don't know my way around. I've never studied a map of Seoul. And so if one of you would be so kind to say, "Why don't you take my car today?" I wouldn't know where to go. So you give me the name of the place, 'Itaewon' shopping area. That's where all Americans go when they come to Seoul. And so you send me on my way. But somewhere along I make a wrong turn and I don't know it. And I become lost. And I try to find someone who can speak English. Finally I find someone who said, "I want to go to Itaewon." And they would laugh at me and say, "You're going the wrong way." But that wouldn't help me. Until they tell me which is the right way. Until they correct me. Until they say, "Instead of going this way, you've got to go that way."

That's how God's Word disciplines us. Godly discipline doesn't just tell us that we're doing something wrong. It corrects us. It tells us what to do that's right.

Now good discipline of children is the same way. Those of you who are parents have learned that. It is not good to merely tell children, "Don't do that." We have to tell them what they should be doing. We don't just tell them about incorrect behavior. We teach them about correct behavior. The Word of God corrects us.

I once met a man who was a navigator in a bomber in World War II. He was navigator in a large American bomber that flew from England to Germany during the last days of the War. Everyday they flew from England to Germany to drop their bombs. And then they returned to England

에게 진리를 가르칩니다. 하나님의 말씀은 우리가 잘못 되었을 때 우리를 책망합니다. 우리가 잘못된 길을 갈 때 우리에게 말합니다.

c. 우리를 교정함

하나님의 말씀이 우리를 위해 하는 세번째 일이 있습니다. 하나님의 말씀은 우리를 교정합니다. 우리가 잘못된 길을 가고 있다고 단지 알게 해 주는 것만으로는 충분하지 않습니다. 우리는 우리의 길을 어떻게 방향잡아야 할지 알아야 합니다.

저는 서울시를 잘 모릅니다. 저는 여기 왔을 때에 운전하지 않았습니다. 항상 다른 사람이 운전하는 차에 탔습니다. 그래서 저는 길을 모릅니다. 저는 서울 지도를 연구한 적도 없습니다. 그래서 여러분 중 한분이 매우 친절하게도 "왜 제 차를 이용하지 않으십니까?"라고 묻는다면, 저는 어디로 가야할 지 모를 것입니다. 그래서 여러분은 제게 그 장소의 이름이 '이태원' 상점가라고 말합니다. 그곳은 모든 미국인들이 서울에 올 때 가는 곳입니다. 그래서 여러분은 저를 보내 제 길을 가게 합니다. 그러나 어떤 곳에서 제가 잘못 길을 들어섰는지 알 수가 없습니다. 그래서 저는 길을 잃었습니다. 그래서 저는 영어할 줄 아는 사람을 찾으려고 애씁니다. 결국 저는 어떤 사람을 만나 이야기합니다. "이태원에 가고 싶습니다." 그들은 저를 보고 웃으면서 "잘못 길을 들어섰군요"라고 말합니다. 그것은 저를 도울 수 없습니다. 그들이 제게 옳은 길이 어느 길인지 가르쳐 줄 때까지는 말입니다. 그들이 저를 교정시켜줄 때까지는 말입니다. 그들이 "이 길로 가는 대신에 저 길로 가야합니다"라고 말할 때까지는 말입니다.

그것은 바로 하나님의 말씀이 우리를 훈련시키는 방식입니다. 하나님의 훈련은 단지 우리가 잘못된 일을 하고 있다고 말하는 것만이 아닙니다. 그것은 우리를 교정합니다. 그것은 옳은 일을 하도록 말합니다.

자녀들의 훈련도 같은 방식입니다. 여러분의 부모님들이 그것을 알았

again. One day on the way to England they came into a strong electrical storm, lightning and thunder storm. The plane was tossed to and fro. Became very dangerous. The lightning struck the airplane several times. And it knocked out all of their navigational equipment. They survived the storm. They came out of the storm. And then there was beautiful sunshine. They had a problem. They knew that they had come from England. They know that they were supposed to drop bombs on a certain target. But they had lost all their navigational equipment. And they didn't know where they were.

If you're going to be navigating, you have to know where you are. The Word of God performs that ministry in our lives. It rebukes us when we're going wrong. But it also guides us to the right place. The Word of God always meets us where we are. And it ministers to us where we are.

Most American Christians do not like to be corrected. We live in a day of relativism. Unfortunately, many Christians have fallen into the same trap. Remember, the Bible tells us about that. The Bible says in the last days many will not want to hear the truth. They will want a message that will tickle their ears.

Now remember, that was true of the evil kings of Israel and Judah. They didn't want to hear the Word of God. They didn't want to hear the prophets. They wanted their own way. They wanted to go their own way and do their own thing. But as we know, the prophets constantly were rebuking and correcting.

In recent months, I've been reading the prophets for my morning devotions. For the last several days, I've been in the book of Ezekiel. Again and again, the Lord gave warning to

습니다. 단순히 자녀들에게 "그걸 하지 말아라"라고 말하는 것은 좋지 않습니다. 우리는 그들에게 그들이 무엇을 해야 하는지를 말해야 합니다. 우리는 단지 바르지 못한 행동에 관해 그들에게 말하기만 하지 않습니다. 우리는 그들에게 바른 행동을 가르칩니다. 하나님의 말씀은 우리를 교정합니다.

저는 제 2차 세계대전에서 폭격기 조종사였던 사람을 만난 적이 있습니다. 그는 전쟁의 마지막 몇일 동안 영국에서 독일로 비행한 미국 폭격기 조종사였습니다. 그는 매일 영국에서 독일로 비행해서 폭탄을 떨어뜨렸습니다. 그리고 다시 영국으로 돌아왔습니다. 어느날 영국으로 돌아가는 길에 그들은 강한 폭풍우를 만났습니다. 번개와 천둥을 동반한 폭풍우였지요. 비행기는 이리저리 흔들렸습니다. 매우 위험하게 되었습니다. 번개가 비행기를 여러번 쳤습니다. 모든 비행장비를 망가뜨렸습니다. 그러나 그들은 그 폭풍우에서 살아났습니다. 폭풍우에서 빠져 나왔습니다. 아름다운 태양빛이 있었습니다. 그런데 그들에게 문제가 있었습니다. 그들은 그들이 영국에서 온 것을 알았습니다. 그들이 일정한 표적에다 폭탄을 떨어뜨리도록 되어있는 것도 알았습니다. 그러나 그들은 모든 비행장비를 잃어버렸습니다. 그들의 현재 위치를 알 수가 없었습니다.

여러분은 비행하고 있을 때 여러분이 어디에 있는 지를 알아야 합니다. 하나님의 말씀은 우리의 삶에서 사역을 수행합니다. 그것은 우리가 잘못되면 우리를 책망합니다. 그것은 또한 우리를 바른 장소로 안내합니다. 항상 하나님의 말씀은 우리가 있는 장소에서 우리를 만납니다. 그것은 우리가 있는 곳에서 우리에게 사역합니다.

대부분의 미국 그리스도인들은 교정받기를 싫어합니다. 우리는 상대주의의 시대에서 살고 있습니다. 불행하게도 많은 그리스도인들은 똑같은 함정에 빠졌습니다. 성경이 그것에 대해 우리에게 말하는 것을 기억하십시오. 성경은 마지막 날에 많은 사람들이 진리를 듣기 원치 않을 것이라고 말하고 있습니다. 그들은 그들의 귀를 즐겁게 하는 메시지만 원

the kings. He gave warning to the Pharaoh in Egypt and to many other leaders. He wanted to correct them. As you know, they didn't respond affirmatively.

Brothers and sisters, this is one of the most difficult ministries of being a pastor. In teaching the Word of God, our temptation is to teach on subjects that make people happy. That make them content. But God wants us to share the Word of God in full truth. Certainly to begin by teaching the truth.

But the Word of God also rebukes. If people leave Sunday after Sunday our churches saying, "Pastor, that was a good sermon," we are failing in our preaching. People need to say, "God spoke to me. God convicted me. God rebuked me." That's a part of the teaching of the Word of God. And then we lovingly and gently need to correct them.

d. Training in Righteousness

There's a fourth use of the Word of God. It is training in righteousness. How do we become righteous? It is not by our good works, we know that. "For by grace we have been saved through faith. It is a gift of God, not of our works lest anyone would boast." Our righteousness is the righteousness of Jesus Christ.

As we were reminded yesterday, we need to take off the old clothes of unrighteousness. We need to put on the new clothes of Christ's righteousness. We need to seek first the kingdom of God and His righteousness. It is the Word of God that will train us in doing that.

The word in the Greek here is a very interesting word. It literally means 'to retool' or 'to reshape'. God created us in His image. But sin has recreated us in the image of the evil

할 것입니다.

그것이 이스라엘과 유다의 악한 왕들에게 있어서 사실이었다는 것을 기억하십시오. 그들은 하나님의 말씀 듣기를 원치 않았습니다. 예언자들을 듣기 원치 않았습니다. 그들은 그들 자신의 길을 원했습니다. 그들 자신의 길을 가기 원했고 그들 자신의 일을 하기 원했습니다. 그러나 우리가 아는 바와 같이, 예언자들은 끊임없이 책망하고 교정하였습니다.

최근에 저는 아침 경건의 시간에 예언서를 읽었습니다. 최근 마지막 몇일 동안에는 에스겔서를 읽었습니다. 다시 그리고 또 다시 주님은 왕들에게 경고했습니다. 주님은 애굽의 바로에게 경고했습니다. 다른 많은 지도자들에게 경고했습니다. 주님은 그들을 교정하고 싶었습니다. 여러분이 아시는 바와 같이, 그들은 긍정적으로 응답하지 않았습니다.

형제자매 여러분, 이것은 목회자의 가장 어려운 사역들 중에 하나입니다. 하나님의 말씀을 가르치는 데 있어서 우리가 받는 유혹은 사람들을 기쁘게 하는 주제들에 관해 가르치는 것입니다. 그것은 그들로 만족하게 합니다. 그러나 하나님은 우리가 완전한 진리로 하나님의 말씀을 가르치기 원하십니다. 확실하게 진리를 가르침으로 시작하기를 원하십니다.

그러나 하나님의 말씀은 또한 책망합니다. 사람들이 주일마다 교회를 떠나면서 말하기를 "목사님, 좋은 설교였습니다"라고 한다면, 우리는 설교에서 실패하고 있는 것입니다. 사람들이 이렇게 말해야 합니다. "하나님께서 제게 말씀하셨습니다. 제게 확신을 주셨습니다. 저를 책망하셨습니다." 그것이 하나님의 말씀을 가르치는 것의 한 부분입니다. 그리고 그때 우리는 사랑스럽고 부드럽게 그들을 교정해야 합니다.

d. 의(義)의 훈련

하나님의 말씀의 네번째 사용방법이 있습니다. 그것은 의로 훈련시키는 것입니다. 우리가 어떻게 의롭게 됩니까? 우리의 선한 행위로 되지 않는다는 것을 우리는 알고 있습니다. 우리는 은혜로 믿음으로 말미암아

one. And the Word of God will help reshape us to the image of God. As we studied yesterday, the Word of God will help us grow to become more and more like Jesus Christ. It will help us come more and more to the fullness of Christ.

I realize you knew this passáge well before we began today. But I would encourage us to not only know this passage, but to practice it regularly. To practice it in our own lives. To practice it in our families. And to practice it in our churches.

Notice what the results are in verse 17. "So that the man of God may be thoroughly equipped for every good work." That's not only the man of God, it's the woman of God. If we allow the Word of God to teach us the truth, to rebuke us, correct us and train us, it will contribute to our spiritual maturity. It will equip us for the good life. It will prepare us to live like Jesus. The Word of God needs to be used in this way.

2. The Word of God in the Pastor's Life

Let's look at our own lives for just a moment. Go on to page 13, if you will, and our next heading. The Word of God in the Pastor's Life.

Let me tell you one of the greatest temptations we face. To proclaim the Word of God to others and not to take time to apply the Word of God to our own lives. Sermon preparation is very important and useful, but it is no substitute for our personal time in the Word of God. We must be involved in the Word of God.

Let's turn again back to Acts 6. Dr. Kwon will read Acts 6 : 2.

구원받았기 때문입니다. 그것은 하나님의 선물입니다. 아무도 우리의 행위를 자랑할 수 없습니다. 우리의 의는 예수 그리스도의 의입니다.

우리가 어제 살펴본 대로, 우리는 불의의 낡은 옷을 벗어버려야 합니다. 그리스도의 의의 새옷을 입어야 합니다. 하나님의 나라와 그의 의를 먼저 구해야 합니다. 그렇게 하도록 우리를 훈련시키는 것이 하나님의 말씀입니다.

여기의 헬라어 단어는 매우 재미있는 단어입니다. 그것은 문자적으로 '재편성하다' 또는 '재형성하다'라는 의미입니다. 하나님은 우리를 그의 형상으로 창조하셨습니다. 그러나 죄가 우리를 악한 자의 형상으로 재창조하였습니다. 그러나 하나님의 말씀은 우리를 하나님의 형상으로 재형성하는 데 도움을 줄 것입니다. 우리가 어제 공부한 대로, 하나님의 말씀은 우리가 예수 그리스도를 더욱 닮아 가는 데 도움을 줄 것입니다. 우리가 그리스도의 충만함에 더욱 이르도록 도움을 줄 것입니다.

오늘 시작하기 전, 저는 여러분이 이 구절을 잘 알고 있음을 압니다. 그러나 저는 우리가 이 구절을 잘 알뿐만 아니라 그것을 규칙적으로 실행하기를 격려합니다. 우리생활에서 그것을 행하기를 격려합니다. 가정에서 그것을 행하기를 격려합니다. 교회에서 그것을 행하기를 격려합니다.

17절에 있는 결과가 무엇인지 보십시오. 하나님의 사람이 완전하게 무장되는 것입니다. 모든 선한 일에 있어서 말입니다. 그것은 단지 하나님의 남자에게 뿐만 아니라 하나님의 여자에게도 동일한 것입니다. 우리가 하나님의 말씀이 우리에게 진리를 가르치도록 허락한다면, 우리를 책망하도록 허락한다면, 우리를 교정하고 훈련하도록 허락한다면, 그것은 우리의 영적 성숙에 공헌할 것입니다. 선한 삶을 위해 우리를 무장시킬 것입니다. 우리가 예수님과 같은 삶을 살도록 준비시킬 것입니다. 하나님의 말씀은 이런 식으로 사용되는 것을 의미합니다.

So the Twelve gathered all the disciples together and said, 'It would not be right for us to neglect the ministry of the Word of God in order to wait on tables.'

It is not right for any of us to neglect the ministry of the Word of God. We are very foolish if we neglect the ministry of the Word of God to our own lives. That was the commitment of the early apostles. As we remember in Acts 6 : 4, they made this statement. "We will give our attention to prayer and to the ministry of the Word." That is the balance of a vital, spiritual life. The balance of prayer and the ministry of the Word.

Again, the personal application of the Word in our own lives. We need to allow the Word of God to teach us the truth. We need to allow the Word of God to rebuke us when we go wrong. We need to allow the Word of God to correct us and take us back on course. And we need to allow the Word of God to train or reshape us. So we may live righteous and godly in life.

Dear friends, our people of our churches need such a pastor. A pastor who not only believes the Word of God. A pastor who not only studies the Word of God. A pastor who not only teaches the Word of God. But a pastor who lives the Word of God who demonstrates the Word of God, in the way they live.

I had the privilege of being born into a Christian family. As I mentioned to you, my father was a Presbyterian pastor. I had wonderful Sunday school teachers. They taught me God's Word and God's truth from the time I can remember. And my mother and father taught me God's Word from the time I was just an infant. But at this stage of my life I don't

2. 목회자의 생활에서의 하나님의 말씀

잠시 우리의 생활을 살펴봅시다. 여러분이 원하신다면, 다음 제목이 있는 13페이지로 가십시오. 목회자의 생활에서의 하나님의 말씀입니다.

우리가 직면하는 가장 큰 유혹들 중에 하나를 여러분에게 말씀드리겠습니다. 하나님의 말씀을 다른 사람들에게는 전하면서도 우리생활에 적용하는 시간을 갖지 않는 것입니다. 설교준비는 매우 중요하고 유용합니다. 그러나 그것은 하나님의 말씀 속에서의 우리의 삶을 대신할 수 없습니다. 우리는 하나님의 말씀에 참여해야 합니다.

그러면 다시 사도행전 6장을 펴봅시다. 권 박사님께서 2절을 읽어주시겠습니다.

열두 사도가 모든 제자를 불러 이르되 우리가 하나님의 말씀을 제쳐 놓고 공궤를 일삼는 것이 마땅치 아니하니

우리 중 아무라도 하나님의 말씀사역을 게을리하는 것은 옳지 못합니다. 우리생활에 대한 하나님의 말씀사역을 게을리 한다면 매우 어리석은 것입니다. 그것은 초대교회 사도들이 헌신한 것이었습니다. 사도행전 6 : 4에서 기억하는 대로, 그들은 이런 말을 했습니다. "우리는 기도와 말씀사역에 전력할 것입니다." 그것은 중요한 영적 생활의 균형입니다. 말씀사역에 있어서의 기도의 균형입니다.

다시 우리생활에 있어서의 하나님 말씀의 개인적 적용을 봅시다. 우리는 하나님의 말씀이 우리에게 진리를 가르치도록 허락해야 합니다. 우리는 우리가 잘못 될 때 하나님의 말씀이 우리를 책망하도록 허락해야 합니다. 우리는 하나님의 말씀이 우리를 교정하고 바른 길로 되돌아 가게 하도록 허락해야 합니다. 그리고 우리는 하나님의 말씀이 우리를 훈련시키고 재형성하도록 허락해야 합니다. 그러면 우리는 의롭게 사시는 하나님 안에서 의롭게 살게 되는 것입니다.

remember a lot that they taught me. It was very important that they taught me the truth. But I tell you what I do remember. I remember their lives. I remember how they lived. They not only taught me cognitive truth. They demonstrated in their lives. That's why it was credible. That's why it was believable.

Brothers and sisters, don't expect anyone to take our teaching seriously, if we do not demonstrate the truths that we teach. Good Bible teaching begins with personal application. And only then does it become ministry to others. The Word of God in the pastor's life is absolutely essential. There's nothing that Jesus despised more than hypocrisy. Let us not be guilty of being hypocrites. Let us not be guilty of teaching one thing and living another. Let us teach and obey the Word of God simultaneously.

3. The Word of God in the Pastor's Family

Secondly, the importance of the Word of God in the pastor's family. It begins in our lives as the father or the mother. The qualifications for an elder that are shared in Scripture speaks very specifically to this issue.

Let's turn to Titus 1. Dr. Kwon will read verses 6~9 of Titus 1.

An elder must be blameless, the husband of but one wife, a man whose children believe and are not open to the charge of being wild and disobedient. Since an overseer is entrusted with God's work, he must be blameless-not overbearing, not quick-tempered, not given to much wine, not violent, not pursuing dishonest gain. Rather he must be hospitable, one who loves what is good, who

친애하는 여러분, 교인들은 그러한 목회자를 필요로 합니다. 하나님의 말씀을 믿을 뿐만 아니라, 하나님의 말씀을 연구할 뿐만아니라, 하나님의 말씀을 가르칠 뿐만 아니라, 하나님의 말씀대로 사는 목회자를 필요로 합니다. 삶의 방식으로 하나님의 말씀을 보여주는 목회자를 필요로 합니다.

저는 그리스도인 가정에서 태어나는 특권을 누렸습니다. 여러분에게 말씀드렸듯이, 저의 아버지는 장로교 목사였습니다. 저에게는 놀라운 주일학교 선생님들이 있었습니다. 그들은 제 기억력이 있는 시기에 저에게 하나님의 말씀과 하나님의 진리를 가르쳤습니다. 저의 부모님은 제가 갓난아기였을 때부터 하나님의 말씀을 가르쳤습니다. 그러나 이 시기에 저는 그들이 제게 가르쳐준 것을 많이 기억하지 못했습니다. 그들이 제게 진리를 가르쳐준 것은 매우 중요했습니다. 그러나 제가 진정으로 기억하는 것을 말씀드리겠습니다. 저는 그들의 삶을 기억합니다. 그들의 삶의 방식을 기억합니다. 그들은 제게 인식적인 진리를 가르쳐 주었을 뿐만 아니라 그들의 삶으로 보여주셨습니다. 그것은 하나님의 말씀이 신용이 있는 이유입니다. 믿을 만한 이유입니다.

형제 자매 여러분, 우리가 가르치는 진리를 보여주지 않는다면 사람들이 우리의 가르침을 심각하게 받아들일 것을 기대하지 마십시오. 좋은 성경교육은 개인적인 적용으로 시작합니다. 그럴 때 그것이 다른 사람들에게 역사합니다. 목회자의 삶에서의 하나님의 말씀은 절대적으로 필요합니다. 예수님이 위선자보다 더 경멸한 것은 없습니다. 위선자가 되는 죄를 범하지 맙시다. 가르치는 것과 사는 것이 별개가 되는 죄를 범하지 맙시다. 하나님의 말씀을 가르치고 동시에 순종합시다.

3. 목회자의 가정에서의 하나님의 말씀

그 다음으로, 목회자의 가정에서의 하나님 말씀의 중요성입니다. 그것은 우리 삶에서 아버지와 어머니로서 시작됩니다. 장로의 자격을 살펴봅

is self-controlled, up right, holy and disciplined. He must hold firmly to the trustworthy message as it has been taught, so that he can encourage others by sound doctrine and refute those who oppose it.

This is a very difficult passage. It's a passage that rebukes us. It makes many of us uncomfortable. But it's an important passage. Our Lord has very high standards for leaders in His church. You remember the book of James. The Lord says that no one should really strive to be a teacher because they will be judged with greater strictness. All of us here today are teachers because God has called us to be teachers. It is a very great privilege and honor. It is also a very awesome responsibility.

An elder must be blameless, a husband of but one wife, a father of children who believe and are not open to charge of being wild and disobedient. Our ministry begins with our children.

In I Timothy 3, we read that if a pastor cannot manage his own children, how can he manage the church? All of us have heard very sad stories of pastors who neglect their wives and children, who go and minister to other people but don't minister to their own families. It's very important that we understand God's Word at this point. It'd be sad to preach to others and lose our children.

I have a number of friends who have failed in that area. Whose children do not walk with God. It is very, very sad. We have no goals for our children except one. That they would do the will of God. I know that you feel the same. I also know the pressures of the ministry. There are so many people who have so many expectations for us. They don't

시다. 그것은 성경에 나와 있습니다. 그것은 이 이슈를 매우 특별하게 말합니다.

디도서 1장을 펴봅시다. 권 박사님이 6~9절을 읽어 주시겠습니다.

책망할 것이 없고 한 아내의 남편이며 방탕하다 하는 비방이나 불순종하는 일이 없는 믿는 자녀를 둔 자라야 할찌라 감독은 하나님의 청지기로서 책망할 것이 없고 제 고집대로 하지 아니하며 급히 분내지 아니하며 술을 즐기지 아니하며 구타하지 아니하며 더러운 이를 탐하지 아니하며 오직 나그네를 대접하며 선을 좋아하며 근신하며 의로우며 거룩하며 절제하며 미쁜 말씀의 가르침을 그대로 지켜야 하리니 이는 능히 바른 교훈으로 권면하고 거스려 말하는 자들을 책망하게 하려 함이라

이것은 매우 어려운 구절입니다. 이것은 우리를 책망하는 구절입니다. 우리들을 불편하게 만드는 구절입니다. 그러나 이것은 매우 중요한 구절입니다. 우리 주님은 교회의 지도자들에게 매우 높은 수준을 요구하십니다. 여러분은 야고보서를 기억할 것입니다. 주님은 아무도 선생이 되려고 노력하지 말라고 말씀하십니다. 왜냐하면 그들은 더욱 엄격한 기준으로 판단받을 것이기 때문입니다. 오늘 여기 있는 우리들 모두는 선생입니다. 왜냐하면 하나님이 우리를 선생으로 부르셨기 때문입니다. 이것은 매우 큰 특권이요 명예입니다. 이것은 또한 매우 무서운 책임이기도 합니다.

장로는 흠이 없어야 합니다. 한 아내의 남편이어야 합니다. 비방이나 불순종하는 일이 없는 믿는 자녀의 아버지이어야 합니다. 우리의 사역은 우리 자녀들로부터 시작합니다.

디모데전서 3장에서는 목회자가 자기 자녀들을 관리하지 못한다면 어떻게 교회를 관리할 수 있냐고 말합니다. 우리 모두는 아내와 자녀들을

want us to neglect our families. But they make so many demands on us. And so I found just one basic way to handle this. That is, we need to block off or reserve time for our families.

I have a datebook that I carry with me. My schedule is very full for about the next two years. If you ask me what I will be doing a year and a half from now, I can tell you if the Lord gives me Light. But whenever I buy a new datebook, the Lord has helped me to do two things.

The first is to reserve time for God. It is very important that we have a block of time that belongs to God and God alone.

I believe just as we give God our tithe, that is the first of any resources that we receive, as the children of Israel gave first fruits. That was the first and the best of their crop. As the children of Israel gave in sacrifice the best lamb or the best animal to Jehovah God. We need to give God the best part of our day. Whatever that best time is.

Second thing we need to do is reserve time for our wives and our children. Or our husbands and our children.

For years when our children were growing up, we had a time every day that belonged to us. It was the evening meal time. Our children grew up, not knowing that our family was different from anyone else. Many Americans never eat meals together. They just go this way and that way and every way. The father works, the mother works, and the children are all going their own ways. And we would never have time together if you didn't schedule specific time. In addition to that, we would schedule at least one family night every week. One night that I wouldn't go to church. In fact, we had no meetings at the church one night a week. We turned off all

소홀히 하는 목회자의 매우 슬픈 이야기를 듣곤 합니다. 다른 사람에게는 가서 사역하지만 자기 가족에게는 사역하지 않는 목회자 말입니다. 우리가 이 시점에서 하나님의 말씀을 이해하는 것은 매우 중요합니다. 다른 사람들에게는 설교하지만 자기의 자녀들을 잃어버리는 것은 슬픈 일입니다.

저에게는 이 영역에서 실패한 많은 친구들이 있습니다. 그들의 자녀들은 하나님과 동행하지 않습니다. 그것은 매우 매우 슬픕니다. 우리는 우리의 자녀들이 하나님의 뜻대로 행하는 것 외에 자녀들을 위한 다른 목적을 가지지 않습니다. 저는 여러분이 똑같이 느낀다고 생각합니다. 저는 또한 사역의 압력들을 압니다. 우리를 향하여 매우 많은 기대를 가진 사람이 너무 많습니다. 그들은 우리가 우리의 가족을 소홀히 하기를 원하지 않습니다. 그러나 그들은 우리에게 너무 많은 요구를 합니다. 그래서 저는 이것을 다루는 기본적인 방법을 발견했습니다. 말하자면, 우리는 우리 가족을 위한 시간을 보호하여 예약해 놓아야 합니다.

저는 가지고 다니는 데이트북이 있습니다. 저의 스케줄은 앞으로 약 2년 동안 꽉 차 있습니다. 여러분이 제게 앞으로 1년 반 동안 할 일이 무엇이냐고 묻는다면, 저는 지금 당장 말할 수 있습니다. 제가 새 데이트북을 살 때마다 주님은 제가 두가지를 하도록 도우십니다.

첫째는 하나님을 위한 시간을 예약하는 것입니다. 우리가 하나님에게만 속한 일정한 시간을 가지는 것은 매우 중요합니다.

저는 이것이 우리가 하나님께 십일조를 드리는 것과 같다고 믿습니다. 그것은 우리가 얻는 소산의 첫번째 것입니다. 첫번째 열매를 드린 사람은 이스라엘 백성들이었습니다. 그것은 그들의 가장 좋은 수확 중에서 첫번째 것이었습니다. 이스라엘 백성들이 제사할 때 가장 좋은 양과 동물을 여호와 하나님께 드린 것과 같이. 우리는 하루의 가장 좋은 부분을 하나님께 드려야 합니다. 가장 좋은 시간이 무엇이든지 간에 말입니다.

둘째는 우리가 아내와 아이들을 위해 또는 남편과 아이들을 위해 시간

the lights. We locked all the doors. We said to the people, "Go home and be with your family. Spend time ministering to your family."

Pastor, you are responsible for that in your family. And you are responsible to teach the people in your church the same principle. We must not neglect our children. We must not neglect our wives and our husbands. We must reserve time for them, for ministry to them.

The Bible also gives us guidelines for Christian family as we all know. There are a number of passages to which we could turn. Let's turn briefly to Colossians 3. Let's read together verses 18~21.

Wives, submit to your husbands, as is fitting in the Lord. Husbands, love your wives and do not be harsh with them. Children, obey your parents in everything, for this pleases the Lord. Fathers, do not embitter your children, or they will become discouraged.

As we know, a family is a very unusual unit of people. Every one of us have important ministries. In this particular passage, it talks about wives submitting to their husbands in the Lord. Husbands, we are instructed to love our wives and not to be harsh with them.

I recently was with a Christian leader in the United States. He is very famous, very well known in the Christian church. He broke down and he wept as we were talking. He was involved in a very important ministry. He was under tremendous pressure. The enemy was attacking him in many ways. He said, "I came home last night so discouraged, and I lashed out at my wife. I was harsh with my wife. And I am so

을 예약해야 한다는 것입니다. 수년 동안 자녀들이 크고 있었을 때, 우리는 매일 우리에게 속한 시간을 가졌습니다. 그것은 저녁 식사 시간입니다. 자녀들은 자라났고 우리 가족이 다른 가족과 다르다는 것을 알지 못했습니다. 많은 미국인들이 저녁식사를 함께 먹지 않습니다. 그들은 단지 이쪽 저쪽 여러방면으로 다닙니다. 아버지는 일하고 어머니도 일하고 애들은 모두 그들 자신의 방식대로 삽니다. 그들이 특별한 시간을 내지 않는다면 결코 함께 할 시간을 갖지 못할 것입니다. 그래서 우리는 매주 적어도 하루 저녁은 가족의 밤으로 계획했습니다. 제가 교회에 가지 않는 날 밤이었습니다. 사실 우리는 일주일에 하루 밤은 교회에서 모임을 갖지 않았습니다. 우리는 모든 불을 껐습니다. 모든 문을 잠궜습니다. 그리고 교인들에게 다음과 같이 말했습니다. "집에 가셔서 가족들과 함께 하십시오. 가정사역하는 데 시간을 쓰십시오."

목회자 여러분, 여러분은 여러분 가정에서 이것에 대해 책임이 있습니다. 여러분은 교인들에게 이와 같이 가르칠 책임이 있습니다. 우리는 우리의 자녀들을 소홀히 해서는 않됩니다. 우리의 아내와 남편을 소홀히 해서는 않됩니다. 우리는 그들을 위해 시간을 예약해야 합니다. 그들에게 사역하기 위한 시간 말입니다.

우리 모두가 아는 것처럼, 성경은 또한 우리에게 그리스도인의 가정을 위한 지침을 제공해 줍니다. 우리가 살펴볼 많은 구절들이 있습니다. 간단히 골로새서 3장을 펴봅시다. 함께 18~21절을 읽읍시다.

아내들아 남편에게 복종하라 이는 주 안에서 마땅하니라 남편들아 아내를 사랑하며 괴롭게 하지 말라 자녀들아 모든 일에 부모에게 순종하라 이는 주 안에서 기쁘게 하는 것이니라 아비들아 너희 자녀를 격노케 말찌니 낙심할까 함이라

우리가 아는 바와 같이, 가족은 인간의 매우 특별한 공동체입니다. 우

sorry."

Why is it we often are harsh with our wives or husbands? Why is it we are harsh with our children? God has convicted me of that recently. I love my wife Jeannie very much. I am so sorry whenever I am harsh with her. The enemy somehow knows when we go home from our ministries we are especially vulnerable.

The Word of God would tell us not to be harsh with one another. But to have the spirit of Jesus. The spirit of love, gentleness and tenderness. All of those are guides for the Christian husband and the Christian wifes.

In verse 20, as we know, children are instructed to obey their parents in everything. This is one of the basic problems of discipleship in the church. Many children have never learned to obey their parents. Therefore, they are not obeying the Lord.

I had a young man tell me that several years ago in the United States. He had been a very ungodly young man. And then he came to personal faith in Christ. After he'd been a Christian for several months, he came to me for counseling. He said, "I am having a terrible time being a disciple of Jesus." And he said, "I think I finally understand why." He said, "I never learned to obey anyone in all my life. I've never obeyed my parents. Never obeyed the law. Never obeyed my teachers at school. Now I am having a terrible time obeying Jesus as the Lord of my life."

One of the greatest gifts we can give our children is to teach them to obey their parents. It will be a blessing for the rest of their lives.

This passage tells us another thing it will do. It pleases the Lord. Fathers, there's a special word of an instruction for us

리 모두는 매우 중요한 사역을 합니다. 이 특별한 구절에서 아내가 주 안에서 남편에게 복종하는 것에 관해 말합니다. 남편들이여, 우리들은 아내를 사랑하도록 교훈받습니다. 그들을 괴롭게 하지 말도록 교훈받습니다.

저는 최근에 미국에서 한 그리스도인 지도자와 함께 있었습니다. 그는 기독 교회에서 매우 유명하며 잘 알려진 사람입니다. 그는 우리가 말할 때 깨어졌고 울었습니다. 그는 매우 중요한 사역에 관여하고 있었습니다. 그는 엄청난 압력을 받고 있었습니다. 대적(對敵)은 그를 여러 방법으로 공격했습니다. 그는 말했습니다. “저는 어제 저녁 매우 낙심되어 집에 돌아 왔습니다. 전 제 아내에게 욕설을 퍼부었습니다. 저는 제 아내를 괴롭혔습니다. 그래서 저는 매우 가슴이 아픕니다.”

왜 우리는 종종 아내와 남편을 괴롭게 합니까? 자녀들을 괴롭게 합니까? 하나님은 최근에 그것을 나에게 알게 해주셨습니다. 저는 제 아내 지니를 매우 사랑합니다. 제가 그녀를 괴롭힐 때마다 매우 유감스럽습니다. 대적은 우리가 사역에서 집으로 돌아갈 때 특히 상처받기 쉽다는 것을 어느정도 압니다.

하나님의 말씀은 우리가 서로를 괴롭히지 말 것을 말합니다. 예수님의 영을 가지라고 말합니다. 사랑과 상냥함과 부드러움의 영 말입니다. 이 모든 것들은 그리스도인 남편과 아내를 위한 지침입니다.

우리가 아는 바와 같이, 20절에서 자녀들은 모든 일에 부모에게 순종하도록 교훈받습니다. 이것은 교회의 제자도의 가장 기본적인 문제들 중 하나입니다. 많은 자녀들이 부모님께 복종하는 것을 배운 적이 없습니다. 그래서 결국 주님께도 복종하지 않습니다.

몇년 전 미국에서 그것을 제게 말한 젊은이가 있었습니다. 그는 매우 불경건한 젊은이로 살아왔습니다. 그러나 그는 개인적으로 그리스도를 믿게 되었습니다. 그는 그리스도인이 된 지 몇달 후에 상담을 받으러 제게 왔습니다. 그는 말했습니다. “저는 예수님의 제자가 되는 데 고달픈

in verse 21. That is, that we would not embitter our children. That we would not discourage them. Some parents only criticize their children.

I have people who have come to me for counseling over and over the again over years. Who are discouraged in their lives. Almost always there's one basic reason, there's one underlying cause. As children, they could never please their parents. Now as adults they're still trying to please their parents. And they become discouraged.

God has not given parents the ministry of discouraging our children. God has not given pastors the ministry of discouraging the members of the flock. Instead, he has given us the ministry of edification. The ministry of building up. The ministry of encouragement.

In the United States people are very critical. Often pastors become very discouraged by the critical spirit of the people. Some Christians have even told me they have the gift of criticism. They do have the gift of criticism. But it is not a gift of the Holy Spirit. It is a gift of Satan himself. Satan wants us to discourage others. The Lord wants us to encourage. The Lord wants us to build up others in the Lord. Fathers, let us build up our children in the Lord. Let us not be guilty of discouraging them.

There is another passage that speaks to us very clearly about our responsibilities as Christian parents. Again you know it very well. It is Ephesians 5. Let us review just a few of the biblical truths in this passage. And then we'll make some application.

Let us begin with Ephesians 5 : 22~23.

Wives, submit to your husbands as to the Lord. For the

시간을 보내고 있습니다.” 그리고 말하기를 “저는 결국 그 이유를 알게 되었습니다”라고 했습니다. 그는 말했습니다. “전 제 모든 삶에서 누구에게 복종하기를 배운 적이 없습니다. 저는 부모님께 복종한 적이 없습니다. 법에 복종한 적도 없습니다. 학교 선생님께 복종한 적도 없습니다. 이제 저는 제 삶의 주인되신 예수님께 복종하는 데 고달픈 시간을 보내고 있습니다.”

우리가 자녀들에게 줄 수 있는 가장 훌륭한 선물들 중 하나는 부모를 순종하도록 가르치는 일입니다. 그것은 그들의 남은 생에서 복이 될 것입니다.

이 구절은 우리가 해야 할 또다른 일을 말합니다. 그것은 하나님을 기쁘게 하는 것입니다. 아버지들이여, 여기 21절에는 우리를 위한 특별한 교훈의 단어가 있습니다. 그것은 우리가 자녀를 ‘격노케’ 하지 않는 것입니다. 그들을 낙담시키지 않는 것입니다. 어떤 부모들은 자녀들을 비판하기만 합니다.

저에게는 수년 간 계속 상담을 받으러 오는 사람들이 있습니다. 그들의 삶에서 낙심한 사람들입니다. 거의 항상 하나의 기본적인 이유가 있습니다. 하나의 근본적인 이유가 있습니다. 그것은 부모를 결코 기쁘게 할 수 없는 자녀들이라는 것입니다. 지금은 성인으로서 그들은 여전히 부모를 기쁘게 하려고 노력하고 있습니다. 그러나 그들은 낙심되어 있습니다.

하나님은 부모들에게 자녀를 낙망케 하는 사역을 담당시키지 않으셨습니다. 하나님은 목회자들에게 양떼들을 낙망케 하는 사역을 담당시키지 않으셨습니다. 대신에, 하나님은 교훈하는 사역을 맡기셨습니다. 세우는 사역을 맡기셨습니다. 격려하는 사역을 맡기셨습니다.

미국 사람들은 매우 비판적입니다. 종종 목회자들은 사람들의 비판적인 정신에 의해 매우 낙담됩니다. 어떤 그리스도인들은 자신이 비판의 은사를 가졌다고 심지어 말합니다. 그들은 정말 비판의 은사를 가졌습니

husband is the head of the wife as Christ is the head of the church, his body, of which he is the Savior.

Bible scholars discuss this passage. They ask a question that you may have asked about the passage : What is the purpose of this teaching?" Is the primary theme or the primary purpose to help husbands and wives? Or is the primary purpose to teach us how the church functions with Christ being the husband and the church being the bride?

I think most of us would agree the purpose is to do both. This is a very wonderful blend of how the church should function. And it uses the analogy of a Christian marriage. or to look at it another way, this is a wonderful passage that teaches Christians, husbands and wives, how to live. And it uses the analogy of the church to teach us how. Both analogies will help both the church and husbands and wives.

Wives, submit to your husband just as you submit yourself to the Lord. For the husband is the head of the wife as Christ is the head of the Church, which is His body of which He is the savior. Now as the Church submits to Christ, so should wives submit to their husbands in everything. Friends, that is not a popular passage in our society today. It is not popular for the church. Many churches forget who is the Lord of the Church.

Friends, there's only one ultimate leader of the church. His name is Jesus Christ. He died to become the Savior of the church. He is the Lord of the church. He is the Savior of all who believe in Him. It's very important that the church submit to Jesus as Lord.

There are many divisions in the church in Korea. The Korean church has a wonderful reputation of being godly peop-

다. 그러나 그것은 성령의 은사가 아닙니다. 그것은 바로 사탄의 은사입니다. 사탄은 우리가 다른 사람들을 낙망시키기를 원합니다. 주님은 우리가 용기를 얻기를 원합니다. 주님은 우리가 주 안에서 다른 사람들을 세우기를 원합니다. 아버지들이여, 주 안에서 우리의 자녀들을 세워줍시다. 그들을 낙망시키는 죄를 범하지 맙시다.

그리스도인 부모로서의 책임에 관하여 매우 명백하게 말하는 다른 구절이 있습니다. 여러분은 그것을 매우 잘 알고 있습니다. 그것은 에베소서 5장입니다. 이 구절에 나오는 몇가지 성경적 진리들을 살펴봅시다. 그리고 난 후 몇 가지 적용을 할 것입니다. 22, 23절로부터 시작합시다.

아내들이여 자기 남편에게 복종하기를 주께 하듯 하라 이는 남편이
아내의 머리 됨이 그리스도께서 교회의 머리 됨과 같음이니 그가
친히 몸의 구주시니라

성경학자들은 이 구절을 가지고 논의했습니다. 그들은 이렇게 질문했습니다. "당신은 이 구절에 관해 질문했을 지도 모릅니다. 이 가르침의 목적은 무엇입니까? 남편들과 아내들을 돕는 주요한 주제나 목적은 무엇입니까? 또한 교회가 어떻게 기능적으로 작용하는가 하는 것을 우리에게 가르치는 주요한 목적은 무엇입니까? 그리스도는 남편이 되고 교회는 신부가 되는 교회의 기능적 작용 말입니다."

저는 우리들 대부분이 그 목적이 두가지로 작용한다는 데 동의할 것으로 생각합니다. 이것은 교회의 기능적 작용의 매우 놀라운 표현입니다. 그것은 그리스도인의 결혼의 비유를 사용합니다. 우리가 다른 방식으로 본다 하더라도, 이것은 그리스도인 남편과 아내에게 어떻게 살아야 하는지 가르쳐 주는 구절입니다. 그리고 그것은 우리에게 교회가 어떻게 기능적으로 작용하는지 가르쳐 주는 교회의 비유를 사용합니다. 두 비유는 교회 그리고 남편과 아내들을 도울 것입니다.

le, of being men and women with prayer, of being men and women with great vision. And churches that are blessed very much. But I'm sad to say there's also another part of the reputation of the Korean church. It is the church is often divided. We smile at that. But it also breaks our heart.

The same thing is true in the United States. I am the president of a denomination of churches. We have hundreds of churches throughout the United States. And many hundreds more in twenty-four countries of the world. We do not have any churches in Korea. But we would be happy to do so. But don't divide another church to start a Free Church. We would not do that.

But there are many divisions in the churches in the United States. They fall into many different categories. They often use the excuse of some spiritual reason. But usually, the reason isn't spiritual. Usually it's a matter of personality. Usually it's a matter of people. Usually it's a matter of power. There are people who want to control the church. Now I don't know what the situation is in Korea. I'm your guest, so let me not talk about the Korean church. Let me talk about the church in the United States which I know very well. And I would guess that many of the principles of the church in the United States also are operational here.

One of the major reasons for divisions in the Unites States are pastors who act as dictators rather than pastors. Pastors who want to control the church. Pastors who want to control the lives of people. That is very, very sad. The Lord has called us to be shepherds. The Lord calls us under-shepherds. There is only one chief shepherd and that is Jesus Christ. It is the pastor's responsibility to not have people follow us but to follow Christ.

아내 여러분, 여러분이 주님께 복종하듯이 남편에게 복종하십시오. 왜냐하면 남편이 아내의 머리됨이 그리스도가 교회의 머리됨과 같기 때문입니다. 교회는 그의 몸이요 그는 그 몸의 구주이십니다. 교회는 그리스도에게 복종합니다. 그와 같이 아내는 남편에게 복종해야 합니다. 모든 것에 있어서 말입니다.

여러분, 그것은 오늘날 우리 사회에서 인기있는 구절이 아닙니다. 그것은 교회에서도 인기가 없습니다. 많은 교회가 교회의 주인이 누구인지 잊고 있습니다. 여러분, 교회의 궁극적인 유일한 지도자가 있습니다. 그의 이름은 예수 그리스도입니다. 그는 교회의 구주가 되시려고 죽으셨습니다. 그는 교회의 주이십니다. 그는 그를 믿는 모든 사람의 구주이십니다. 교회가 주님이신 예수님께 복종하는 것은 매우 중요합니다.

한국의 교회에는 많은 분열이 있습니다. 한국교회는 놀라운 명성을 가지고 있습니다. 경건한 백성이라는 명성입니다. 기도하는 사람들이라는 명성입니다. 놀라운 비전을 가진 사람들이라는 명성입니다. 그리고 교회들은 매우 복받았습니다. 그러나 한국교회에는 명성의 또다른 부분이 항상 있었다는 것을 말할 때 슬픔을 느낍니다. 그것은 자주 나뉘는 교회였다는 것입니다. 우리는 그것에 미소를 띄웁니다. 그러나 그것은 또한 우리의 마음을 아프게 합니다.

이와 같은 상황이 미국에서도 사실입니다. 저는 한 교단의 총회장입니다. 우리에게는 미국 전역에 수백개의 교회가 있습니다. 세계 24개국에 수백개 이상의 교회가 있습니다. 그러나 한국에는 우리 교단의 교회가 없습니다. 한국에도 우리 교단의 교회가 있었으면 좋겠습니다. 그렇지만 자유교회를 시작하기 위해 또다른 교회를 나누지 마십시오. 우리는 그것을 하고 싶지 않습니다.

그러나 미국 교회에도 많은 분열이 있습니다. 교회들은 서로 다른 여러가지 범주에 속합니다. 교회들은 몇가지 영적인 이유를 가지고 변명합니다. 그러나 보통 그 이유는 영적인 것이 아닙니다. 보통 그것은 인격의

As we shared yesterday from the apostle Paul, his leadership model was "Follow me as I follow Christ." Later in this course, we will talk about pastoral leadership. We will talk about servant leadership. We will allow the Word of God to not only rebuke us, but to correct us and tell how we should be leading the flock.

There's a second major reason for division of the church in the United States. That is people who want to be in power. Often it's people who have a lot of money. Or who have a lot of authority in the community. Or people who help start the church. Or people who are elders of the church. And the sin is exactly the same. Whether it comes in a pastor's life or whether it comes in the life of a lay person. It is the desire to control the situation. It is the sin of trying to control other people's lives. Friends, our ministry is to encourage people to live under the control of the Holy Spirit. To live under the Lordship of Jesus Christ.

There is a third major reason for division in the church in the United States. It is disagreement over certain doctrines or certain beliefs. That is also very sad. It is usually not over major doctrines. It is over secondary things. Over matters the Bible doesn't even speak about.

Now friends, let me make very clear we must be faithful to the Word of God. Whenever the Bible declares 'thus sayeth the Lord,' we must obey that command. All Christians from every denomination, every church must live under the Lordship of Christ and the authority of Scripture.

But those are not the issues that divide most American churches. They are secondary issues. And they become very emotional issues. Like how much water we should use when we baptize people. Should we use a little water? Should we

문제입니다. 사람들의 문제입니다. 권력의 문제입니다. 거기에는 교회를 지배하기 원하는 사람들이 있습니다. 이런 상황이 한국에서도 있는지 저는 모릅니다. 저는 여러분의 손님이므로 한국교회에 관해 말하지는 않겠습니다. 제가 잘 아는 미국교회에 관해 말하겠습니다. 저는 미국교회의 많은 원칙들이 여기에서도 또한 작용한다고 생각합니다.

미국교회 분열의 가장 주요한 원인들 중에 하나는 이것입니다. 즉, 사역하는 목회자들이 목회자라기 보다는 독재자들이라는 것입니다. 교회를 지배하기 원하는 목회자들입니다. 사람들의 삶을 지배하기 원하는 목회자들입니다. 그것은 매우 매우 슬픈 일입니다. 주님은 우리를 목자가 되게 하려고 부르셨습니다. 주님은 우리를 작은 목자로 부르셨습니다. 예수 그리스도는 유일한 목자장이십니다. 사람들로 하여금 우리를 따르도록 하는 것이 아니라 그리스도를 따르도록 하는 것이 목회자의 책임입니다.

우리가 어제 바울 사도로부터 배웠던 대로, 그의 지도력 모델은 "내가 그리스도를 따른 것 같이 나를 따르라"입니다. 본 강좌의 뒷 부분에서 우리는 목회자의 지도력에 관해 살펴볼 것입니다. 우리는 섬기는 지도자에 관해 살펴볼 것입니다. 우리는 하나님의 말씀이 우리를 책망할 뿐만 아니라 우리를 교정하고 우리가 양들을 어떻게 인도해야 하는지 말하도록 허락할 것입니다.

미국교회 분열의 두번째 주요한 원인이 있습니다. 그것은 권력을 탐하는 사람들입니다. 종종 많은 돈을 갖고 있는 사람들입니다. 또는 그 사회에서 권위가 대단한 사람들입니다. 교회를 창설하도록 도왔던 사람들입니다. 교회의 장로들입니다. 그 죄는 목회자의 삶이건 평신도의 삶이건 아주 똑같습니다. 그것은 상황을 지배하려는 욕망입니다. 그것은 다른 사람들의 삶을 통제하려는 죄입니다. 여러분, 우리의 사역은 사람들이 성령의 지배 하에 살도록 격려하는 것입니다. 예수 그리스도의 주되심 밑에서 살도록 격려하는 것입니다.

use a lot of water? Do we put people face down into the baptismal tank? Or do we put them the other way? And denominations are started over these kinds of issues. It breaks the unity of the church.

But you see, it is not merely a matter of someone's interpretation of Scripture. It becomes a matter of people wanting their own way. It is the old problem of sin. I'm right and you're wrong. And we will solve the problem if you agree with me. If you don't agree with me, I will go start another church. There are people who are always separating themselves from brothers and sisters in Christ. The Holy Spirit is given to unite the church as we're going to talk about tomorrow.

The enemy divides the church under the guise of doctrine. That is very sad. We need to live under the headship of Jesus Christ. We need to submit to Christ. When we have division in the church, there's only one way to resolve it. On our knees before God. The Lord will give us the answer. The Lord will give us the guidance. Our Lord will bring our hearts together. The Lord will reveal truth.

Sometimes Christians need to love each other even when they don't fully agree with everything. I have one of the most wonderful wives in all the world. I love her very much. But there are some things we don't agree about. Does that mean she's wrong? If she likes one color better than I like the color, if she likes certain kind of food better than I like certain kinds of food? No, on the essentials of the faith we never compromise. On the secondary issues of the faith we have charity, we have love and respect for one another.

Now we see through a glass darkly. Someday we will see Christ face to face. And we will understand all truth.

분열의 세번째 주요한 원인이 있습니다. 그것은 미국교회에 있어서 어떤 교리나 신앙에 관한 불일치입니다. 그것 또한 매우 슬픕니다. 그것은 보통 주요한 교리에 관한 것이 아닙니다. 이차적인 것들에 관한 것이고, 심지어 성경이 말하고 있지 않는 문제에 관한 것입니다.

여러분, 우리가 하나님의 말씀에 매우 충실해야 한다는 것을 확실히 하려고 합니다. 성경이 '여호와께서 말씀하시되'라고 선언한다면, 우리는 그 명령에 복종해야 합니다. 모든 교단과 모든 교회의 모든 그리스도인들은 그리스도의 주되심과 성경의 권위 하에 살아야 합니다.

그러나 이것들은 대부분의 미국교회를 나누는 이슈가 아닙니다. 그것들은 이차적인 이슈입니다. 그리고 그것들은 매우 감정적인 이슈가 됩니다. 우리가 사람들에게 세례를 줄 때 얼마나 많은 물을 사용해야 하느냐와 같은 문제입니다. 즉, 이런 것들입니다 : 물을 조금 사용해야 하나? 많이 사용해야 하나? 세례탕 속에 사람들의 얼굴을 조금만 넣도록 해야 하나? 또는 다른 방식으로 해야 하나? 교단들은 이런 종류의 이슈를 가지고 시작했습니다. 그것은 교회의 일치를 깨뜨립니다.

그러나 여러분은 그것이 단순히 사람들의 성경해석의 문제만은 아니라는 것을 알고 있습니다. 그것은 자신의 방식만을 원하는 사람들의 문제입니다. 그것은 오래된 죄의 문제입니다. 나는 옳고 너는 그르다는 식입니다. 네가 나에게 동의한다면 우리는 그 문제를 해결할 것이고, 나에게 동의하지 않는다면 나는 다른 교회를 시작할 것이라는 식입니다. 자기자신을 그리스도 안에 있는 형제자매들과 항상 분리시키는 사람들이 있습니다. 성령은 교회를 연합하기 위하여 오신 것입니다. 우리는 내일 그것에 관해 살펴볼 것입니다.

대적은 교리지침을 따르는 교회를 분열시킵니다. 그것은 매우 슬픕니다. 우리는 예수 그리스도의 지도 하에 살아야 합니다. 우리는 그리스도에게 복종해야 합니다. 교회에 분열이 생길 때 해결하는 유일한 방법이 있습니다. 하나님 앞에 무릎을 꿇으십시오. 주님이 우리에게 답을 주실

Now let us look at Ephesians 6 : 1∼2.

Children, obey your parents in the Lord, for this is right.
"Honor your father and mother"-which is the first com-
mandment with a promise.

This is a very important passage. It parallels the passage of
Colossians 3. It reaffirms the importance of children obeying
their parents. But it also speaks about honoring parents.

And that this commandment has a promise. Not all comman-
dments have a promise. But this commandment has a wonder-
ful promise. If children obey their parents in the Lord, and if
they honor their fathers and mothers, it will go well with them
and they will enjoy long life on the earth. That is a promise of
the Lord. It is very important for our children to understand
this.

I believe the same thing is true in the church. If we would
use this analogy of the church, at spiritual children need to lear-
n to obey the spiritual leadership of the pastor. And that they
need to honor their spiritual parents. The principle is exactly
the same. And the pastor needs to honor the members of the
flock.

Once again there's an instruction in verse 4 of Ephesians 6
for fathers. Again that is very important that fathers do not
exasperate their children. And that we have the joyous re-
sponsibility of bringing them up in the training and the instruc-
tion of the Lord. There is no greater privilege of being Chris-
tian parent than that. Again that we bring them up in the train-
ing of the Word of God. In the instruction of the Word of
God.

In the United States we've become a very mobile society.

것입니다. 주님이 우리에게 지침을 주실 것입니다. 주님이 우리의 마음을 모아 주실 것입니다. 주님이 진리를 보여주실 것입니다.

때때로 그리스도인들은 모든 것에서 완전히 동의하지 않을 때도 서로를 사랑해야 합니다. 저에게는 세상에서 가장 놀라운 아내들 중 하나가 있습니다. 저는 그녀를 매우 사랑합니다. 그러나 우리는 서로 동의하지 않는 것이 있습니다. 그것은 그녀가 잘못 되었다는 것을 의미합니까? 그녀가 제가 좋아하는 색깔 보다 다른 색깔을 더 좋아한다 할지라도, 그녀가 제가 좋아하는 음식 보다 다른 종류의 음식을 더 좋아한다 할지라도, 우리는 신앙의 본질에 관해서는 결코 타협하지 않습니다. 신앙의 이차적인 문제에 관해서는 우리는 관용하는 마음을 가집니다. 서로에 대해 사랑과 존경을 가집니다.

지금은 우리가 거울을 통하여 어둡게 봅니다. 장래에 우리는 얼굴과 얼굴을 맞대어 그리스도를 볼 것입니다. 그리고 우리는 모든 진리를 이해하게 될 것입니다.

그러면 에베소서 6 : 1~2을 봅시다.

자녀들아 너희 부모를 주 안에서 순종하라 이것이 옳으니라 네 아버지와 어머니를 공경하라 이것이 약속 있는 첫계명이니

이것은 매우 중요한 구절입니다. 골로새서 3장과 병행되는 구절입니다. 그것은 자녀들이 부모에게 복종하는 것의 중요성을 재확인시킵니다. 그것은 또한 공경에 관해 말합니다.

게다가 이 명령은 약속을 가지고 있습니다. 모든 명령이 약속을 가지고 있는 것은 아닙니다. 그러나 이 명령은 놀라운 약속을 가지고 있습니다. 자녀들이 주 안에서 부모에게 순종하면, 그리고 아버지와 어머니를 공경하면, 잘 될 것이며 땅에서 장수할 것입니다. 이것이 주님의 약속입니다. 우리 자녀들이 이것을 이해하는 것은 매우 중요합니다.

Unlike many parts of the world, families often are separated by many miles. Often when children go away to college or university, they will never again live near their parents. That was my own experience and the experience of my wife. After we graduated from college, we never lived within a thousand miles of our parents again. We would usually see them only once or twice a year. Their influence was not a constant influence upon us. While we lived in their home, they had a constant influence on us. But when we were called of God to go to other places and minister in other places, we no longer had that strong influence.

It was very important that we were trained and instructed in the Lord. The same thing has happened to Korean society. I know that many of you have children living in other parts of the world. And there's a great missionary movement that God is raising up in Korea. And soon there will be thousands of Korean missionaries all over the world. And it's so important that they have been instructed and trained by the Word of God. It's a very important part of the ministry of the Word of God in the pastor's family and in the church to which God has called us.

Now, we come to our final thought before we take our break for lunch. Some of you are looking forward to lunch. So we will bring this to a close now in just a few minutes. Before we do, let's turn to one more passage, James 1. And let us read verses 22~25.

Do not merely listen to the word, and so deceive yourselves. Do what it says. Anyone who listens to the word but does not do what it says is like a man who looks at his face in a mirror and, after looking at himself, goes

저는 이와 똑같은 것이 교회에서도 사실이라고 믿습니다. 여러분이 교회의 비유를 사용한다면, 영적 자녀들은 영적 지도력과 목회자들에게 복종해야 합니다. 그리고 그들의 영적 부모를 공경해야 합니다. 이 원칙은 아주 똑같습니다. 또한 목회자는 양떼들을 존중해야 합니다.

다시 한번 더 말하지만, 에베소서 6 : 4에는 아버지들을 위한 교훈이 있습니다. 아버지들이 자녀들을 격노케 하지 않는 것은 매우 중요합니다. 그리고 우리가 주님의 교양과 훈계로 자녀들을 양육하는 즐거운 책임을 가지고 있다는 것은 매우 중요합니다. 그리스도인 부모가 되는 것보다 더 위대한 특권은 없습니다. 다시 말씀드리지만, 우리가 그들을 하나님의 말씀의 교양과 훈계로 양육하는 것은 매우 중요합니다.

우리 미국은 매우 유동적(流動的)인 사회가 되었습니다. 세계 여러 곳과는 달리, 종종 가족들은 서로 멀리 떨어져 삽니다. 자녀들이 대학에 갈 때에는 그들의 부모님 가까이 살지 못하게 되는 경우가 자주 있습니다. 그것이 저와 아내의 경험이었습니다. 우리는 대학을 졸업한 후 부모님과 천 마일 이내의 거리 내에서 다시 살아본 적이 없습니다. 우리는 보통 일년에 한번 혹은 두번 밖에는 부모님을 뵙지 못했습니다. 그들은 우리에게 일정한 영향을 미치지 못했습니다. 우리가 부모님 집에 살 때에는 부모님이 항상 영향력을 끼치셨지만 말입니다. 우리가 하나님의 소명을 받고 다른 장소로 가서 사역했을 때, 우리는 더 이상 그 강력한 영향력을 받을 수가 없었습니다.

우리가 주 안에서 훈련받고 교훈받는 것은 매우 중요합니다. 똑같은 일이 한국사회에서도 일어났습니다. 저는 여러분 중 많은 분들에게는 세계 여러 곳에 사는 자녀들이 있다는 것을 알고 있습니다. 그리고 하나님이 한국에서 일으키시고 있는 놀라운 선교운동이 있습니다. 곧 전세계에 수천명의 한국 선교사들이 있게 될 것입니다. 그들이 하나님의 말씀으로 교훈받고 훈련받았다는 것은 매우 중요합니다. 그것은 목회자의 가정과 하나님이 우리를 부르신 교회에서 하나님의 말씀사역의 매우 중요한 부

away and immediately forgets what he looks like. But the man who looks intently into the perfect law that gives freedom, and continues to do this, not forgetting what he has heard, but doing it — he will be blessed in what he does.

Let us not be deceived. The enemy is the one who deceives. He began by deceiving Adam and Eve in the garden of Eden. And he wants to deceive us. And one of his most cunning devices is to deceive us in the way this verse describes. There are many Christians who know the Word of God in their head. They have heard the Word of God over and over and over again. But they don't apply it to their lives. And they don't live it. And they have been deceived by Satan himself. Let us never think because we have a theological education that we have mastered the Bible. The Bible becomes mastered only as it is applied to our lives. Only when it's translated from our cognitive mind to our lives, our practical lives. Do not merely listen to the Word. Do not merely study the Word. Do not merely preach or teach the Word. Live the Word of God. Do what it says. Obey it.

A number years ago, a great pastor from Argentina came to the United States. God was blessing his ministry very much. There was a great outpouring of the Holy Spirit upon his church. And he was invited to the United States to come and preach about discipling. He lectured for several weeks in the United States. He went from city to city and visited a number of churches of various denominations. After about a month, he was preparing to return to Argentina.

And someone asked him a very important question. "What do you think of American Christians?" Now, he was a guest in

분입니다.

자, 우리는 점심을 위한 휴식 전에 마지막으로 생각하려는 것에 도달했습니다. 여러분 중 어떤 분은 점심식사를 매우 기다릴 지도 모릅니다. 그래서 우리는 몇분 후에 이것을 끝낼 것입니다. 한 구절 더 찾아보시겠습니다. 야고보서 1장입니다. 22~25절을 읽읍시다.

너희는 도를 행하는 자가 되고 듣기만 하여 자신을 속이는 자가 되지 말라 누구든지 도를 듣고 행하지 아니하면 그는 거울로 자기의 생긴 얼굴을 보는 사람과 같으니 제 자신을 보고 가서 그 모양이 어떠한 것을 곧 잊어버리거니와 자유하게 하는 온전한 율법을 들여다 보고 있는 자는 듣고 잊어버리는 자가 아니요 실행하는 자니 이 사람이 그 행하는 일에 복을 받으리라

속지 맙시다. 대적은 속이는 자입니다. 그는 에덴 동산에서 아담과 하와를 속이는 것으로부터 시작했습니다. 그리고 그는 우리를 속이기 원합니다. 그의 가장 교활한 책략 중 하나가 이 구절이 서술하는 방식으로 우리를 속이는 것입니다. 하나님의 말씀을 머리로 아는 그리스도인들이 많습니다. 그들은 하나님의 말씀을 계속 반복해서 들었습니다. 그러나 그들의 삶에 적용하지 않습니다. 그것대로 살지 않습니다. 그들은 사탄에게 속아왔던 것입니다. 우리가 성경을 마스터할 수 있게 하는 신학교육을 받았기 때문이라고 결코 생각하지 맙시다. 성경은 우리 삶에 적용될 때만 마스터될 수 있습니다. 성경은 우리의 인식하는 지성에서 우리의 삶, 우리의 실제적인 삶으로 전이(轉移)될 때만 마스터될 수 있습니다. 단지 말씀을 듣지만 마십시오. 단지 말씀을 연구하지만 마십시오. 설교하거나 가르치기만 하지 마십시오. 하나님의 말씀대로 사십시오. 성경이 말하는 것을 행하십시오. 성경에 복종하십시오.

수년 전 아르헨티나 출신의 훌륭한 목사님이 미국에 오셨습니다. 하나

the United States and he wanted to be very careful not to offend anyone. So he tried to avoid answering the question. But they pressed him, they wanted an answer. So finally he gave him his answer very honestly. The answer may surprise you. He said, "I think American Christians are too fat." Well, the person was very shocked who asked the question. He said, "No, I'm not talking about physical fatness although some have that problem." With the wonderful food we're having here, I may have that problem."

But he said, "I'm talking about a different kind of weight problem. It's the problem American Christians have with the Word of God. They hear the Word of God so constantly. It is preached on Sunday morning. It is taught in Sunday school. It is preached on Wednesday evening. It is preached in the small group Bible studies in home. They have all kinds of Christian books. They have Christian radio and television. They have Christian cassettes. And their heads are fat. They're fat-heads. They're so busy listening to the Word of God they never have an opportunity to apply it."

Pastors, that's what we must help our people do. To not only hear the Word of God but to apply it to our lives. That's how I'd like to close this session this morning.

In our last few minutes, I would like you to apply the Word of God to your life. We have just a short time, about six minutes, before our session is over. And I would like you to just quietly spend some time with God. And I would like you to complete an answer to this question. "What has God said to me this morning about the Word of God in my life and in my ministry and in my family?" Or put the question in another way, "How will I apply the Word of God? In a new way or in a renewed way to my life, to my family and to my ministry."

님은 그의 사역에 매우 많은 복을 내려 주셨습니다. 그의 교회에는 성령의 놀라운 부어주심이 있었습니다. 그는 미국에 와서 제자도에 관해 설교를 하기 위해 초대받았습니다. 그는 미국에서 몇주간 강의했습니다. 그는 여러 교단의 많은 교회들을 방문하면서 이 도시에서 저 도시로 다녔습니다. 약 한달 후, 그는 아르헨티나로 돌아갈 준비를 하고 있었습니다.

그런데 누군가가 그에게 매우 중요한 질문을 했습니다. "미국 그리스도인들에 대해 어떻게 생각하십니까?" 그때 그는 미국에 온 손님이었으므로 아무도 기분상하게 하지 않으려고 매우 주의를 기울이고 싶었습니다. 그래서 그는 문제에 대한 대답을 피하려 했습니다. 그러나 그들은 대답을 원한다며 대답을 재촉했습니다. 결국 그는 매우 정직하게 대답했습니다. 그 대답은 여러분들을 놀라게 할 지도 모릅니다. 그는 말했습니다. "저는 미국 그리스도인들이 비만하다고 생각합니다." 질문을 한 사람은 "오!" 하면서 매우 충격을 받았습니다. 그는 말했습니다. "아닙니다. 어떤 사람은 그 문제를 가지고 있긴 하지만, 저는 육체적 비만에 대해 말하는 것이 아닙니다. 제가 여기서 먹었던 훌륭한 음식에 문제가 있을 지도 모릅니다. 그러나."

그는 말했습니다. "저는 다른 종류의 비만문제를 얘기하고 있는 것입니다. 미국 그리스도인들이 하나님의 말씀에 대해서 가지는 문제입니다. 그들은 하나님의 말씀을 매우 꾸준히 듣습니다. 하나님의 말씀은 주일 아침에 선포됩니다. 주일학교에서 가르칩니다. 수요일 저녁에 선포됩니다. 가정에서의 소그룹 성경공부에서도 선포됩니다. 그들에게는 모든 종류의 기독교 서적이 있습니다. 기독교 라디오 방송과 텔레비전 방송이 있습니다. 기독교 카세트도 있습니다. 그래서 그들의 머리는 살쪘습니다. 그들의 살찐 머리 말입니다. 그들은 하나님의 말씀을 듣는 데 너무 바빴기 때문에 그것을 적용할 기회를 전혀 갖지 못했습니다."

마지막 몇분간 저는 여러분이 하나님의 말씀을 여러분의 삶에 적용하

Would you just spend the next few moments responding to those questions?

기를 원합니다. 우리에게는 현재 강의하는 장이 끝나기 전 약 6분의 짧은 시간만이 있습니다. 저는 여러분이 몇분간 하나님과의 시간을 조용히 갖기를 원합니다. 그리고 여러분이 이 질문에 대한 대답을 완성하기를 원합니다. "내 삶과 내 사역과 내 가족에 있어서의 하나님의 말씀에 관하여 하나님은 오늘 아침 내게 무엇을 말씀하셨는가? 다른 식으로 질문하면, 어떻게 나는 하나님의 말씀을 내 삶과 내 가족과 내 사역에 새로운 방법으로 또는 갱신된 방법으로 적용할 것인가?" 여러분은 이 질문들에 응답하면서 다음 몇 분 간을 보내시지 않겠습니까?

【Tape 7】

Session Four

Effective Prayer

Introduction

Now we hope this afternoon we will have a wonderful time of spiritual refreshment. I want to thank you once again for your wonderful hospitality. Both my wife and I are so grateful for your kindness.

The Christian family is a wonderful family. We come from many nations of the world. We speak many different languages. Some of us have different color skin. But we have the same heart. Wherever we go in the world, there are Christian brothers and sisters. It is wonderful to fellowship with them, and to be involved in communication.

I've had the privilege of being in many prayer meetings in various parts of the world. We prayed in different languages, and I couldn't understand what the words being said meant. But there was a great unity of the Spirit, a great sense of God's presence, and great unity of communion in prayer. But I've never been to any nation of the world in which I have been ministered on the subject of prayer more deeply than Korea.

As I said, I was here in 1984 for an international congress on prayer. It was sponsored by the Lausanne Committee for

【 테이프 #7 】

제 4 강
효과적인 기도

서　론

　이제 오후에는 우리가 영적으로 재충전 받는 놀라운 시간을 갖게 되기를 희망합니다. 저는 여러분의 놀라운 호의에 다시 한번 감사드립니다. 저와 아내는 여러분의 친절에 매우 감사하고 있습니다.

　그리스도인의 가정은 놀라운 가정입니다. 우리는 세계 여러 나라의 배경을 가지고 있고, 여러 나라의 언어를 쓰며, 우리 중 몇몇의 피부색깔은 다릅니다. 그러나 우리는 같은 마음을 가지고 있습니다. 우리가 세계 어디로 가든지 거기에는 그리스도인 형제들과 자매들이 있습니다. 그들과 교제하는 것과 대화를 나누는 것은 놀랍습니다.

　저는 세계 여러 곳에서 많은 기도회에 참석하는 특권을 누렸습니다. 우리는 서로 다른 언어로 기도했기 때문에, 저는 그 말들이 무엇을 의미하는지 이해할 수 없었습니다. 그렇지만 거기에는 성령의 놀라운 연합이 있었고, 하나님의 임재에 대한 놀라운 의식이 있었고, 기도 속에서 교제의 놀라운 일치가 있었습니다. 저는 한국에서 보다도 더 깊이 있게 기도사역에 헌신된 나라에 가본 적이 없습니다.

　제가 말씀드린 것과 같이, 저는 1984년 여기에서 국제기도대회에 참석했습니다. 이 대회는 세계복음화를 위한 로잔위원회가 후원하였습니다. 세계 여러곳에서 수백명의 대표가 참석했습니다. 이 대회에서 가장

World Evangelization. There were hundreds of delegates from many parts of the world. The marvelous thing about that conference is we did not only speak about prayer, we spent hours praying.

I had the privilege of teaching several seminars on prayer, but that is not where I learned about prayer. I learned so much from the Korean Christians that week about prayer. Hundreds of Korean Christians met us everyday for our prayer times. It was a marvelous, marvelous experience.

As many of you may remember, during that time there was also a national prayer meeting here in Korea. There were over one hundred thousand brothers and sisters who were gathering in one of the parks here in Korea. Each evening we gathered with them in the park. One evening I had the privilege of sitting on the platform, leading in one of the prayer sessions. It's a memory that will always be with me. Over a hundred thousand voices being raised in praise and worship to God, praying specifically for the ministry of world evangelization.

So I come to you this afternoon to speak to you on the subject of prayer. In one sense it is very difficult for me to do that because there are so many of you in this room who could teach me so much about prayer. And so, please know I would come today with a humble spirit and would share with you God's Word on the subject of prayer, some of what God has been teaching me about prayer from His Word by the ministry of the Holy Spirit.

Before we begin our session I would like to share one other thing with you. As you know, I've been introduced as the President of the Evangelical Free Church of America. I understand in Korean that that's a very difficult translation.

놀라운 것은 우리가 기도에 관하여 말하기만 하지 않았다는 것입니다. 우리는 수시간 동안 기도했습니다.

저는 기도에 관한 여러 세미나를 인도하였습니다. 그렇지만 거기서 기도에 관해 배운 것은 아닙니다. 저는 그 주간에 한국 그리스도인들로부터 기도에 관해 매우 많이 배웠습니다. 수백만의 한국 그리스도인들이 우리의 기도시간 동안 매일 우리를 만났습니다. 그것은 놀라운 경험이었습니다.

여러분 중 많은 분들이 기억하는 바와 같이, 그 기간 동안 여기 한국에서는 또한 국제적인 기도 모임이 있었습니다. 거기에 십만명이 넘는 형제들과 자매들이 여기 한국의 한 공원에서 모였습니다. 매일 저녁 우리는 그들과 그 공원에서 모였습니다. 어느날 저녁 저는 플랫포옴에 앉아서 기도 모임 중 하나를 인도하는 특권을 누리게 되었습니다. 저는 이 기억을 잊지 못할 것입니다. 십만명 이상의 목소리가 하나님을 경배하고 찬양하면서 세계복음화를 위해 기도하던 그 기억을 말입니다.

그래서 저는 '기도'라는 주제에 관하여 말하기 위해 오늘 오후 여러분에게 왔습니다. 어떤 의미에서 제가 기도를 다루는 것은 매우 어렵습니다. 이 강의실 안에는 매우 많은 기도에 관한 의견들이 있기 때문에, 여러분들이 나에게 기도에 관해 많은 것을 가르쳐 줄 수 있습니다. 그래서, 제가 오늘 겸손한 마음으로 오고, 기도라는 주제에 관한 하나님의 말씀 ─하나님이 그의 말씀으로부터 성령의 사역을 통하여 기도에 관하여 저에게 가르쳐준 것 중 일부분─을 나누기 위해 왔음을 알아 주시기 바랍니다.

제4강을 시작하기 전에, 저는 여러분과 또다른 한가지 나눌 것이 있습니다. 여러분들이 아시는 바와 같이, 저는 미국의 복음주의 '자유'교회의 총회장으로 소개 받았습니다. 한국말로 이 '자유'라는 말은 번역하기 어려운 단어입니다. 한국에서 '자유'를 의미하는 단어는 또한 '자유주의'를 의미합니다. 그러나 저는 제가 복음주의적 '자유주의' 교회 출신이 아니

That in Korea, the word which means 'free' also means 'liberal'. I want you to know I do not come from the Evangelical 'Liberal' Church.

The word 'free' is a rather strange name for a denomination. Many of you may like to know where that name originated. It came from the European countries where in most of the European countries, as you know, there is a State Church. Over the years of history, revival has taken place quite frequently. There have been people who have left the State Churches to form new churches. These were Evangelical Churches. They were also called 'free' churches because they were free from the State Church. So that has meaning in Europe. We have to explain it in the United States. When people hear about a free church in the United States, they think it is a church that doesn't take an offering. And then when we come to Korea, people think that it is liberal.

I assure you that it is not liberal. We are in the historic main stream of the evangelical movement. We thank God for the unity and the oneness we have in Jesus Christ.

We realize many of you are pastors of local churches, and you have services this evening. Some of you have to drive a number of miles. So it's my birthday but we're going to give you a birthday gift. We're going to dismiss early, so that you will have an opportunity to drive. We hope that will help you this afternoon.

Let's bow our heads and hearts together.

Our Father God,
We thank You for the grace that is ours in Jesus Christ.
How grateful we are for the gift of salvation through Jesus Christ!

라는 사실을 여러분이 알기를 바랍니다.

'자유'라는 단어는 교단을 가리키기에는 다소 이상한 이름입니다. 여러분들중 많은 분들은 이 이름이 어디서부터 유래되었는지를 알고 싶을지도 모릅니다. 그것은 유럽 국가들로부터 유래되었습니다. 여러분이 아는 대부분의 유럽국가들에는 '국가'교회가 있습니다. 수십년의 역사를 지나는 가운데 부흥운동이 매우 자주 일어났습니다. 거기서 국가교회를 떠나 새로운 교회를 세우는 사람들이 있었습니다. 이 교회가 복음주의 교회입니다. 또한 이 교회는 '자유'교회라고도 불리우는데, 이는 국가교회로부터 자유로왔기 때문입니다. 그래서 이 단어는 유럽에서 그 의미가 통합니다. 미국에서는 이 단어를 설명해야 합니다. 미국에서 사람들이 자유교회라는 말을 들을 때는 헌금을 하지 않는 교회로 생각합니다. 그리고 한국에서는 이 단어를 자유주의로 생각합니다.

저는 이 단어가 자유주의가 아니라는 사실을 여러분에게 확신시킵니다. 우리는 복음주의 운동의 주요한 역사적 흐름 안에 있습니다. 우리는 예수 그리스도 안에서 우리가 하나된다는 사실에 대해 하나님께 감사드립니다.

우리는 여러분들 중 많은 분들이 지역교회의 목회자이심을 알고 있습니다. 여러분들은 오늘 저녁 써비스를 받게 될 것입니다. 여러분들 중 몇몇 분들은 멀리 운전하셔야 합니다. 그래서 오늘은 저의 생일이 되고, 따라서 우리는 일찍 끝날 것입니다. 결국 여러분들은 운전할 기회를 갖게 될 것입니다. 우리는 이것이 오늘 오후 여러분들을 돕기를 희망합니다. 다같이 머리 숙이고 마음을 다하여 기도드립시다.

우리의 아버지 하나님,
예수 그리스도 안에서 우리에게 주신 은혜에 대해 감사드립니다.
예수 그리스도를 통하여 주신 구원의 선물이
어찌나 감사한지 모르겠습니다!

We thank You that You've not left us alone,
But that Jesus Christ has come to dwell in our lives,
In the person and the power of the Holy Spirit.
We thank You for the gift of prayer,
We thank You for the privilege of communicating with
You,
Of communing with You in prayer.
O Lord,
We thank You for the powerful prayer movement in the
Korean Church.
We pray that it will not become a matter of pride,
We pray that it will not merely be a habit,
But may it be powerful in the Holy Spirit!
So Lord,
Speak to us this afternoon about our own prayer lives,
And about the prayer ministry of our local churches,
And we will then give You thanks and praise.
As we pray in the name of Jesus Christ our Lord,
Amen.

If you'll turn to page 15 in your notebook, we want to talk this afternoon, as I have said, on the important subject of 'prayer'. The early Christians devoted themselves to prayer. The apostles devoted themselves to the ministry of the word and to prayer. Prayer needs to be a high priority in our Christian lives.

In the church in the United States, we have suffered a great deal in this area. Prayer has been very much neglected in the American Church in recent years. And we are paying a great price for it. We find that most evangelical Christians

당신께서 우리를 홀로 남겨두시지 않고,

예수 그리스도께서 우리의 삶에 인격으로

또한 성령의 능력으로 거하심에 대해 감사드립니다.

기도의 선물에 대해,

당신과 대화하는 특권에 대해,

기도 속에서 당신과 교제하는 특권에 대해 감사드립니다.

오 주님,

한국교회의 능력있는 기도운동에 대해 감사드립니다.

그것이 교만거리가 되지 않기를 기도하며,

단순히 습관이 되지 않기를 기도하며,

성령 안에서 능력있게 하옵소서!

그래서 주님,

우리의 기도생활에 대해 그리고 우리들 교회의 기도 사역에 대해,

오늘 오후 우리에게 말씀하셔서,

당신께 감사와 찬양을 드리게 하옵소서.

우리 주 예수 그리스도의 이름으로 기도합니다.

아멘.

여러분이 강의안 14쪽을 펴시고, 오늘 오후엔 제가 말한대로 '기도'에 관해 이야기하길 원합니다. 초대교회 그리스도인들은 기도에 전력했습니다. 사도들은 세상을 기도로 변화시키는 사역에 전력을 기울였습니다. 기도는 우리의 기독교적인 삶에서 우선사항이 되어야 합니다.

미국의 교회는 이 영역에서 매우 고생하고 있습니다. 기도는 미국교회에서 아주 무시되어 왔습니다. 최근에 우리는 이것 때문에 엄청난 댓가를 지불하고 있습니다. 우리는 대부분의 복음주의 그리스도인들이 기도를 믿는다는 것을 압니다. 그러나 대부분의 기도는 매우 이기적입니다. 그것은 단지 하나님께 그들의 기도에 응답하라고 요구하는 기도입니다.

believe in prayer. But that most of the prayers are very selfish prayers. They would be prayers just asking God for His favor on them. Most evangelical churches do not even have prayer meetings any more. When there are prayer meetings, they are usually very small meetings. If a church has five hundred members, they may have five or ten people at their prayer meeting.

But there is a new moving of the Spirit of God. There is a prayer movement that God is raising up at the grassroots. God is at work in a wonderful way, beginning with many pastors and their wives. And then a movement that is called the 'Concert of Prayer Movement,' where Christians gather together from different churches in a community and pray together.

God willing, next Monday night, I'll be speaking in southern California to several thousand people at a Concert of Prayer Movement. We will have the privilege of spending that evening in prayer together. That is a new movement that has just come in to focus in the last few years. There is an increasing amount of prayer in small groups, Neighborhood Prayer Meetings, people meeting in neighborhoods. But there are still relatively few churches that have prayer meetings at the church.

When I was in Korea in 1984, I was deeply moved by your prayer meetings. In my more recent visits I've always enjoyed visiting your early morning prayer meetings. And so the church that I most recently pastored in southern California, we started early morning prayer meetings. Americans tend to find the excuses of why they don't come. So the Lord gave me an answer to their complaints. Every time someone said, "Pastor, I can't come at that time," I learned to

대부분의 복음주의 교회들은 더이상 기도모임을 갖지 않습니다. 기도모임이 있다 하더라도 보통은 아주 작은 모임에 불과합니다. 어느 교회에 500명의 교인이 있다면, 기도모임에는 단지 5 내지 10명의 사람만이 참석합니다.

그러나 하나님의 영의 새로운 운동이 있습니다. 그것은 기도운동입니다. 다시 말해서, 하나님은 풀을 그 뿌리채 뽑고 있습니다. 하나님은 놀라운 방법으로 일하시고 계십니다. 이 운동은 많은 목사님들과 사모님들로부터 시작하였습니다. 이 운동은 '협력기도운동'이라 불리웁니다. 모든 그리스도인들이 여러 교회에서 모여 한 공동체를 이루어 함께 기도하는 것입니다.

하나님께서는 제가 다음주 월요일 저녁에 남 캘리포니아에서 협력기도운동에 관해 수천명의 사람들에게 강의하도록 하셨습니다. 우리는 함께 기도하며 그 날 저녁을 보내는 특권을 누리게 될 것입니다. 그것은 지난 몇 년 동안에 집중되어 온 새로운 운동입니다. 소그룹의 기도모임이 증가하고 있습니다. '이웃기도모임'은 사람들이 이웃을 만나는 것입니다. 그러나 기도모임을 갖는 교회는 상대적으로 여전히 적습니다.

저는 1984년 한국에 있었을 때 여러분의 기도모임에 깊이 감명받았습니다. 최근의 한국방문에 저는 여러분의 새벽기도회 모임에 참석하는 것을 항상 즐겼습니다. 그래서 저는 최근 남 캘리포니아에서 목회하던 교회에서 새벽기도회 모임을 시작했습니다. 미국사람들은 그들이 참석하지 않는 이유를 찾는 데 급급했습니다. 그래서 주님께서 그들의 불평에 대한 답을 주셨습니다. 어떤 사람들이 "목사님, 전 그 시간에 갈 수 없습니다"라고 말할 때마다, 나는 다음과 같이 질문하는 법을 배웠습니다. "그러면 언제 오실 수 있습니까? 우리는 그 때 기도회를 시작하겠습니다. 우리는 오늘 저마다 다른 시간에 기도회를 가집니다." 곧 수백명의 사람들이 기도회에 참석하게 되었습니다.

그러나 그때 하나님께서는 저를 또다른 사역으로 부르셨습니다. 하나

ask the question, "Well, when could you come? And then we'd start a prayer meeting at that time. Well, we had prayer meetings all different times of the day. Pretty soon hundreds of people were coming to the prayer meetings."

But then God called me on to another ministry. When God called me from that church, the prayer meetings began to decrease. I discovered many people came to the prayer meetings not for their own spiritual benefit but just to please me. Now God is doing a new thing in that church. He's called a wonderful new pastor. And the prayer meetings once again are beginning to grow.

That's happening in many churches in the United States. Please remember to pray for the Church in the United States. Please pray that God will teach us once again how to pray, how to humble ourselves before Him. We pray for a great out pouring of this Spirit.

A. Prayer as Communication with God

What is prayer? There are many ways we could define prayer. Notice the first statement that I make in your outline this afternoon. Many people believe that prayer is communication with God. That is true.

1. Talking with God

Unfortunately many Christians believe that prayer is only talking with God. In English we would use even another preposition. That is, talking at God, looking at God like a Santa Claus who lives up in heaven. Prayer is just telling that God what we want.

님께서 나를 그 교회에서 불러내셨을 때, 그 기도모임은 쇠퇴하기 시작했습니다. 저는 많은 사람들이 그들의 영적 유익을 위해 기도회에 참석한 것이 아니라 단지 저를 기쁘게 하기 위해 참석했다는 것을 발견했습니다. 우리의 하나님께서는 그 교회에서 새로운 일을 하시고 계셨습니다. 하나님께서는 훌륭하신 새 목사님을 부르셨습니다. 다시 한 번 기도모임이 성장하기 시작했습니다.

이러한 일이 미국의 많은 교회에서 일어나고 있습니다. 미국의 교회들을 위해 기도해 주십시오. 하나님께서 기도하는 법을 다시 한 번 우리에게 가르쳐 주시도록 기도해 주십시오. 그리고 우리가 그 분 앞에서 겸손하게 되도록 기도해 주십시오. 우리는 성령의 놀라운 부어주심을 위해 기도합니다.

A. 기도는 하나님과의 대화

기도는 무엇입니까? 기도를 정의하는 많은 방법들이 있습니다. 오늘 오후의 강의 개요에서 제가 한 첫번째 진술을 주목하십시요. 많은 사람들은 기도는 하나님과 대화하는 것이라고 믿습니다. 그것은 진실입니다.

1. 하나님과 대화하는 것

불행하게도 많은 그리스도인들은 기도는 단지 하나님과 이야기하는 것으로 믿습니다. 우리는 영어의 또다른 '전치사'를 사용하겠습니다. 이것은 하나님'께' 이야기하는 것입니다. 하늘에 사는 산타 크로스와 같이 하나님을 바라보는 것입니다. 기도는 단지 우리가 원하는 것을 그러한 하나님께 말하는 것이 되어버렸습니다.

서구세계에서 우리는 우리가 원하는 '것'을 하나님께 말하는 것만은 아닙니다. 우리는 그분께 우리가 원하는 '때'도 말합니다. 대부분의 미국 그리스도인들은 기도의 응답을 '바로 지금' 원합니다. 즉 즉각적인 만족

In the Western world we not only tell God what we want, we tell Him when we want it. Most American Christians want things right now : instant gratification.

In communication theory there is a word that describes this. It is called a 'Conveyer Belt Theory,' like in a factory where you put something on this belt in order for it to go somewhere else. Many people visualize prayer that way. We are the communicator. God is the listener. We just put our request on this belt, and it moves over to Him.

Or we could use another analogy, the analogy of a telephone. That all we need is a part of a telephone that has a mouth piece. All God needs is a part of a telephone that He listens. That prayer is a human being talking to God. And that we never listen to what He's saying to us.

2. Listening to God

Prayer certainly begins with us talking to God. Maybe it would be better said that prayer includes talking to God. But also includes listening to God. Listening to God is also a key element of prayer. That's why the second definition here is probably better than the first.

B. Prayer as Communion with God

Prayer is communication with God. Literally, prayer is communion with God. We commune with God, and He communes with us.

The first part of this century, a wonderful book was written on the subject of prayer. It was written by a Norwegian Lutheran bishop from Norway. The title of the book is very

을 원합니다.

이것을 설명하는 단어가 커뮤니케이션 이론에 있습니다. 이것을 '컨베이어 벨트 이론'이라 부릅니다. 이것은 여러분이 공장에서 어떤 물건을 다른 곳으로 보내기 위하여 그 물건을 이 벨트에다 올려놓는 것과 같습니다. 많은 사람들이 기도를 이런 방식으로 구체화합니다. 우리는 말하는 사람이고, 하나님께서는 듣는 분이십니다. 우리는 단지 우리의 요구를 이 벨트 위에다 올려 놓습니다. 이 요구는 하나님께로 갑니다.

우리는 또 다른 유비를 사용할 수 있는데, 그것은 '전화의 유비'입니다. 우리가 필요한 것은 전화 송신기이고, 하나님께서 필요하신 것은 전화 수신기입니다. 기도는 인간이 하나님께 말하는 것이고, 우리는 하나님께서 말씀하시는 것을 결코 듣지 않습니다.

2. 하나님께 듣는 것

기도는 확실히 우리가 하나님께 이야기하는 것으로 시작합니다. 아마 우리는 기도가 하나님께 이야기하는 것을 포함한다고 말하는 것이 더 나을 것 같습니다. 그러나 기도는 또한 하나님께 듣는 것을 포함합니다. 하나님께 듣는 것은 또한 기도의 핵심 요소입니다. 이것이 두번째 기도의 정의가 첫번째 보다 더 나은 이유입니다.

B. 기도는 하나님과의 교제

기도는 하나님과의 대화입니다. 문자적으로 말해서, 기도는 하나님과의 교제입니다. 우리는 하나님과 교제하고, 하나님께서는 우리와 교제하십니다.

20세기 전반에 기도에 관한 놀라운 책이 씌어졌습니다. 이 책은 노르웨이의 한 루터교 주교에 의해 씌어졌습니다. 이 책의 제목은 매우 간단합니다. 즉 [기도]입니다. 그 저자의 이름은 주교 할레스비입니다. 할레

simple. It is entitled "Prayer". The man's name was Bishop Hallesby. Dr. Hallesby introduced the whole concept of prayer as communion with God. Of course, he is not the first one to write on this subject. The Bible shares this concept of prayer. But he has identified it and has made it very simple and has made it very practical for us.

1. Revelation 3 : 20

He believes there is a very key verse of Scripture in the Bible that describes prayer. Of course there are many such verses, but this is one of the important verses. I would like you to turn with me in the Bible to that verse. It is a very familiar verse. You may be very surprised when I tell you what it is. You probably never thought of it before as a verse that speaks about prayer.

It is the verse found in Revelation 3 : 20. It is the message of Jesus to the church of Laodicea. You remember He shared that message with the church that thought it had everything it needed. It thought it was wealthy and that it had all the resources it needed. And as you remember, Jesus came and said that isn't true : "You say, 'I am rich and I have acquired wealth and don't need a thing. But you don't realize you are wretched, pitiful and poor, blind and naked." And then Jesus spoke to this church. "Behold, I stand at the door and knock. If anyone hears my voice and opens the door, I will come in and eat with him, and he with Me."

This, Dr. Hallesby says, is a wonderful model of prayer. Jesus Christ knocks on the door of our hearts. Now this is a verse we often use for non-Christians to share the gospel. It is a beautiful picture of Christ standing outside the life of

스비 박사는 기도의 전체적인 개념이 하나님과의 교제라는 것을 소개하
는 데에 우리를 초대했습니다. 물론 할레스비 박사는 기도라는 주제에
관하여 책을 쓴 첫번째 사람은 아닙니다. 성경은 그의 기도개념을 가지
고 있습니다. 그러나 그는 그 개념을 정의했고, 그것을 매우 단순하게 만
들었으며, 우리를 위해 그것을 매우 실제적으로 만들었습니다.

1. 요한계시록 3 : 20

그는 기도를 묘사하는 성경의 핵심 구절이 있다고 믿습니다. 물론 많
은 기도에 관한 구절들이 있지만, 이것은 중요한 구절들 중 하나입니다.
저는 여러분이 이 구절을 펴보시기 바랍니다. 그것은 매우 익숙한 구절
입니다. 제가 그것이 무엇인가 말하면 여러분들은 아마 놀랄지도 모르겠
습니다. 아마도 여러분들은 그 구절이 기도에 관해 말하고 있다는 것을
전에는 결코 생각하지 못했을 것입니다.

그것은 요한계시록 3 : 20입니다. 그것은 예수님께서 라오디게아 교회
에게 하신 말씀입니다. 여러분은 필요한 모든 것을 다 가지고 있다고 생
각하는 교회에게 예수님이 하신 메시지를 기억할 것입니다. 그 교회는
부유하다고 생각했고, 필요로 하는 모든 것을 다 가졌다고 생각했습니
다. 그러나 여러분은 예수님께서 요셔서 그것이 사실이 아니라고 말씀하
셨던 것을 기억할 것입니다 : "네가 말하기를 나는 부자라 부요하여 부
족한 것이 없다 하나 네 곤고한 것과 가련한 것과 가난한 것과 눈 먼것과
벌거벗은 것을 알지 못하도다." 또 예수님께서는 말씀하셨습니다 : "볼
찌어다 내가 문 밖에 서서 두드리노니 누구든지 내 음성을 듣고 문을 열
면 내가 그에게로 들어가 그로 더불어 먹고 그는 나로 더불어 먹으리
라."

할레스비 박사가 말한 것은 기도의 놀라운 모델입니다. 예수 그리스도
는 우리의 마음문을 두드리십니다. 이것은 우리가 복음을 전하기 위해
비그리스도인들에게 종종 쓰는 구절입니다. 이것은 어떤 사람의 삶 밖에

someone, waiting for them to invite Him in, to receive Him as Savior and to commit themselves to follow Him as Lord. But we would be reminded this verse was not addressed to non-Christians. This verse is addressed to the church. This is an invitation for Christians.

So often in the Christian life we leave Jesus standing outside the door of our lives. We fall into the trap of taking control of our own destiny, of making our own decisions. One of the questions I often ask young people in the United States: "Who decided where you're going to college? Did you decide? If you did, you left Jesus standing outside the door of your Life. Or did you allow Jesus to decide for you? Who decided who you were going to marry? Did you decide or did you let Jesus decide? Who decided where you're going to live? Did you decide or did Jesus decide? Who decided where you're going to work?"

You see, if we have decided it, we have left Jesus outside the door of our lives. That was the problem with the church at Laodicea. They thought they had everything they needed. And without realizing it, they had left Christ outside. That's what prayer is all about. Prayer is inviting Jesus into our lives. This is Dr. Hallesby's definition of prayer. It is not the only definition of prayer that's useful. But it is a very good definition.

2. O. H. Hallesby : To Pray is to Invite Jesus into my Heart

Let me share it with you. I would encourage you to write it down and to think and pray about it : "To pray is to invite Jesus into my heart."

서서 자신을 초대하며 구주로 받아들이고 주님으로 따르는데 헌신하기를 기다리는 예수님을 그린 한 폭의 아름다운 그림으로 묘사됩니다. 그러나 이 구절은 교회에게 하는 말씀입니다. 이것은 그리스도인들을 위한 초대입니다.

그리스도인으로서 우리는 매우 자주 예수님을 우리의 삶 밖에 서 있도록 합니다. 우리는 우리 자신의 운명을 통제하려는 함정에 빠져 있습니다. 우리 자신의 결정을 하려는 함정에 빠져 있습니다. 제가 미국의 젊은 이들에게 하는 질문들 중 하나가 이것입니다 : "어디에서 대학을 다닐지 누가 결정했느냐? 네가 결정했느냐? 네가 결정했다면, 너는 예수님을 문 밖에 세워둔 것이다. 아니면 예수님께서 너를 위해 결정하도록 했느냐? 누구와 결혼할 것인지를 누가 결정했느냐? 네가 했느냐, 아니면 예수님께서 하기를 원했느냐? 어디에서 살 것인지를 누가 결정했느냐? 네가 했느냐, 아니면 예수님께서 했느냐? 어디서 일할 것인지를 누가 결정했느냐?"

여러분은 우리가 이런 것을 결정했다면 예수님을 우리 삶의 문 밖에 세워둔 것임을 알게 됩니다. 이것이 바로 라오디게아 교회의 문제였습니다. 그들은 모든 것을 가졌다고 생각했으나, 예수님을 밖에 세워두었다는 것을 깨닫지 못했습니다. 이것이 바로 기도가 의미하는 모든 것입니다. 기도는 예수님을 우리의 삶에 초대하는 것입니다. 이것이 할레스비 박사의 기도에 대한 정의입니다. 이것은 유용한 기도의 정의일 뿐만 아니라 매우 좋은 정의입니다.

2. 할레스비 : "기도는 예수님을 나의 마음에 초대하는 것이다."

제가 여러분과 이 정의를 나누고자 합니다. 저는 여러분이 그것을 적고 생각하시기를 바랍니다 : "기도는 예수님을 나의 마음에 초대하는 것이다."

여러분 자신이 스스로 결정을 내리고 하나님께서 그 결정에 복을 주시

There is a kind of prayer in which we make our decisions and ask God to bless them. That is not prayer. That is hypocrisy. Authentic prayer is to open our hearts to Jesus, to invite Him to come in, to ask for his guidance, and to ask for his provision in all that we do.

Jesus said, "I stand at the door and knock. If anyone will hears my voice." That's where prayer begins. Prayer doesn't just begin with talking. It begins with hearing the voice of God. Now that voice can come to us in various ways, as we know ; that voice can come to us as we study the Word of God. As we shared together this morning, God speaks to us very loudly through His Word, or God may speak to us through a Christian brother or sister. God may allow problems to come into our lives.

The problem is to ask, "Lord, what are you trying to say to me? Lord, how can you use this?" The Lord often speaks to us through the Holy Spirit. The important thing, as we know, that the Lord always wants to commune with us. And that we can keep in constant communion with Him, and that He is waiting for us to invite Him in. To share our needs with Him. To share our problems with Him. To share our joys with Him. To share our questions with Him. To ask for His help. One of the basic prayers is "Lord, help me! Lord, I don't know what to do in this situation. Lord, I don't know what to say. Lord, I don't know how to act. Lord, help me!"

A number of years ago I was studying for my doctorate degree. Believe it or not, I received my doctorate in the area of communication. Some of you may think I need to go back and study some more. I assure you I know that as well.

But I was reading a textbook. It was not a Christian

도록 하는 기도가 있습니다. 이것은 기도가 아닙니다. 이것은 위선입니다. 진정한 기도는 우리의 마음을 예수님께 여는 것입니다. 그분이 들어오시도록 초대하는 것입니다. 그분의 인도하심을 구하는 것입니다. 그분의 공급하심을 구하는 것입니다. 우리가 하는 모든 것에 있어서 그렇습니다.

예수님께서 말씀하시기를 "내가 문 밖에 서서 두드리노니 누구든지 내 음성을 들으면"이라고 하셨습니다. 이곳이 기도가 시작되는 곳입니다. 기도는 단지 이야기하는 것으로 시작되지 않습니다. 기도는 하나님의 음성을 듣는 것으로부터 시작합니다. 그 음성은 우리가 아는 여러가지 방식으로 우리에게 옵니다. 그 음성은 우리가 하나님의 말씀을 연구할 때 올 수 있습니다. 우리가 오늘 아침 나누었던 것처럼, 하나님께서는 그의 말씀을 통하여 우리에게 매우 크게 말씀하십니다. 하나님께서는 그리스도인 형제와 자매를 통하여 우리에게 말씀하실 수도 있습니다. 또한 하나님께서는 우리의 삶 속에 문제가 발생하도록 허락하실 수도 있습니다.

문제는 주님께 다음과 같이 묻는 것입니다 : "당신은 내게 무엇을 말씀하려 하십니까? 주님, 당신은 이것을 어떻게 사용하실 수 있습니까?" 주님은 종종 우리에게 성령을 통하여 말씀하십니다. 중요한 것은 우리가 주님은 항상 우리와 교제하시기를 원하신다는 사실을 아는 것입니다. 우리가 주님과 계속적인 교제를 유지할 수 있다는 것을 아는 것입니다. 그리고 주님께서는 우리가 주님을 초대하기를 기다리십니다. 우리의 필요를 주님과 나누기를 기다리십니다. 우리의 문제를 주님과 나누기를 기다리십니다. 우리의 기쁨을 주님과 나누기를 기다리십니다. 우리의 질문을 주님과 나누기를 기다리십니다. 그리고 주님의 도움을 구하기를 기다리십니다. 기본적인 기도 중에 하나는 이것입니다 : "주님, 나는 이 상황에서 무엇을 해야할 지 모릅니다. 무엇을 말해야할 지 모릅니다. 어떻게 행동해야 할지도 모릅니다. 주님, 저를 도와 주소서!"

book. It was a book on the subject of 'Group Problem Solving' and 'How to Use Communication Effectively in Solving Problems'. It was written for college study.

The author said the problem that most people have with group problem solving is this: they never talk about the problems. They tend to talk about the solution. And then they begin to argue about which is the best solution. They said where you need to begin is to discuss the problem and to begin to agree "What is the problem?"

Although they were not Christians, as far as I know, the author said you need to come with a humble spirit. You need to recognize that seldom does any single person have all the answers to a problem. That's the advantage of coming together in a group. You share what the problem is. You agree on the definition of the problem. And then you begin to work together on solving the problem.

You said, "Well, what has that got to do with prayer?" I was reading a textbook. I wasn't thinking about prayer. But the Holy Spirit broke into my consciousness. And He ministered to me about my prayer life. I realized something about my prayer life I'd never thought of before. I'd never heard about it. It was this: I basically brought God's solutions to my problem. I rarely have ever went to Him with the problems. I worked out the solution in my own mind. And then I asked God to bless the solution. And to give me my solution. Friends, that could be very, very foolish.

When I was a little boy, I went to first grade. I began to learn to read. Our little reading book was based on a story. The main characters were Billy a little boy, Jane, a little girl, and Winkey, a monkey. I began to pray for a monkey. I

오래 전에 저는 박사학위를 위해 공부하고 있었습니다. 여러분들이 믿건 믿지 않건, 저는 커뮤니케이션 분야에서 박사학위를 받았습니다. 여러분들 중 몇분은 제가 다시 돌아가서 좀 더 공부할 필요가 있다고 생각할 지도 모릅니다. 전 그것이 좋다고 확신합니다.

저는 교과서를 읽고 있었습니다. 그 책은 기독교적인 책이 아니었습니다. 그 책은 '그룹의 문제해결'과 '문제해결에서 커뮤니케이션을 효과적으로 사용하는 방법'에 관한 책이었습니다. 그 책은 대학교재였습니다. 저자에 의하면, 대부분의 사람들이 그룹의 문제해결에서 겪는 문제는 이것입니다 : 그들은 결코 문제에 관해 얘기하지 않는다는 것입니다. 그들은 해결책을 얘기하려 합니다. 그리고 그들은 최선의 해결책에 관하여 논의합니다. 그러나 그들은 문제를 논의하는 것으로부터 시작해야 한다고 말합니다. 그리고 문제가 무엇인가에 동의하는 것으로부터 시작해야 한다고 말합니다.

제가 아는 한 그들은 그리스도인들이 아니지만, 저자는 여러분들이 겸손한 마음으로 올 필요가 있다고 말했습니다. 여러분은 어느 한 사람도 문제의 모든 해결책을 가지지 않는다는 것을 알 필요가 있습니다. 그것이 그룹으로 함께 모이는 것의 이점입니다. 여러분은 문제가 무엇인지를 나눕니다. 문제의 정의에 동의합니다. 그리고 그때 여러분은 문제를 푸는 데 함께 일하기 시작합니다.

여러분은 "이것이 기도와 무슨 상관이 있다는 말입니까?"라고 말했습니다. 저는 교과서를 읽고 있었습니다. 저는 기도에 관해 생각하지 않았습니다. 그러나 성령이 나의 의식 속에 들어 오셨습니다. 그는 나의 기도생활에 관하여 나에게 사역하셨습니다. 저는 전에는 결코 생각하지 못했던 저의 기도생활에 관한 어떤 것을 깨달았습니다. 전혀 들은 적도 없는 어떤 것이었습니다. 그것은 이것입니다 : 저는 기본적으로 하나님의 해결책을 나의 문제에 가져왔습니다. 저는 저의 문제들을 가지고 그에게로 간 적이 없습니다. 저는 저 스스로 해결책을 만들어 냈습니다. 그리고 하

thought a monkey would be wonderful. I prayed with child-like faith for a monkey. I guessed my mother must have been outside the door, praying that the Lord wouldn't send a monkey. She already had five children. She didn't need a monkey. Of course the Lord didn't answer that prayer. He was too loving and gracious. As a little boy I thought I need-ed a monkey, but the Lord knew I didn't.

Many of our adult prayers are just about as foolish. We ask for things that would be harmful to us. We give God sol-utions that wouldn't work. And then the Lord comes to us and says, "You don't need to work out solutions. Behold, I stand at the door of your life and knock. You can invite Me in. And I will help you with the solutions."

Dear friends, that has revolutioned my prayer life. It is so freeing, it is so liberating not to tell God how He needs to answer. But to go to Him with brokenness and humility to share what the problem is, what the need is. And then to leave the answers to Him. God is so creative.

God is so gracious and so generous. He answers our pray-ers in the best possible way. Because He loves us and he wants what is best for us.

"Behold, I stand at the door and knock. If anyone will hear my voice." Friends, many of us are too busy to hear God's voice. We need to stop and listen. Then He said, "I will come in. And I will commune with him. And he or she with Me." That's what Jesus wants to do. He wants to com-mune with us. He wants to fellowship with us continually. He wants us to enjoy living life in the hollow of His hand. Increasingly God has been teaching me to pray like this.

Several times everyday I pray that God will help me to

나님이 이 해결책에 복내려 주시기를 기도했습니다. 그리고 하나님이 저의 해결책을 제게 주시도록 기도했습니다. 여러분, 이것은 매우 매우 어리석은 것입니다.

제가 어린 소년이었을 때―1학년이었습니다―저는 읽기를 배웠습니다. 읽고 있었던 한 작은 책은 이야기였습니다. 주요 인물들은 빌리라는 어린 소년, 제인이라는 어린 소녀, 윈키라는 원숭이였습니다. 저는 원숭이를 위해 기도했습니다. 저는 원숭이가 굉장하다고 생각했습니다. 저는 어린이 같은 믿음으로 원숭이를 위해서 기도했습니다. 저는 어머니께서 문 밖에 서서 주님께서 그 원숭이를 보내시지 않기를 기도하고 있음에 틀림없다고 생각했습니다. 어머니는 이미 다섯명의 자녀를 두셨습니다. 그녀는 더이상 원숭이가 필요하지 않았습니다. 물론 주님은 그 기도에 응답하지 않으셨습니다. 주님은 매우 사랑이 많으시고 은혜로우셨습니다. 어린 아이로서 저는 원숭이가 필요하다고 생각했지만 주님은 그렇지 않다는 것을 아셨습니다.

우리 성인들의 많은 기도는 이와 똑같이 어리석습니다. 우리는 우리에게 해로운 것을 구합니다. 우리는 우리가 일할 때 해결책을 하나님께 드립니다. 그 때 주님은 우리에게 오셔서 말씀하십니다 : "넌 해결책을 제시할 필요가 없다. 보라, 내가 네 삶의 문에 서서 두드린다. 너는 나를 초대할 수 있다. 그러면 나는 네가 문제를 해결하도록 도울 것이다."

친애하는 여러분, 이것은 저의 기도생활에 혁명을 일으키고 있습니다. 이것은 매우 자유로와서 우리가 어떻게 응답해야 할 지 하나님께 말하지 않습니다. 대신에 우리는 문제와 필요를 나누기 위하여 상한 마음과 겸손한 심정으로 주님께 나갑니다. 그리고 대답을 주님께 맡기는 것입니다.

하나님은 매우 창조적이십니다. 하나님은 매우 은혜로우시며 매우 너그러우십니다. 그는 가능한 한 가장 좋은 방법으로 우리의 기도에 응답하십니다. 왜냐하면 그는 우리를 사랑하시고 우리에게 가장 좋은 것 주

live in the hollow of His hand. That He will come and dwell within me. That I will be in His protection. And that He will provide whatever I need. Not what I want. But what He knows I need. That I would trust Him fully with my life. That's what Dr. Hallesby meant.

To pray is to invite Jesus into my heart. To pray is to commune with Jesus. To pray is to surrender to Jesus. To pray is to allow Jesus to be the Lord of my life. To pray is to allow the Holy Spirit to control my life.

C. How not to Pray

Let's speak for the next few moments about how not to pray. We will not be able to exhaust all that Scripture tells us on this subject. But I believe it'll be helpful to just be reminded of a few ways that we should not pray. And then of course, we'll spend most of the rest of the afternoon talking about how we should pray.

시기를 원하시기 때문입니다.

"볼찌어다, 내가 문밖에 서서 두드리노니, 누구든지 나의 음성을 들으면." 친구들이여, 우리 중 많은 사람들은 너무 바빠서 하나님의 음성을 듣지 않습니다. 그 때 주님은 말씀하십니다 : "내가 들어갈 것이다. 나는 그와 교제할 것이다. 그 또는 그녀는 나와 교제할 것이다." 이것이 바로 예수님이 원하시는 것입니다. 그는 우리와 교제하기를 원하십니다. 그는 우리와 계속적인 교제를 원하십니다. 그는 우리가 그의 손 안에서 삶을 즐기기를 원하십니다. 더욱더 하나님은 우리가 이와 같이 기도하도록 가르치셨습니다.

매일 여러번 저는 하나님이 제가 그의 손 안에 살도록 도와 주시기를 위해 기도합니다. 그 때 그는 들어 오셔서 제 안에 거하십니다. 저는 그의 보호 안에 있을 것입니다. 그리고 그는 저의 원하는 것은 무엇이든지 주실 것입니다. 제가 원하는 것이 아니라 제가 필요하다로 그가 아는 것을 말입니다. 저는 저의 삶을 온전히 그에게 맡길 것입니다. 이것이 할레스비 박사가 의미한 것입니다.

기도는 예수님을 나의 마음에 초대하는 것입니다 기도는 예수님과 교제하는 것입니다 기도는 예수님께 굴복하는 것입니다 기도는 예수님이 나의 삶의 주인이 되도록 허락하는 것입니다 기도는 성령님이 나의 삶을 통제하도록 허락하는 것입니다

C. 그릇된 기도

다음은 그릇된 기도에 관해서 얘기해 봅시다. 우리는 성경이 이 주제에 관해 말하는 것을 모두 살펴볼 수는 없습니다. 그러나 저는 우리가 해서는 안 되는 기도의 몇가지 방법들을 살펴보는 것이 도움이 될 것이라고 믿습니다. 물론 우리는 우리가 어떻게 기도해야 하는가에 관해 오늘 오후의 대부분의 시간을 사용할 것입니다.

1. The old Testament

Let's begin with a couple of passages in the Old Testament. Let's turn first to Psalms 66. Dr. Kwon will read for us verses 16～20.

Come and listen, all you who fear God ; let me tell you what he has done for me. I cried out to him with my mouth ; his praise was on my tongue. If I had cherished sin in my heart, the Lord would not have listened ; but God has surely listened and heard my voice in prayer. Praise be to God, who has not rejected my prayer or withheld his love from me!

There's some very important biblical truths in this passage. The first is the invitation to come and listen. Again I say, it's very important to listen to what God is wanting to say to us.

But verse 18 is the key verse we want to focus on for a moment. "If I had cherished sin in my heart, the Lord would not have listened to me." Sin blocks the communication process. If we compare prayer to a telephone line, sin breaks the line. If we compare prayer to a radio transmission, sin breaks the transmission. If we compare prayer to a conveyer belt that goes both ways, sin breaks the conveyer belt right in the middle, it divides it. Sin breaks the communication of prayer. Many people say, "I am not sure God hears my prayer." One of the first questions to ask, "Is there any sin in my life that is breaking the communication of prayer?"

Of course, the solution is to confess our sins. The solution is to invite Jesus into our hearts. Not leave Him on the out-

1. 구약

구약의 두 구절로 시작해 봅시다. 먼저 시편 66편을 찾아 봅시다. 권 박사님께서 16~20을 읽어 주시겠습니다.

하나님을 두려워하는 너희들아 다 와서 들으라. 하나님이 내 영혼을 위하여 행하신 일을 내가 선포하리로다 내가 내 입으로 그에게 부르짖으며 내 혀로 높이 찬송하였도다 내가 내 마음에 죄악을 품으면 주께서 듣지 아니하시리라 그러나 하나님이 실로 들으셨으며 내 기도 소리에 주의하셨도다

이 구절에는 매우 중요한 성경적 진리가 있습니다. 첫째는 와서 들으라는 초대입니다. 저는 하나님이 우리에게 말씀하고 싶어하시는 것을 듣는 것이 중요하다고 다시 말합니다.

18절은 우리가 잠시 촛점을 맞추고 싶은 핵심절입니다. "내가 내 마음에 죄악을 품으면 주께서 듣지 아니하시리라." 죄는 커뮤니케이션 과정을 막습니다. 우리가 기도를 전화선에 비유한다면, 죄는 전화선을 끊습니다. 우리가 기도를 라디오 송신장치에 비유한다면, 죄는 그 송신장치를 망가뜨립니다. 우리가 기도를 두 방향으로 가는 컨베이어 벨트에 비유한다면, 죄는 바로 그 컨베이어 벨트 중간에서 벨트를 끊습니다. 죄는 기도의 대화를 끊습니다. 많은 사람들은 "제 기도에 하나님께서 함께 하신다고 확신할 수 없어요"고 말합니다. 물어봐야할 첫번째 질문들 중 하나는 내 삶에 어떠한 죄라도 있느냐 하는 것입니다. 그것이 기도의 대화를 방해하고 있습니다.

물론 해결책은 우리의 죄를 고백하는 것입니다. 또한 예수님을 우리의 마음 속에 모시는 것입니다. 그를 우리의 삶 밖에 두는 것이 아니라 우리와 함께 교제하도록 하는 것입니다.

이사야 59장에 나오는 다른 구절을 살펴봅시다. 그 구절도 같은 주제

side of our lives but have him communing with us.

Let's look at another passage in Isaiah 59. This passage speaks much on the same subject. We will look at Isaiah 59: 1~2.

Surely the arm of the Lord is not too short to save, nor his ear too dull to hear. But your iniquities have separated you from your God; your sins have hidden his face from you, so that he will not hear.

The arm of the Lord is not shortened. God is not hard of hearing. God has not grown old and weak. God can do anything. There is not anything too difficult for our Lord. That is not the problem if our prayers are not being heard. The problem is often our iniquities have separated us from God. Our sins have hidden His face from us. So He will not hear.

God is a Holy God. God is a God of purity and of righteousness. We must be in the flow of His Spirit to communicate with Him. Prayer is not just human communication. As we know, prayer is spiritual communication. It's dependent upon our hearts being right with God.

Does that mean that we need to be perfect people? Does that mean that we can never sin and communicate with God? Of course not. If that were true, no human being could communicate with God. It means we need to be forgiven people. We need to turn from sin. To be forgiven by the shed-blood of our Lord Jesus Christ. And to be drawn to Him. As long as there is sin in our lives, God will not hear our prayers. His face will be hidden from us. His blessing will be withheld.

에 관하여 많은 것을 말하고 있습니다. 1, 2절을 봅시다.

> 여호와의 손이 짧아 구원치 못함도 아니요 귀가 둔하여 듣지 못하
> 심도 아니라 오직 너희 죄악이 너희와 너희 하나님 사이를 내었고
> 너희 죄가 그 얼굴을 가리워서 너희를 듣지 않으시게 함이니

주님의 팔이 짧지 않습니다. 듣는 데 둔하시지도 않습니다. 하나님은 노쇠하시지 않습니다. 하나님은 무엇이든지 할 수 있습니다. 우리 주님께 어려운 것은 하나도 없습니다. 그것은 우리의 기도를 들으시느냐 않느냐의 문제가 아닙니다. 문제는 종종 우리의 불의와 하나님으로부터의 분리입니다. 우리의 죄는 그의 얼굴을 우리에게서 숨게 했습니다. 그래서 그는 듣지 않으십니다.

하나님은 거룩하신 하나님이십니다. 하나님은 순결의 하나님이십니다. 또한 의의 하나님이십니다. 우리는 그와 교제하기 위해 성령의 흐름 안에 있어야 합니다. 기도는 단지 인간의 대화가 아닙니다. 우리가 아는 바와 같이, 기도는 영적인 대화입니다. 그것은 우리의 마음이 하나님께 올바른가에 달려 있습니다.

그것은 우리가 완전한 사람이어야 할 필요가 있다는 것을 의미합니까? 그것은 우리가 결코 죄를 짓지 않고 하나님과 교제할 수 있다는 것을 의미합니까? 물론 아닙니다. 그것이 사실이라면 아무도 하나님과 교제할 수 없습니다. 그것은 우리가 용서받은 사람이어야 한다는 것을 의미합니다. 우리는 죄로부터 돌이켜야 합니다. 우리의 주이신 예수 그리스도의 흘리신 피로 용서받아야 합니다. 그리고 그에게 나아가야 합니다. 우리의 삶에 죄가 있는 한, 하나님은 우리의 기도를 듣지 않을 것입니다. 그의 얼굴을 우리에게서 숨기실 것입니다. 그의 복을 내리지 않으실 것입니다.

여러분, 이 책 전체는 그 진리로 가득차 있습니다. 구약 전체를 통하여

Friends, this entire book is filled with examples of that truth. All through the Old Testament, God dealt with His people. He basically said, "If you will be in communion with Me, if you will obey Me, if you will follow Me, I will bless you. If you will turn from Me, if you will sin against Me, if you rebel against Me and go your own way, I will withhold my blessing and my judgment will come upon you." Over and over again we see the judgment of God coming upon the people of Israel.

As we know, his goal was to bring them to a place they would repent and return to Him again. Every time they came to a place of repentance, every time they forsook other gods and returned to God, every time they humbled themselves and prayed, every time they confessed their sin and were forgiven God forgave them and He returned to them and He poured out His blessing upon them once again. That is what God desires to do for Christian people. what's what he longs to do for us. In our lives, in our families and in our churches.

2. Jesus

As you know, Jesus also shared some specific warnings about prayer. How prayer could be abused and misused. In fact, in his Sermon on the Mount, he spoke very specifically about abuse of prayer. Let's turn to Matthew 6 and be reminded of some of those abuses. And let us read first, if we may Matthew 6 : 1～2.

Be careful not to do your 'acts of righteousness' before men, to be seen by them. If you do, you will have no

하나님은 그의 백성들을 다루십니다. 그는 기본적으로 다음과 같이 말하십니다 : "너희가 나와 교제하면, 나를 순종하면, 나를 따르면, 나는 너희에게 복을 줄 것이다. 그러나 너희가 나에게서 돌이키면, 나에게 죄를 지으면, 나에게 반항하여 너희 자신의 길로 가면, 나는 복을 내리지 않을 것이다. 그리고 심판이 너희에게 임할 것이다." 우리는 반복해서 하나님의 심판이 이스라엘 백성에게 임하는 것을 봅니다.

우리가 아는 대로, 회개하고 하나님께로 다시 돌아가는 하나의 장소로 이스라엘 백성들을 인도하신 분은 바로 하나님이셨습니다. 그들이 회개의 장소로 올 때마다, 그들의 신들을 버리고 하나님께로 돌아갈 때마다, 그들 자신을 겸손하게 하고 기도할 때마다, 그들의 죄를 고백할 때마다, 하나님은 그들을 용서하셨고 그들에게 다시 복을 부어 주셨습니다. 이것이 하나님이 그리스도인들을 위하여 하고자 원하시는 것입니다. 우리를 위하여 하고자 갈망하시는 것입니다. 우리의 삶에서, 그리고 우리의 가족과 교회에서 말입니다.

2. 예수님

여러분이 아는 바와 같이, 예수님은 기도에 관한 몇가지 특별한 경고를 하십니다. 기도가 어떻게 남용되고 오용되는가에 관해서 말입니다. 사실상, 산상수훈에서 그는 기도에 관하여 매우 특별하게 말씀하셨습니다. 마태복음 6장을 펴서 그러한 남용들을 살펴봅시다. 1, 2절을 먼저 읽읍시다.

사람에게 보이려고 그들 앞에서 너희 의를 행치 않도록 주의하라
그렇지 아니하면 하늘에 계신 너희 아버지께 상을 얻지 못하느니라

오늘 아침 살펴본 대로, 우리 주님은 위선을 경멸하셨습니다. 그는 위선자의 기도를 듣지 않으십니다. 그는 우리에게 경고하십니다 : "기도할

reward from your Father in heaven. So when you give to the needy, do not announce it with trumpets, as the hypocrites do in the synagogues and on the streets, to be honored by men. I tell you the truth, they have received their reward in full.

As we were reminded this morning, our Lord Jesus despises hypocrisy. He does not listen to the prayers of hypocrites. He warned us, "When we pray, don't be like the hypocrites. They love to impress other people with their praying. They love to stand in the synagogues, out on the street corners, to be seen by other people, to impress other people. They are not concerned with communing with God. They are concerned with impressing other people."

Oh, this is a very subtle sin. It could slip into our lives so easily. We can begin to compare our lives with others. We may begin to think we're more spiritual because we pray two hours a day and someone else only prays one hour a day. Those who pray one hour a day think they're more spiritual than people who only pray thirty minutes a day.

Jesus said, "I tell you the truth. Such people have already received their reward in full." The only benefit they'll get is whether or not they succeed in impressing other people. The purpose of the ministry of prayer is not to impress other people. It is to commune with God. Verse 7 gives us another warning.

And when you pray, do not keep on babbling like pagans, for they think they will be heard because of their many words.

때 외식하는 자와 같이 되지 말라. 그들은 기도로 다른 사람들에게 인상을 주기를 좋아한다. 그들은 회당에 서 있기를 좋아한다. 길거리에서, 다른 사람들에게 보이려고, 다른 사람들에게 인상을 주려고. 그들은 하나님과 교제하는 데 관심이 없다. 그들은 다른 사람들에게 보이는 데 관심이 있다."

이 모든 것은 아주 미묘한 죄입니다. 이것은 우리 삶에 매우 쉽게 침투할 수 있습니다. 우리는 우리의 삶을 다른 사람들과 비교하기를 시작할 수 있습니다. 우리는 우리가 하루에 두 시간 기도하지만 다른 사람들은 단지 하루에 한 시간 기도하기 때문에 우리가 더 영적이라고 생각할 지도 모릅니다. 하루에 한 시간 기도하는 사람들은 하루에 단지 30분씩 기도하는 사람들보다 더 영적이라고 생각합니다.

예수님은 이렇게 말씀하셨습니다 : "내가 너희에게 진리를 말한다. 그러한 사람들은 이미 그들의 상을 다 받았다." 그들이 갖는 유일한 혜택은 그들이 다른 사람들에게 인상을 주느냐 주지 않느냐에 달려 있습니다. 기도사역의 목적은 다른 사람들에게 인상을 주는 것이 아닙니다. 그것은 하나님과 교제하는 것입니다. 7절은 우리에게 또 다른 경고를 합니다.

또 기도할 때에 이방인과 같이 중언부언하지 말라 저희는 말을 많이 하여야 들으실줄 생각하느니라

이방인과 같이 되지 마십시요. 그들은 중언부언에 의해 하나님이 감명받으실 것이라고 생각합니다. 그들이 계속해서 말하는 것에 의해서 말입니다.

몇일 전 한국으로 오는 비행기에는 한 작은 할머니가 우리 자리에서부터 세줄 앞에 앉아 있었습니다. 그녀는 기도염주를 가지고 있었습니다. 계속해서 그녀는 일어나곤 했고 복도에서 앞뒤로 걸어다녔습니다. 그녀

Don't be like the pagans. They think God is impressed by their babbling, by their talking on and on and on.

Just a few days ago when we were on the airplane to Korea, there was a little older lady sitting about three rows in front of us. She had prayer beads. Every once in a while she would get up and walk back and forth in the aisle. She'd be using her prayer beads. I did not want to judge her. But I couldn't help but ask the question. "Lord, is she trying to impress You with her babbling? Or is she truly praying and communing with You?"

You see, prayer that is just talking to God usually is not very meaningful prayer, if we just keep on babbling and never listen to what God is saying to us. These people think they will be heard because of their many words. But Jesus said, "Don't be like them, for your Father knows what you need before you ever ask Him."

See friends, this is one of the benefits of communing with God. This is one of the great joys and privileges of communing with God. When we are in fellowship with Him, He helps us understand what we actually need. We no longer ask from sinful hearts. We no longer ask for greed. We no longer ask so we can consume the answers and our own lusts. We are in communion with God, and He guides us in how we should pray. Even what we should ask for. It's a wonderful way to pray! We don't need to be like hypocrites. We don't need to be like pagans. We've been invited to commune with God.

There is a third warning that Jesus shares in the Sermon on the Mount about the misuse of prayer. As you remember in verse 9, he teaches us how to pray. Beginning with verse 9~13. As we know, one of the phrases of the prayer is this :

는 기도염주를 사용하고 있었습니다. 저는 그녀를 판단하고 싶지 않습니다. 그러나 저는 다음과 같이 질문할 수 밖에 없습니다 : "주님, 그녀는 중언부언으로 당신에게 감명을 주려고 하고있습니까? 아니면 진정으로 기도하며 당신과 교제하고 있습니까?"

단지 하나님께 말하는 기도는 의미있는 기도가 아닙니다. 우리가 단순히 중언부언하기를 계속하고 하나님이 말씀하시는 것을 듣지 않는다면 그렇습니다. 이런 사람들은 그들의 많은 말 때문에 기도를 들으신다고 생각합니다. 그러나 예수님은 말씀하셨습니다 : "그들과 같이 되지 말라, 왜냐하면 너희 아버지께서는 너희가 구하기 전에 너희가 필요한 것을 아시기 때문이다."

여러분, 이것은 하나님과 교제하는 큰 기쁨들과 특권들 중에 하나입니다. 우리가 그와 교제할 때 그는 우리가 실제로 필요한 것을 이해하는 데 도움을 줍니다. 우리는 더이상 죄악된 마음에서 나오는 간구를 하지 않습니다. 더이상 탐욕을 위하여 구하지 않습니다. 더이상 우리 자신의 정욕에서 나오는 응답을 소멸시켜 달라고 구하지 않습니다. 우리는 하나님과 교제 안에 있고, 그는 우리가 어떻게 기도해야 하는지에 있어서 우리를 인도하십니다. 심지어 우리가 구해야 하는 것도 인도하십니다. 얼마나 놀라운 기도의 방법입니까! 우리는 위선자가 될 필요가 없습니다. 이방인 같이 될 필요도 없습니다. 우리는 하나님과의 교제에 초대된 것입니다.

예수님이 산상수훈에서 기도의 오용에 관하여 말씀하신 세번째 경고가 있습니다. 9절에서 살펴본 바와 같이, 그는 우리에게 기도하는 방법을 가르쳐 줍니다. 9절에서 13절까지입니다. 우리가 아는 바와 같이, 기도의 구절들 중에 하나는 이것입니다 : "우리가 우리에게 죄지은 자의 죄를 사하여 준 것 같이 우리의 죄를 사하여 주옵소서." 그것이 12절입니다.

그러나 14절과 15절을 보십시오 : "너희가 사람의 죄를 용서하면 너희

"Forgive us our debts as we also have forgiven our debtors." That's verse 12.

But notice verse 14 and 15 : "If you forgive men when they sin against you, your heavenly Father will also forgive you. But if you do not forgive others their sins, your Father will not forgive your sins." This is another major hindrance to prayer. Many Christians are never heard in their praying because they have not forgiven others of their sins.

Brothers and sisters, this is very important. God does not allow us to hold grudges. God requires of us that we forgive others their sins. And only when we forgive others their sins will He forgive us of our sins. I pray if there is anyone here this afternoon who has not forgiven other persons of their trespasses against you, that you will do that today. That you will not leave here today until your heart is right with God. If we have not forgiven others of their sin, Jesus is standing outside the door of our hearts knocking, wanting for us to get right with Him, wanting us to get right with others, so he can come in and commune with us. So He can answer our prayers.

3. James

James also shares warnings with us from his book about the misuse of prayer. Let us turn to James 4, a very familiar passage. Let us be reminded of the importance of prayer. James begins by asking a question. And then as we know, he allows God to give the answer. Let's focus on that in James 4 : 1~2.

What causes fights and quarrels among you? Don't they

천부께서도 너희 과실을 용서하시려니와 너희가 사람의 과실을 용서하지 아니하면 너희 아버지께서도 너희 과실을 용서하지 아니하시리라." 이것은 기도의 또다른 주요 방해요소입니다. 많은 그리스도인들의 기도가 응답되지 않고 있습니다. 그것은 그들이 다른 사람들의 죄를 용서하지 않았기 때문입니다.

형제 자매 여러분, 이것은 매우 중요합니다. 하나님은 우리가 원한을 품는 것을 허락하시지 않습니다. 하나님은 우리가 다른 사람들의 죄를 용서하기를 요구하십니다. 우리가 다른 사람들의 죄를 용서하기만 하면, 그는 우리의 죄를 용서하실 것입니다. 저는 오늘 오후 여기 여러분 중에 다른 사람들이 여러분에게 지은 죄를 용서하지 않은 사람이 있다면, 오늘 용서하시기를 기도합니다. 여러분의 마음이 하나님과 올바른 관계에 있지 않다면, 여러분은 오늘 여기를 떠나지 않게 될 것입니다. 여러분이 다른 사람들의 죄를 용서하지 않았다면, 예수님은 우리 마음의 문 밖에 서서 두드리고 계십니다. 우리가 그와 바른 관계에 있도록 경고하시면서 말입니다. 또한 다른 사람들과 바른 관계에 있도록 경고하시면서 말입니다. 그래서 그는 우리 안으로 들어 오셔서 우리와 교제할 수 있으십니다. 그래서 그는 우리의 기도에 응답하실 수 있습니다.

3. 야고보

야고보는 그의 책에서 기도의 오용에 관한 경고들을 우리에게 전해 줍니다. 우리가 잘 아는 야고보서 4장을 펴봅시다. 기도의 중요성을 상기해 봅시다. 야고보는 질문함으로써 시작합니다. 우리가 아는 바와 같이 그는 하나님이 답을 주시도록 합니다. 1, 2절에 나타난 그것에 촛점을 둡시다.

너희 중에 싸움이 어디로 다툼이 어디로 좇아 나느뇨 너희 지체 중에서 싸우는 정욕으로 좇아 난 것이 아니냐 너희가 욕심을 내어도

come from your desires that battle within you? You want something, but don't get it. you kill and covet, but you cannot have what you want. you quarrel and fight. you do not have, because you do not ask God.

What causes fights and quarrels in the church? You can be sure, where there are fights and quarrels and divisions in the church, the enemy is there. Our Lord does not cause fights and quarrels in the church. The Spirit of God brings peace. The Spirit of God brings unity. The Spirit of God brings a humble, gentle spirit. It is not an angry, critical spirit. It is not a fighting and quarreling spirit.

What causes fights and quarrels among us? They don't come from God. They come from within us. The problem God says is you want something but you don't get it. So you fight and quarrel. You even kill and covet, but you cannot have it. You don't have it simply because you don't ask for it. That's the greatest strategy of the enemy. He loves for us to lust. He delights when we fight and quarrel. He rejoices when we have divisions in the church. But our Lord stands outside the door of our hearts knocking. And He waits for us to come in. For us to invite Him in. So that we will ask Him what we need.

It is tragic how many Christians live in poverty today. I don't mean just financial poverty, I mean spiritual poverty. Their lives are empty simply because they don't ask Christ in. They don't have because they don't ask. That's the enemy's basic strategy. I think that's why so few Americans pray. It is the American spirit to think we can do it for ourselves.

얻지 못하고 살인하며 시기하여도 능히 취하지 못하나니 너희가 다
투고 싸우는도다 너희가 얻지 못함은 구하지 아니함이요

무엇이 교회에서 싸움과 다툼을 일으킵니까? 여러분은 교회에서 싸움
과 다툼과 분열이 있는 곳마다 대적(對敵)이 그곳에 있다는 사실을 확
신할 수 있을 것입니다. 우리 주님은 교회에서 싸움과 다툼을 일으키지
않습니다. 하나님의 영은 평화를 가져옵니다. 하나님의 영은 일치를 가
져옵니다. 하나님의 영은 겸손하고 부드러운 영을 가져옵니다. 그것은
분노하는 비판적인 영이 아닙니다. 그것은 싸움과 다툼을 일으키는 영이
아닙니다.

무엇이 우리 안에 싸움과 다툼을 일으킵니까? 그 싸움과 다툼은 하나
님으로부터 오지 않습니다. 그것은 우리 안에서부터 나옵니다. 하나님이
말씀하시는 문제는 여러분이 무엇을 원하지만 그것을 얻지 못하는 것입
니다. 그래서 여러분이 싸우고 다툽니다. 심지어 죽이고 탐을 냅니다. 그
러나 여러분은 그것을 가질 수 없습니다. 여러분은 단지 그것을 구하지
않기 때문에 그것을 가질 수 없습니다. 이것이 바로 적의 가장 큰 전략입
니다. 그는 우리가 탐욕스럽기를 원합니다. 그는 우리가 싸우고 다툴 때
기뻐합니다. 그는 우리가 교회에서 당파를 형성할 때 즐거워합니다. 그
러나 우리 주님은 우리의 마음문 밖에 서서 두드리십니다. 그는 우리가
들어가기를 기다리십니다. 우리가 그를 영접하기를 기다리십니다. 그래
서 우리가 필요한 것을 그에게 구하게 하십니다.

오늘날 많은 그리스도인들이 가난하게 사는 것은 큰 비극입니다. 저는
단순히 재정적인 가난을 의미하지 않습니다. 저는 영적인 가난을 의미합
니다. 그들이 단지 예수님을 안에 들어 오시도록 부탁하지 않기 때문에,
그들의 삶은 공허합니다. 그들은 구하지 않기 때문에 얻지 못합니다. 이
것이 바로 적의 기본적인 전략입니다. 저는 이것이 바로 극소수의 미국
사람들만이 기도하는 이유라고 생각합니다. 우리가 우리 스스로의 힘으

A man recently came to me for counseling. He was a wealthy man, a very successful businessman. He was facing a major problem in his life. I asked him, "Have you prayed about that? Have you asked God about that?" He was very quick to answer, "Of course not! God isn't concerned about problems like that. He's only concerned about the big problems. I would never think of bothering God with a matter like this!"

How sad that is! Our Lord cares about everything in our lives. I had the joy of telling that man about a God who cares about everything in his life. I had the privilege of praying with him. I had the privilege of seeing him humble himself before the Lord, to ask for the Lord's forgiveness, and to ask for the Lord's solution. You won't be surprised when I tell you the Lord wonderfully answered his prayer and gave him great victory.

I heard a psychiatrist lecture a number of years ago. As far as I know, he was not a Christian. But he shared a great truth. He said, "Life is like a great banquet. Like a great buffet table full of all kinds of wonderful food." He said, "The tragedy is most people never sit down at the table." And then he said, "What is also a tragedy is many who sit at the table never pick up the eating utensils, the chopsticks, or the spoon and fork. And they never eat and enjoy the lush provision."

That's the description of James of the lives of many Christians. They fight and war and criticize and complain. But they don't have simply because they don't ask.

But as you know, James speaks about a second problem in prayer. That is about people who ask, but don't receive. Verse 3 says, "When you ask, you do not receive, because

로 할 수 있다는 생각이 미국의 정신입니다.

최근에 한 사람이 상담을 받으러 저에게 왔습니다. 그는 부유하고 매우 성공한 실업인이었습니다. 그는 그의 삶에서 한가지 중요한 문제에 직면하게 되었습니다. 저는 그에게 질문했습니다. "당신은 그것에 관해 기도했습니까? 그것에 관해 하나님께 질문했습니까?" 그는 매우 신속하게 대답했습니다. "물론 아니지요. 하나님은 그와 같은 문제들에는 관심이 없으십니다. 그는 오직 큰 문제들에만 관심이 있습니다. 저는 이와 같은 일로 하나님을 괴롭히고 싶지 않습니다."

얼마나 슬픈 일입니까! 우리 주님은 우리 삶의 모든 것에 관심을 가지십니다. 저는 그 사람에게 그의 삶의 모든 것에 관심을 가지시는 하나님에 관해 말하는 즐거움을 가졌습니다. 저는 그와 기도하는 특권을 누렸습니다. 저는 그가 주님 앞에서 겸손해지는 것을 보는 특권을 누렸습니다. 주님의 용서를 구하고 하나님의 해결책을 구하였습니다. 여러분은 제가 주님께서 놀랍게 이 기도에 응답하시고 그에게 큰 승리를 주셨다는 것을 말할 때 놀랄 것입니다.

저는 수년전 한 정신병 의사의 강의를 들었습니다. 제가 아는 한, 그는 그리스도인이 아니었습니다. 그러나 그는 중요한 진리를 말했습니다. 그는 이렇게 말했습니다 : "삶은 하나의 큰 연회와 같습니다. 모든 종류의 훌륭한 음식으로 가득찬 부페 테이블과 같습니다." 그는 또 "비극은 대부분의 사람들이 그 테이블에 결코 앉지 않는다는 사실입니다"라고 말했습니다. 계속해서 그는 다음과 같이 말했습니다 : "또 다른 비극은 그 테이블에 앉은 사람들이 식기나 젓가락이나 수저나 포크를 결코 들지 않는 것입니다. 그들은 결코 진수성찬을 먹거나 즐기지 않습니다."

이것이 많은 그리스도인들의 삶에 관한 야고보의 진술입니다. 그들은 싸우고 전쟁하고 비판하고 불평합니다. 그러나 그들은 단지 구하지 않기 때문에 얻지 못합니다.

그러나 여러분이 아는 대로, 야고보는 기도의 두번째 문제에 관해 말

you ask with wrong motives. That you may spend what you get on your own lusts or your own pleasure or your own gratification."

Friends, this is a very important principle to understand. God is not only concerned about what we do. He is greatly concerned about why we do it. It is not only what we ask for. It is why we ask for it.

Before we became Christians, we lived for ourselves. We lived for sin. We lived for our own gratification. Sin in English is spelled 'SIN'-Capital 'I.' The big problem of sin is 'I.' I want my own way. I am in charge. I want to be in control. I want my needs met. I want what I want, when I want.

In fact there is a song in the United States that is very popular. I don't know whether you've heard it in Korea. But its major theme is 'I want it my way,' 'I did it my way.' Friends, that will be one of the theme songs in hell. That road leads to hell. When we come to Christ, as we were reminded yesterday, we deny ourselves.

We are born facing the big 'I.' We worship the god of me, myself. I don't know whether it's true in Korea, but in the United States the first words a child usually learns is me, my, my toys, my bottle, my blanket. That's natural for every human being. And that is the root of sin — selfishness. I'm the most important person in the world. So when we deny ourselves, we turn from that direction 180° to the other direction. That's what it means to be converted. That's what it means to repent. Now 'I' is behind me. Jesus Christ is in front of me. I serve Jesus Christ.

The apostle Paul shared this in 2 Corinthians 5. Jesus Christ died once and for all. That they who live should no

합니다. 그것은 구해도 받지 못하는 사람들에 관한 것입니다. 3절은 말합니다 : "너희가 구해도 얻지 못한다. 왜냐하면 너희 자신의 정욕과 기쁨과 만족을 위해 쓰려는 그릇된 동기에서 구하기 때문이다."

여러분, 이것은 이해해야할 매우 중요한 원칙입니다. 하나님은 우리가 하는 일에만 관심을 가지시는 것은 아닙니다. 그는 우리가 그것을 하는 이유에 관해서도 지대한 관심을 가지십니다. 그것은 우리가 구하는 것뿐만 아니라 그것을 구하는 이유를 말합니다.

우리는 그리스도인이 되기 전에 우리 스스로를 위해 살았습니다. 우리는 죄를 위해서 살았습니다. 우리는 우리 자신의 만족을 위해 살았습니다. 죄는 영어로 대문자 '아이'(I)를 써서 '신'(sIn)이라고 씁니다. 죄의 큰 문제는 '나'입니다. 나는 나 자신의 방법을 원합니다. 나는 나의 주인입니다. 나는 스스로 통제합니다. 나는 나의 필요가 충족되기를 원합니다. 나는 내가 원하는 것을 내가 원하는 때에 원합니다.

실제로 미국에는 한 노래가 있습니다. 그것은 매우 잘 알려져 있습니다. 저는 한국에서도 그 노래를 아는지 모르겠습니다. 그 노래의 주제는 '난 그걸 내 방식으로 원해' 또는 '난 그걸 내 방식으로 했어'라는 것입니다. 여러분, 이것은 지옥의 주제가들 중 하나가 될 것입니다. 그 길은 지옥으로 가는 길입니다. 어제 우리가 살펴본 것처럼, 우리가 그리스도에게 올 때 우리는 우리 자신을 부정합니다.

우리는 거대한 '나'를 바라보며 태어났습니다. 우리는 '나'라는 우상을 숭배합니다. 저는 이것이 한국에서도 사실인지 모르겠습니다. 그러나 미국에서 어린이가 보통 배우는 첫번째 단어들은 '나', '나의', '나의 장난감', '나의 병', '나의 담요'입니다. 이것은 모든 인간에게 자연스럽습니다. 그리고 이것은 죄의 뿌리가 됩니다—이기주의를 말합니다. 내가 세상에서 가장 중요한 사람이라고 생각하는 것입니다. 그래서 우리가 우리 자신을 부정할 때, 우리는 그 방향에서 180도 다른 방향으로 돌아서는 것입니다. 이것이 바로 개종의 의미입니다. 회개의 의미이기도 합니다. 여

longer live for themselves. But live for Christ, who died for them and rose again.

The apostle Paul shared that same truth with the church in Galatia. Galatians 2 : 20. "I am crucified with Christ. Nevertheless I live. Yet not I, but Christ lives in me. And the life I live in the flesh, I live by faith in the Son of God, who loved me and gave Himself for me."

That is the major difference between a Christian and a non-Christian. A non-Christian lives for themselves. A Christian lives for Jesus Christ. That's why it's important we understand this principle in prayer. If we ask God for things according to our own desires, if we want to consume them upon our own lusts, if our goal in prayer is to fulfill our own gratification, we are worshipping the wrong god, we are not in communication with Jesus Christ ; we are in communication with ourselves. That is sin. God will never answer that kind of prayer. That's why many Christians plead with God for something, and He doesn't answer their prayer because they pray with the wrong motives.

D. How to Pray

So we ask the question, "How should we pray?" Now we'll begin that before we take our break. Let me suggest, and I realize most of you know this, let me suggest several ways that we should pray.

기서 나는 나의 뒤에 있습니다. 예수 그리스도가 내 앞에 있습니다. 나는 예수 그리스도에게 봉사합니다.

사도 바울은 이것을 고린도후서 5장에서 말했습니다. 예수 그리스도는 단번에 죽으셨습니다. 살아있는 사람들은 더이상 자신을 위해 살지 않고, 그들을 위해 죽으시고 다시 사신 예수님을 위하여 삽니다.

사도 바울은 갈라디아 교회에게 이와 같은 진리를 말했습니다. 갈라디아서 2 : 20입니다. "내가 그리스도와 함께 십자가에 못 박혔나니 그런즉 이제는 내가 산 것이 아니요 오직 내 안에 그리스도께서 사신 것이라. 이제 내가 육체 가운데 사는 것은 나를 사랑하사 나를 위하여 자기 몸을 버리신 하나님의 아들을 믿는 믿음 안에서 사는 것이라."

이것이 그리스도인과 비그리스도인의 중요한 차이입니다. 비그리스도인은 자신을 위하여 삽니다. 그리스도인은 예수 그리스도를 위하여 삽니다. 이것이 우리가 기도에서 이 원칙을 이해하는 것이 중요하다고 보는 이유입니다. 우리가 우리 자신의 욕망을 따라 하나님께 무엇을 구하면, 우리가 우리 자신의 정욕을 따라 그것들을 소비하기 원한다면, 기도의 목표가 우리 자신의 만족을 추구하는 것이라면, 우리는 잘못된 신을 섬기고 있는 것이며, 예수 그리스도와 대화하는 것이 아니라 우리 자신과 대화하고 있는 것입니다. 그것이 죄입니다. 하나님은 그런 종류의 기도에 결코 응답하지 않습니다. 이것은 많은 그리스도인들이 무엇을 하나님께 구하지만 하나님께서 응답하지 않는 이유입니다. 즉, 그들은 그릇된 동기에서 기도하기 때문입니다.

D. 올바른 기도

그러므로 우리는 "어떻게 기도해야 합니까?"라고 질문합니다. 우리는 그것을 휴식을 취하기 전에 살펴볼 것입니다. 전 그걸 제안하겠습니다. 저는 여러분 대부분이 이것을 안다고 생각합니다. 저는 올바른 기도의

1. In the name of Jesus

First of all, we should pray in the name of Jesus. Let us turn to John 14 : 13~14. Let us be reminded of the wonderful promise Jesus made.

And I will do whatever you ask in my name, so that the Son may bring glory to the Father. You may ask me for anything in my name, and I will do it.

This is a wonderful promise : "I will do whatever you ask in My name."

Now many Christians, without meaning to, would make this some kind of a little magical formula. They would say, "Anything we ask in the name of Jesus, He's going to give us. If I want a new swimming pool in my backyard, I just ask for it in the name of Jesus. If I want a new expensive car, I just ask for it in the name of Jesus." So they ask Jesus for a new swimming pool or a new car in the name of Jesus, and He doesn't give it to them. They say, "He doesn't keep His word. He promised if I'd ask anything in His name, He would do it."They don't realize they're asking the prayer facing the wrong direction.

That's the next part of this verse : "If you ask anything in My name, so the Son may bring glory to the Father." God does not merely fulfill our lusts and desires. As we have been reminded in the last couple of days, He wants us to do all to the glory of God. Even what we pray for, we do to the glory of God. When we face this direction and we ask for promises and for gifts according to the will of God, we bring glory to God. "I will do whatever you ask for in My name, so

여러가지 방법들을 제안하겠습니다.

1. 예수님의 이름으로

우선, 우리는 예수님의 이름으로 기도해야 합니다. 요한복음 14 : 13~14을 펴 봅시다. 예수님이 하신 놀라운 약속을 살펴봅시다.

너희가 내 이름으로 무엇을 구하든지 내가 시행하리니 이는 아버지로 하여금 아들을 인하여 영광을 얻으시게 하려 함이라 내 이름으로 무엇이든지 내게 구하면 내가 시행하리라

이것은 놀라운 약속입니다 : "너희가 내 이름으로 무엇을 구하든지 내가 시행하리니."

오늘날 많은 그리스도인들이 아무 의미도 없는 어떤 종류의 마술적인 공식을 만들고 있습니다. 그들은 말합니다 : "우리가 예수님의 이름으로 구하는 것은 무엇이든지 그가 우리에게 줄 것이다. 내가 나의 정원에 수영장을 원하면, 나는 단지 예수님의 이름으로 그것을 구한다. 내가 비싼 새 자동차를 원하면, 나는 단지 예수님의 이름으로 그것을 구한다." 그래서 그들은 예수님의 이름으로 새 수영장과 새 자동차를 구합니다. 그러나 예수님은 그것들을 그들에게 주지 않습니다. 그들은 말합니다 : "그는 약속을 지키지 않아. 그는 내가 그의 이름으로 무엇이든지 구하면 그것을 시행할 것이라고 약속했잖아." 그들은 잘못된 방향을 가고있는 기도를 하고 있다는 것을 깨닫지 못하고 있습니다.

그것이 이 절의 다음 부분입니다 : "너희가 내 이름으로 무엇을 구하든지,…… 이는 아버지로 하여금 아들을 인하여 영광을 얻으시게 하려 함이라." 하나님은 단순히 우리의 정욕과 욕망을 충족시키지 않습니다. 우리가 이틀 전에 살펴 본 바와 같이, 그는 우리가 하나님의 영광을 위하여 모든 것을 하기를 원하십니다. 우리는 심지어 기도하는 것도 하나님

the Son may bring glory to the Father. You may ask Me for anything in My name, and I will do it."

But notice the next verse : "If you love me, you will obey what I command." Over and over again in this chapter of John 14, Jesus speaks about obeying Him. He talks to us about loving Him. Again we're back and living in this wonderful communion relationship with Him. When we invite Him in, we invite Him to love us and we love Him. We invite Him so we will obey Him and we will follow Him as Lord.

We will see this very clearly in some other passages of Scripture. But Jesus has given us the invitation to pray in His name. There is great power in the name of Jesus. But the reason there is great power in the name of Jesus, when we pray in the name of Jesus, we invite Jesus to be present with us. When we minister in the name of Jesus, we invite Him to be with us. That is God's deep desire for all of our lives.

Let me recommend a very wonderful Bible study to you. This is something God led me to do a few months ago. I had never done it before. It is a study of the book of Acts. Go through the book of Acts and Just underline every time the phrase is used, "in the name of Jesus." you will be amazed how frequently it is used in the book of Acts. Primarily all the ministry of the apostles was done in the name of Jesus. All the people who were healed were healed in the name of Jesus. The prayers that were offered were prayed in the name of Jesus. When we acknowledge the name of Jesus, we acknowledge His presence, His promise that He will be with us always. We acknowledge His presence and we acknowl-

의 영광을 위하여 해야 합니다. 우리가 그의 방향을 향하고 그의 뜻을 따라 그가 주시는 약속들을 구할 때, 우리는 그에게 영광을 돌리게 되는 것입니다. "너희가 내 이름으로 무엇을 구하든지 내가 시행하리니 이는 아버지로 하여금 아들을 인하여 영광을 얻으시게 하려 함이라. 내 이름으로 무엇이든지 내게 구하면 내가 시행하리라."

그러나 다음 절을 보십시오 : "너희가 나를 사랑하면 나의 계명을 지키리라." 예수님은 요한복음 14장에서 그에게 복종하는 것에 관하여 반복하여 말씀하십니다. 그는 그를 사랑하는 것에 관해 말씀하십니다. 다시 우리는 그와 이러한 놀라운 교제관계 속의 삶으로 돌아갈 것입니다. 우리가 그를 초대할 때, 우리는 그가 우리를 사랑하도록 그를 초대하는 것이며 우리도 그를 사랑하게 됩니다. 우리가 그를 초대하면 우리는 그에게 복종할 것이며 그를 주님으로 따를 것입니다.

우리는 이것을 성경의 다른 구절들에서도 아주 명백하게 보게 됩니다. 그러나 예수님은 그의 이름으로 기도하라는 초대를 우리에게 하셨습니다. 예수님의 이름에는 놀라운 능력이 있습니다. 그러나 예수님의 이름 안에 놀라운 능력이 있는 이유는 이렇습니다 : 우리가 예수님의 이름으로 기도할때, 우리는 예수님이 우리와 함께 하시도록 초대하는 것입니다 ; 우리가 예수님의 이름으로 사역할 때, 우리는 그가 우리와 함께 계시도록 초대하는 것입니다. 이것이 우리의 모든 삶을 위한 하나님의 깊으신 뜻입니다.

제가 여러분에게 한가지 놀라운 성경공부를 추천하겠습니다. 이것은 하나님께서 몇 달전에 제가 할 수 있도록 한 것입니다. 저는 이전에 이것을 해본 적이 없습니다. 이것은 사도행전 연구입니다. 주로 사도들의 모든 사역은 예수님의 이름으로 이루어졌습니다. 치료받은 사람들은 모두 예수님의 이름으로 치료받았습니다. 기도는 예수님의 이름으로 했습니다. 우리가 예수님의 이름을 인정할 때, 우리는 그의 임재와 그가 우리와 늘 함께 하시리라는 그의 약속을 인정하는 것입니다. 우리는 그의 임재

edge His power. It is important that we pray in the name of Jesus.

2. With Believing Faith

Secondly, we need to pray with believing faith. Let us turn to Matthew 21. for get everything that I did. It's right as it was before.

> I tell you the truth, whatever you bind on earth will be bound in heaven, and whatever you loose on earth will be loosed in heaven. Again, I tell you that if two of you on earth agree about anything you ask for, it will be done for you by my Father in heaven. For where two or three come together in my name, there am I with them.

It is very important that we believe in Christ by faith. It is very important that we pray by faith. That whatever we ask of the Lord in faith He will give us. That if we believe, we will receive. Faith is a very important element of prayer.

Dr. Hallesby says there are two prerequisites for prayer. Before we truly pray, there are two requirements.

The first is a sense of helplessness. We never truly pray until we are helpless. Without meaning to do so, many Christians try to manipulate God. From the time they were little children, they've learned how to manipulate their parents. They've learned how to get their own way. Not only from their parents but from their friends and their school teachers and others. It becomes very frustrating when you find out that doesn't work with God.

를 인정하며 그의 능력을 인정합니다. 그래서 우리가 예수님의 이름으로 기도하는 것이 중요합니다.

2. 믿음으로

두번째로, 우리는 믿음으로 기도해야 합니다. 우리는 마태복음 18 : 18~20을 찾아볼 필요가 있습니다.

진실로 너희에게 이르노니 무엇이든지 너희가 땅에서 매면 하늘에서도 매일 것이요 무엇이든지 땅에서 풀면 하늘에서도 풀리리라 진실로 다시 너희에게 이르노니 너희 중에 두 사람이 땅에서 합심하여 무엇이든지 구하면 하늘에 계신 내 아버지께서 저희를 위하여 이루게 하시리라 두 세 사람이 내 이름으로 모인 곳에는 나도 그들 중에 있느니라

우리가 믿음으로 그리스도를 믿는 것은 매우 중요합니다. 우리가 믿음으로 기도하는 것도 매우 중요합니다. 우리가 주님께 믿음으로 기도하는 것은 무엇이나 우리에게 주실 것이라는 사실은 매우 중요합니다. 우리가 믿으면 받을 것이라는 사실은 매우 중요합니다. 믿음은 매우 중요한 기도의 요소입니다.

할레스비 박사는 기도의 두가지 필수적인 조건이 있다고 말합니다. 우리가 진정으로 기도하기 전에 두가지 필수적인 조건이 있습니다.

첫째는 무력함을 느끼는 것입니다. 우리는 우리가 무력하기 전까지 결코 진정으로 기도할 수 없습니다. 그렇게 하려는 의도가 없이 많은 그리스도인들은 하나님을 조정하려고 합니다. 그들이 어렸을 때부터 그들은 그들의 부모를 어떻게 조정해야 하는가를 배웠습니다. 그들은 스스로의 방식으로 행하는 법을 배웠습니다. 부모로부터 뿐만 아니라 친구들로부터, 선생님들과 그 외 다른 사람들로부터 배웠습니다. 우리가 그것이 하

We do not manipulate God. Quite to the contrary, until we're willing to be helpless, we will never pray. As long as we have the answers and ask God to bless them, we never truly pray. As long as we tell God what He should do and how He should do it, we would never truly pray.

I confess to you I'm shocked at the way I hear some people praying. I don't want to go around judging the prayers of others. And neither do you. But sometimes it's so obvious that it is shocking. I hear people screaming at God. Telling Him what to do. Telling Him how to do it. Instead of asking.

It is certainly not wrong to scream in prayer. Sometime in fervent prayer we raise our voices very loud. But what a big difference whether we're telling God what to do or whether we're asking Him! Whether we're allowing Him to be God, or whether we're making ourselves God and telling Him what to do! That's what happens when we face the wrong direction. When we think we're in charge. When we think God should do what we want Him to do. When we're concerned about our own agenda instead of God's agenda. That's quite a contrast to a feeling of helplessness.

Have you ever been in a situation that seemed absolutely impossible? You were absolutely helpless to do anything about it? You knew that unless God intervened there would be no solution.

Yesterday I told you a little about our daughter, Deborah and the medical problem she had as a child. I want to be sure I made it clear that she is totally well today. The Lord brought her to complete healing. And we're very grateful.

But her illness began when she was a little baby. She was

나님께는 통하지 않는다는 것을 발견할 때, 매우 좌절하게 됩니다.

우리는 하나님을 조정할 수 없습니다. 그와는 정반대로, 우리가 무력해지기 전까지는 결코 기도할 수 없습니다. 우리가 우리의 대답들을 가지고 하나님이 그것들에 복내려 주시기를 구하는 한, 우리는 결코 진정으로 기도할 수 없습니다. 우리가 하나님께 우리가 하는 것과 그것을 하는 방법을 말하고 있는 이상, 우리는 결코 진정으로 기도할 수 없습니다.

저는 어떤 분이 기도하는 것을 듣고는 매우 놀란 적이 있습니다. 저는 다른 사람들의 기도를 판단하고 싶지는 않습니다. 여러분들도 그렇지 않으리라고 생각합니다. 그러나 때때로 이것은 매우 명백해서 충격적입니다. 저는 사람들이 하나님께 비명을 지르는 것을 들었습니다. 하나님께 무엇을 해야할 지 말하면서 말입니다. 하나님께 그것을 어떻게 해야할 지 말하면서 말입니다. 결코 하나님께 그런 것들을 물어보지 않습니다.

확실히 소리 지르는 기도는 잘못된 것이 아닙니다. 때때로 열정적인 기도에서 우리는 소리를 매우 크게 지릅니다. 그러나 그것이 우리가 하나님께 무엇을 해야할 지 말하는 데 있어서나, 하나님께 여쭈어 보는 데 있어서 무슨 큰 차이가 있다는 말입니까! 우리가 그를 하나님이 되도록 허락하는 데 있어서나, 우리가 우리 자신을 하나님으로 만들어 그에게 무엇을 해야할 지를 말하는 데 있어서 무슨 큰 차이가 있다는 말입니까! 그것은 우리가 그릇된 방향을 향할 때 생기는 것입니다. 우리가 우리 자신을 돌볼 수 있다고 생각할 때 생기는 것입니다. 하나님이 우리가 원하는 것을 해야한다고 생각할 때 생기는 것입니다. 우리가 하나님의 의제보다도 우리 자신의 의제에 관심을 가질 때 생기는 것입니다. 이것은 무력감과 정반대되는 것입니다.

여러분은 전적으로 불가능해 보이는 상황에 처해 본 적이 있으십니까? 무엇을 하기에는 아주 무력했던 적이 있으십니까? 하나님이 관여하지 않으신다면 아무 해결책이 없다고 생각하신 적은 없으십니까?

어제 저는 여러분께 저의 딸 데브라에 관해 조금 이야기 했습니다. 그

just a year and half old. Suddenly she was hit with a high fe-
ver : she went into a deep coma. She went into convulsions.
They were able to keep her alive only with a respirator. She
went for seventeen hours without breathing at all on her
own. Just the machine and the grace of God kept her alive.

That was on Christmas Eve. The doctors told us she could-
n't live. That She would probably die within 24 hours. That
meant she would die on Christmas day. I went to the hospi-
tal early that morning. Our boys were young. We wanted to
have a happy Christmas for them, even though it was a very
sad time for us.

We dedicated Debbie to the Lord before she was ever
born. She belonged to the Lord. Whether she lived or died
was in the Lord's hand. Although we were grieving, and
although we were weeping, we were very much at peace. We
knew she was safe in the hollow of God's hand.

As I went to her hospital room that morning, she was in
an oxygen tent, with a respirator and all the tubes going into
her body. She had a nurse with her around the clock. She
was still in a deep coma. I stood by her bed and began to
pray. The tears began to flow down my face. My heart was
broken. But I also had the joy of the Lord in the midst of it
all. As I communed with the Lord, He brought a wonderful
hymn to mind. It is an old hymn in America. I do not know
whether you sing it in Korea. But the words go like this.

리고 그 애가 가진 의학적 문제에 대해서도 이야기 했습니다. 지금 저는 그 애가 완전히 나았다는 것을 확실히 해 둡니다. 주님은 그 애를 완전히 낫게 하셨습니다. 그래서 우리는 매우 감사하고 있습니다.

그러나 그애의 병은 그녀가 어린 아이였을 때 시작되었습니다. 그녀는 단지 18개월 되었습니다. 확실히 그녀는 열병에 걸려 있었습니다. 그녀는 깊은 수면에 빠졌습니다. 발작도 일으켰지요. 그녀는 오직 마스크를 써야만 살 수 있었습니다. 그녀는 스스로 한 숨도 쉬지 않고 18시간이나 있었습니다. 단지 그 마스크와 하나님의 은혜만이 그녀의 생명을 유지시키고 있었습니다.

그 날은 크리스마스 이브였습니다. 의사는 그녀가 살 수 없다고 말했습니다. 그녀는 아마 24시간 내에 죽을지도 모릅니다. 그것은 그녀가 크리스마스 날에 죽는 것을 의미합니다. 저는 그날 아침 일찍 병원으로 갔습니다. 제 아들들은 어렸습니다. 우리는 그 날이 우리에게 매우 슬픈 시간임에도 불구하고 그들을 위해 행복한 크리스마스를 맞고 싶었습니다.

우리는 데비가 태어나기 전에 그녀를 주님께 드렸습니다. 그녀는 주님의 것이었습니다. 그녀가 살든지 죽든지 그녀는 주님의 손에 있었습니다. 우리는 슬퍼하며 울었지만 아주 평안했습니다. 우리는 그녀가 하나님의 장중에서 안전하다는 것을 알았습니다.

제가 그날 아침 그녀의 입원실에 들어섰을 때, 그녀는 산소 호흡기를 쓰고 있었습니다. 모든 튜브가 그녀의 몸 속으로 박힌 채 마스크를 쓰고 있었습니다. 그녀에게 24시간 근무하는 간호사가 있었습니다. 그녀는 여전히 깊은 수면에 빠져 있었습니다. 저는 그녀의 침대 옆에 서서 기도하기 시작했습니다. 눈물이 제 얼굴을 적셨습니다. 제 마음은 깨어졌습니다. 그러나 저는 넘쳐 흐르는 주님의 기쁨을 느꼈습니다. 제가 주님과 교제했을 때, 주님은 한 놀라운 찬송을 생각나게 하셨습니다. 그것은 미국의 오래된 찬송입니다. 저는 이 찬송을 한국에서도 부르는지 모릅니다만 그 가사는 이렇습니다.

> Safe in the arms of Jesus,
> Safe on His gentle breast.

That song brought great comfort to me. I said to the Lord, "Lord, Isn't it wonderful that I know that Debbie's safe in Your arms? And that today she may be in Your arms in heaven. We're going to miss her so much. But it's wonderful to know she'll be safe in Your arms. Isn't it wonderful the day that we celebrate the birth of Your Son would be the day that You would take our daughter home to be with You?"

The Holy Spirit interrupted my prayer. The Lord said this to me: "Son, she is safe in My arms whether she lives or dies. If I want her to live, she will live." I instinctively opened my eyes, and I looked at that still little face. An amazing thing happened! She opened her eyes! She was safe in the arms of Jesus, but she was going to live. God answered the prayer in the way He wanted to answer. The doctors thought she was going to die. The Lord gave us grace to release her to Him. We communed deeply with God. He answered our prayer. He gave us our daughter back.

Even when our faith is as small as a mustard seed, the Lord honors our faith. That's the second prerequisite of prayer. Not just a sense of helplessness, but faith in Jesus Christ. Faith that nothing is impossible with God. That God can do anything and everything that He wants to do. If we will trust in Him and believe in Him and follow Him.

Remember that wonderful prayer meeting in the book of Acts. When Peter was in prison, all the people gathered together to pray for him. They prayed for his deliverance. Mi-

예수님의 품 안에 안전해,

그의 부드런 가슴 속에 안전해.

그 노래는 저에게 큰 위안을 주었습니다. 저는 주님께 말했습니다. "데비가 당신의 품 안에 안전하다는 것을 아는 것은 놀랍지 않습니까? 오늘 그녀가 하늘나라에서 당신 품 안에 있을지도 모릅니다. 우리는 그녀를 매우 그리워할 지도 모릅니다. 그러나 그녀가 당신의 품 안에 안전할 것을 아는 것은 놀랍습니다. 이 날이 당신의 아들의 생일을 축하하는 날인 것이 놀랍지 않습니까? 당신이 우리의 딸을 영원한 집으로 데리고 가서 당신과 함께 있도록 하는 날이지 않습니까?"

성령께서 제 기도에 관여하셨습니다. 주님께서 이것을 제게 말씀하셨습니다. "아들아, 그녀는 살든지 죽든지 내 품 안에 안전하다. 내가 그녀가 살기를 원하면 그녀는 살 것이다." 저는 본능적으로 눈을 떴습니다. 그리고 그녀의 고요한 작은 얼굴을 보았습니다. 놀라운 일이 발생했습니다. 그녀는 눈을 떴습니다. 그녀는 예수님의 품 안에 안전했던 것입니다. 그러나 그녀는 살 것입니다. 하나님은 그가 원하시는 방법으로 그 기도에 응답하셨습니다. 의사는 그녀가 죽을 것이라고 생각했습니다. 주님은 우리가 그녀를 주님께 맡기는 은혜를 주셨습니다. 우리는 하나님과 깊이 교제했습니다. 그는 그 기도에 응답하셨습니다. 그는 우리에게 딸을 돌려주셨습니다.

심지어 우리의 믿음이 겨자씨만큼 작을 때에도, 주님은 우리의 믿음을 존중하십니다. 이것이 기도의 두번째 필수조건입니다. 무력감 뿐만 아니라 예수 그리스도를 믿는 믿음입니다. 하나님께는 불가능이 없다는 믿음입니다. 하나님은 그가 원하시는 것은 무엇이나 할 수 있다는 믿음입니다. 우리가 그를 의뢰하고 믿고 따르면 말입니다.

사도행전의 그 놀라운 기도모임을 기억하십시요. 베드로가 감옥에 갇혔을 때, 모든 사람들이 모여서 그를 위해 기도했습니다. 그들은 그의 구

raculously the Lord delivered him. And then, as you remember, he went to the door of the house where they were gathered together praying. He knocked on the door. And the little girl came to the door. She shouted with joy, "Peter's at the door!" And the adults who were praying : "Don't bother us. We're praying for Peter. We're praying that he'll be delivered." They didn't have enough faith to believe that he already was delivered. But he was.

We have a great God. He loves us so much. He wants to answer our prayers. He invites us to pray in the name of Jesus. He invites us to pray with helplessness. He invites us to pray with believing faith in Him.
Now we're going to take a break. And then we'll come back and share for about an hour. Thank you. God bless you.

【Tape 8】

Thank you. That was beautiful. And thank you all for staying awake. You are a very gracious people. I know those seats are wonderfully comfortable. And so thank you so much for your kind attention.

As I shared with you before, there are so many of you in this room who have a prayer life much greater than mine. There is so much I could learn from you. But at the same time I realize we are not here to compare our prayer lives.

원을 위해 기도했습니다. 기적적으로 주님은 그를 구원하셨습니다. 우리가 기억하는 바와 같이, 그 때 그는 자기를 위해 함께 모여 기도하는 집으로 갔습니다. 그는 문을 두드렸습니다. 그 때 어린 소녀가 문으로 왔습니다. 그녀는 "베드로가 문에 있어요!"라고 기쁨으로 외쳤습니다. 그 때 기도하고 있던 어른들이 말했습니다. "우리를 방해하지 마라. 우리는 베드로를 위해 기도하고 있어. 우리는 그가 구원받기를 기도하고 있단 말이야." 그들은 그가 이미 구원받았다는 것을 믿는 충분한 믿음이 없었습니다. 그러나 그는 이미 구원받았습니다.

우리에게는 위대하신 하나님이 있습니다. 그는 우리를 매우 사랑하십니다. 그는 우리의 기도에 응답하시기를 원하십니다. 그는 우리가 예수님의 이름으로 기도하도록 초대하십니다. 그는 우리가 무력감을 가지고 기도하도록 초대하십니다. 그는 우리가 그를 믿는 믿음으로 기도하도록 초대하십니다.

지금은 우리가 휴식을 취할 것입니다. 그리고 나서 우리는 다시 약 한 시간 동안 강의를 계속할 것입니다. 감사합니다. 하나님의 은총이 함께 하기를 기원합니다.

【테이프 #8】

감사합니다. 아름다운 찬송이었습니다. 여러분 모두가 깨어 계신 것에 대해 감사드립니다. 여러분은 매우 친절하십니다. 저는 이 의자들이 아주 편안하다는 것을 압니다. 그래서 여러분께서 친절하게 주의를 집중해 주신 것에 대해 매우 감사드립니다.

제가 전에도 말했던 것처럼, 이 강의실 안에는 저보다 훨씬 더 훌륭한 기도생활을 하시는 분들이 매우 많을 것입니다. 제가 여러분들로부터 배울 수 있는 것도 매우 많을 것입니다. 그러나 동시에 저는 우리가 이곳에 모인 것이 우리의 기도생활을 서로 비교하기 위한 것이 아님을 알고 있

We are here to learn more and more about prayer. I pray that what we are sharing is helpful to you and will be helpful in your ministry.

3. According to the will of God

Let us turn to 1 John 5. The third basic ingredient of how to pray. That we may learn to pray according to the will of God. Let us read 1 John 5 : 14~15.

> This is the assurance we have in approaching God : that if we ask anything according to his will, he hears us. And if we know that he hears us—whatever we ask —we know that we have what we asked of him.

Jesus prayed according to the will of God. In the garden of Gethsemane when the cross was just before Him, we remember that He prayed with agony. "Father, if it's possible, please remove this cup from me. Nevertheless not my will but thy will be done." What a wonderful way for us to learn to pray!

Again to remember that simple analogy we shared earlier today. When we face the life of sin, we face what we want. When we deny ourselves and take up our cross daily, an attempt to follow Jesus, we face our Lord's direction. So we pray according to the will of God. "Thy kingdom come, Thy will be done," It is a part of the prayer that Jesus taught His disciples and a part of the prayer that He would teach us.

And so John makes this very practical application. "This is the confidence we have in approaching God. If we ask anything according to His will, He hears us." He does not

습니다. 우리는 기도에 관해 더 많은 것을 배우기 위하여 이곳에 온 것입니다. 저는 우리가 서로 나누는 것이 여러분에게 도움이 되기를 기원합니다. 그리고 여러분의 사역에 도움이 되기를 기원합니다.

3. 하나님의 뜻에 따라

요한일서 5장을 펴 봅시다. 올바른 기도의 세번째 기본적인 요소는 우리가 하나님의 뜻을 따라 기도하기를 배우는 것입니다. 14, 15절을 읽어 봅시다.

그를 향하여 우리의 가진 바 담대한 것이 이것이니 그의 뜻대로 무엇을 구하면 들으심이라 우리가 무엇이든지 구하는 바를 들으시는 줄을 안즉 우리가 그에게 구한 그것을 얻을 줄을 또한 아느니라.

예수님은 하나님의 뜻을 따라 기도하셨습니다. 십자가가 바로 그 앞에 있을 때인 겟세마네 동산에서 그러했습니다. 우리는 그가 고뇌하며 기도했던 것을 기억합니다. "아버지, 가능하오면 이 잔을 내게서 옮기시옵소서. 그러나 나의 뜻대로 마옵시고 아버지의 뜻이 이루어지기를 원하나이다." 우리가 배워야 할 얼마나 놀라운 기도방법입니까!

다시 한번 우리가 오늘 일찌기 나누었던 간단한 유비를 기억해 봅시다. 우리가 죄의 삶을 향하면, 우리는 우리가 원하는 것을 바라봅니다. 우리가 우리 자신을 부인하고 예수님을 따르기 위하여 날마다 우리 십자가를 진다면, 우리는 주님의 길을 바라보는 것입니다. 그래서 우리는 하나님의 뜻을 따라 기도합니다 : "당신의 나라가 임하옵소서. 당신의 뜻이 이루어지이다." 이것은 예수님이 그의 제자들에게 가르치신 기도의 한 부분입니다. 또한 우리에게 가르치시려는 기도의 한 부분입니다.

그래서 요한은 이것을 매우 실제적으로 적용할 수 있도록 만들었습니다. "그를 향하여 우리의 가진바 담대한 것이 이것이니 그의 뜻대로 무

say we come with arrogance. We come with quiet confidence. As we ask according to His will, He hears us. This is in contrast to the James 4 passage, which says, "if we ask according to our will, he doesn't hear us. But if we ask according to His will, He does hear us.

As we know, sometimes we don't know how to pray. Sometimes we don't know what the will of God is. As we remember, the Bible even helps us in that kind of prayer: Romans 8:26. This is a wonderful verse to encourage us as to how to pray according to the will of God.

> In the same way, the Spirit helps us in our weakness. We do not know what we ought to pray, but the Spirit himself intercedes for us with groans that words cannot express.

If we do not know how to pray as we should, the Holy Spirit comes to help us. He even intercedes for us with groans that words cannot express. He searches our hearts and knows the mind of the Spirit, because the Spirit intercedes for the saints in accordance with God's will. That's verse 27. You can be sure that when we're in the flow of the Holy Spirit, He will always guide us to pray according to the will of God.

Can you imagine any Christian praying for anything that isn't God's will? Can you imagine any Christian who's really in communion with God not wanting God's will to be done? Like Jesus in the garden of Gethemane, we sometimes may be tempted to do that. We sometimes desperately think we know what we need.

엇을 구하면 들으심이라." 그는 우리가 교만함으로 온다고 말씀하지 않으십니다. 우리는 조용한 확신으로 옵니다. 우리가 그의 뜻대로 구할 때 그는 들으십니다. 이것은 야고보서 4장의 구절과 대조됩니다. 야고보서 4장의 구절은 다음과 같이 말합니다 : "우리가 우리 뜻대로 구하면 그는 들으시지 않으십니다. 그러나 우리가 그의 뜻대로 구하면 그는 들으십니다."

우리가 아는 바와 같이, 때때로 우리는 기도하는 방법을 모릅니다. 때때로 우리는 하나님의 뜻이 무엇인지 모릅니다. 우리가 기억하는 바와 같이, 성경은 심지어 우리가 그런 종류의 기도를 하도록 돕는데, 이것은 로마서 8 : 26에 있습니다. 이것은 우리가 하나님의 뜻을 따라 기도하는 방법을 격려하는 놀라운 구절입니다.

이와 같이 성령도 우리 연약함을 도우시나니 우리가 마땅히 빌바를 알지 못하나 오직 성령이 말할 수 없는 탄식으로 우리를 위하여 친히 간구하시느니라

우리가 어떻게 기도해야 할 지 모른다면, 성령께서 우리를 도우러 오십니다. 심지어 그는 우리를 위해 중재하십니다. 말할 수 없는 탄식으로 말입니다. 그는 우리의 마음을 살피고 성령의 마음을 아십니다. 왜냐하면 성령께서는 하나님의 뜻에 맞는 것들을 위해 중재하시기 때문입니다. 그것이 27절입니다. 여러분은 우리가 성령 충만할 때 성령께서 우리가 하나님의 뜻을 따라 기도하도록 항상 인도하실 것을 확신할 수 있습니다.

여러분은 하나님의 뜻이 아닌 것을 위해 기도하는 그리스도인을 상상할 수 있습니까? 여러분은 하나님의 뜻이 이루어지기를 원하지 않으면서 하나님과 실제로 교제하는 그리스도인을 상상할 수 있습니까? 겟세마네 동산의 예수님 처럼 우리는 때때로 그렇게 유혹받을지도 모릅니다. 우리

4. With trush and Release

But it is wonderful to release our will to the will of God. Again to pray with open hands and open hearts. That's the fourth principle of how we should pray. With trust and with release. To pray as Jesus taught us to pray : "Thy kingdom come. Thy will be done."

1 John 5 : 14~15 says very clearly that if we ask anything according to the will of God, we can be certain that he hears us. And that when He hears us, He certainly will answer the prayer. We know whatever we ask we will receive from Him. When we don't know what is the will of God, it is a wonderful way to pray.

> Lord, if this is Your will, would you please supply this.
> But Lord, if it is not Your will, then please do not.
> We want Your will to be done,
> We trust You with all of our hearts,
> And we release our will to Your will.

This is a part of the mystery of prayer. This is a part of allowing God to be God.

Why does He answer some prayers and not other prayers? For example, why is it His will to heal some people when they pray and not heal others when they pray?

There is a great man of God in Argentina who I've come to know. I've had the privilege of visiting his ministry several times. He's an outstanding evangelist. Tens of thousands of people have come to know Christ through this ministry. He also has a healing ministry. He does not pray for people personally. He just prays from the pulpit that God will heal

는 때때로 우리가 필요한 것을 안다고 극단적인 생각을 합니다.

4. 신뢰와 위탁

그러나 우리의 뜻을 하나님의 뜻에 위탁하는 것은 놀랍습니다. 다시 열린 손과 열린 마음으로 기도하는 것, 이것이 올바른 기도의 네번째 원칙인 신뢰와 위탁입니다. 예수님이 우리에게 가르치신 기도는 "당신의 나라가 임하옵시며, 주의 뜻이 이루어지이다"입니다.

요한일서 5 : 14~15은 우리가 하나님의 뜻대로 구하면 하나님이 우리를 들으신다는 것을 매우 명백하게 말하고 있습니다. 그리고 그가 우리를 들으시면 그는 그 기도를 들으실 것입니다. 우리는 우리가 구하는 무엇이든지 그로부터 받을 것을 압니다. 우리가 하나님의 뜻이 무엇인지 모를 때 이것은 놀라운 기도방법입니다.

주님,
이것이 당신의 뜻이라면 이루어 주옵소서.
그러나 주님,
이것이 당신의 뜻이 아니라면 이루어 주지 마옵소서.
우리는 당신의 뜻이 이루어지기를 원하오며,
우리의 온 마음으로 당신을 신뢰하오며,
우리의 뜻을 당신의 뜻에 위탁합니다.

이것이 기도의 신비의 한 부분입니다. 이것이 하나님으로 하나님되게 허락하는 한 부분입니다.

왜 하나님은 어떤 기도는 응답하시고 어떤 기도는 응답하지 않으십니까? 예를 들어, 어떤 사람들이 기도하면 그들을 치료하시지만 어떤 사람들이 기도하면 그들을 치료하지 않으시는 것이 왜 하나님의 뜻이 됩니까?

those that He chooses to heal. There are some people who are healed, and there are some people who are not healed.

Many of us had the same experience in our ministry. Someone once asked him, "Why does God heal some people and not other people?" He gave a very surprising answer. But a very good answer. He said, "When I was a young man in the ministry, I wondered about that. I once asked God the question, 'Why do You heal some people and not others when we pray and ask You to heal?'" And he said, "The Lord gave me a surprising answer." He said, "The Lord said to me, 'It's none of your business.' And he said, "I've never asked Him again." What he was saying is he was allowing God to be God. God is God. Why does He do what He does? As He said to Job, "Who are we to give him counsel?"

We need to submit ourselves to Him. We need to trust Him. We need to release our will to His will. Just as Jesus did in the garden of Gethsemane, "Father, if it's possible, remove this cup from me. Nevertheless not my will, but thine be done." It was God's will that His Son would go to the cross, to shed His blood for the remission of our sins. To rise the third day from the dead, and to give us eternal life. Aren't we grateful that Jesus submitted Himself to the will of the Father?

I'll tell something about your life, even though I haven't the privilege of meeting many of you personally. And I'll tell you something about my life.

We have never submitted ourselves to the will of God. and have regretted it. The will of God isn't always easy, and it often takes great faith, great sacrifice, great dependence and spiritual power. But it is always good. It is always a blessing.

우리가 알게 된 훌륭한 아르헨티나 사람이 있습니다. 저는 그의 사역을 여러번 방문하는 특권을 누렸습니다. 그는 탁월한 복음전도자입니다. 수십만의 사람들이 이 사역을 통하여 그리스도를 알게 되었습니다. 그는 또한 치유사역을 합니다. 그는 사람들을 위해 개인적으로 기도하지 않습니다. 그는 단지 강단에서 하나님이 그가 치료하고자 선택한 사람들을 치료하시기를 기도합니다. 치료받는 사람들이 있는 반면에 치료받지 않는 사람들도 있습니다.

우리 중 많은 사람들은 우리의 사역에서 똑같은 경험을 했습니다. 혹자는 "왜 하나님은 어떤 사람들은 치료하고 어떤 사람들은 치료하지 않습니까?"라고 질문하기를 원합니다. 그는 매우 놀라운 대답을 했습니다. 그러나 매우 좋은 대답입니다. 그는 말했습니다. "제가 젊은 사역자였을 때 저는 그것이 궁금했습니다. 저는 한번 하나님께 질문했습니다. '왜 당신은 우리가 기도하여 치료하기를 구할 때 어떤 사람은 치료하고 어떤 사람은 치료하지 않습니까?'" 그는 "주님은 제게 놀라운 대답을 주셨다"고 말했습니다. 그는 주님이 이렇게 말씀하셨다고 말했습니다. "그건 네 알 바 아니다." 그리고 그는 "전 다시 하나님께 질문하지 않았습니다"라고 말했습니다. 그가 말하는 것은 하나님으로 하나님되게 허락하는 것입니다. 하나님은 하나님이십니다. 왜 하나님은 그가 하는 것을 합니까? 욥에게 말한 것처럼, 우리가 뭐길래 그에게 이렇게 할 수 있느냐고 말할 수 있습니까?

우리는 우리 자신을 그에게 복종시켜야 합니다. 우리는 그를 신뢰해야 합니다. 우리는 우리의 뜻을 그의 뜻에 위탁해야 합니다. 예수님이 겟세마네 동산에서 하신 것과 같이 말입니다 : "아버지여, 가능하오면 이 잔을 내게서 옮기시옵소서. 그러나 나의 뜻대로 마옵시고 당신의 뜻이 이루어지이다." 하나님의 아들이 십자가를 지는 것이 하나님의 뜻이었습니다. 우리의 죄를 사하기 위해 그의 피를 흘리시는 것 말입니다. 사흘 후에 죽은 자들 가운데서 일어나신 것 말입니다. 그리고 우리에게 영원한

It's a blessing to us, and it's a blessing to others. That's why I'm in my present ministry.

I didn't want to come to this ministry. I loved being a pastor of a local church. I didn't want to leave the local church. We had just built a large new sanctuary. It seated merely five thousand people. I had visions for the ministry that were lying ahead. Then some people came and interrupted. They said, "We believe it's God's will that you come and be president of this denomination." Five times I turned them down and said, "No" For over a period of a year they came. But then the Holy Spirit came. And Lord knocked on the door of our hearts. And the Lord moved in our hearts to say, "Yes!" It simply became a matter of obeying Him into doing His will.

That's the choice all of us face many times. Whether we want to go our way. Whether we want to live in the comfort zone. Whether we are willing to follow Jesus by faith. Sometimes Jesus calls us to stay just where we are. That's what I was hoping He would do with us. But He called us to this new ministry. It required many sacrifices.

In fact, my wife Jeannie says it required a sacrifice of almost everything that was precious to us. We had to be willing to give all those things up. But you already know the answer to the question. How has it gone? It has been wonderful. We are enjoying the ministry so much. We are being so blessed. We are just very much in the flow of God's spirit.

That's what God wants for all of us. We do not tell Him where we want to serve. We don't tell Him where we want to go. We need to be willing to go where He leads us. That's our prayer.

생명을 주신 것 말입니다. 예수님이 하나님의 뜻에 그 자신을 드린 것에 우리는 감사합니까?

저는 여러분을 개인적으로 만나는 특권을 가지지는 못했지만 여러분의 삶에 관한 어떤 것을 말하려 합니다. 그리고 저는 저의 삶에 관해 말씀드리겠습니다.

우리는 결코 하나님의 뜻에 복종하지 않았습니다. 우리는 그것을 후회합니다. 하나님의 뜻은 종종 큰 믿음과 큰 희생과 영적 능력에 대한 강력한 의존이 있다면 항상 쉽습니다. 그러나 그것은 항상 좋습니다. 항상 복이 됩니다. 우리에게 복입니다. 그리고 다른 사람들에게도 복입니다. 그것이 제가 현재의 사역을 하게된 이유입니다.

저는 이 사역을 하고 싶지 않았습니다. 저는 지역교회의 목사가 되는 것을 원했습니다. 저는 그 지역교회를 떠나고 싶지 않았습니다. 우리는 새로 큰 성전을 지었습니다. 그것은 5천명을 수용할 수 있었습니다. 저는 앞으로의 사역을 위한 비젼이 있었습니다. 그때 어떤 사람들이 와서 방해했습니다. 그들은 말했습니다. "우리는 당신이 우리 교단에 와서 총회장이 되는 것이 하나님의 뜻이라고 믿습니다." 다섯번이나 저는 그들을 거절하며 "아니오!"라고 대답했습니다. 그러나 그들은 1년이상 왔습니다. 그러나 그때 성령께서 오셨습니다. 주님은 우리의 마음 문을 두드렸습니다. 주님은 우리 마음을 움직여 "예!"라고 대답하게 했습니다. 그것은 단순이 그에게 순종하는 문제였습니다. 그의 뜻을 행하도록 말입니다.

그것은 우리 모두가 여러번 직면하는 선택입니다. 우리가 우리의 방식을 원하는지 원하지 않는지, 평안한 지역에서 살기를 원하는지 원하지 않는지, 믿음으로 예수님을 따르려 하는지 않는지 같은 것 말입니다. 때때로 예수님은 우리가 있는 곳에 단순히 머무르게 하십니다. 그것이 그가 우리에게 하고 싶으신 것입니다. 그러나 그는 우리를 이 새로운 사역에 부르셨습니다. 그것은 많은 희생을 요구했습니다.

E. The basic Elements of Powerful Prayer

Now let us turn to the next page. Some of the basic elements of powerful prayer. Let's turn again to the book of James, and this time, chapter 5. James 5 : 16~18.

Therefore confess your sins to each other and pray for each other so that you may be healed. The prayer of a righteous man is powerful and effective. Elijah was a man just like us. He prayed earnestly that it would not rain, and it did not rain on the land for three and a half years. Again he prayed, and the heavens gave rain, and the earth produced its crops.

I am convinced that Jesus not only wants us to pray, He wants us to have powerful prayer. He wants us to have effective prayer. That's the kind of man Elijah was. He was a man just like we are. Yet he prayed earnestly that it wouldn't rain. And it didn't rain for three and a half years. Again he prayed and the Lord opened up the windows of heaven and it gave rain. God wants us to be like Elijah. To trust Him. To be powerful in prayer. And to be effective in prayer. How do we do that? Let us suggest several basic elements of powerful and effective prayer.

사실 제 아내 지니는 다음과 같이 말했습니다. "그것은 우리에게 소중했던 것 거의 모두를 희생하도록 요구하는 것이었습니다. 우리는 모든 것을 포기해야만 했습니다." 그러나 여러분은 이 문제에 대한 답을 이미 아십니다. 그게 어떻게 됐습니까? 그건 매우 놀라웠습니다. 우리는 이 사역을 매우 즐기고 있습니다. 우리는 매우 많이 복을 받고 있습니다. 하나님의 영의 충만한 역사 안에 있습니다.

그것이 하나님이 우리 모두에게 원하시는 것입니다. 우리는 우리가 봉사하기를 원하는 곳을 그에게 말하지 않습니다. 우리는 그가 이끌어 가시는 곳으로 가야합니다. 그것이 우리의 기도입니다.

E. 능력있는 기도의 기본요소들

다음 페이지를 펴 봅시다. 능력있는 기도의 몇 가지 기본요소가 있습니다. 이번에는 야고보서 5 : 16~18을 찾아 봅시다.

이러므로 너희 죄를 서로 고하며 병 낫기를 위하여 서로 기도하라 의인의 간구는 역사하는 힘이 많으니라 엘리야는 우리와 성정이 같은 사람이로되 저가 비 오지 않기를 간절히 기도한즉 삼년 육개월 동안 땅에 비가 아니오고 다시 기도한즉 하늘이 비를 주고 땅이 열매를 내었느니라

저는 예수님이 우리가 단순히 기도하기만 원하신다고 생각하지 않습니다. 그는 우리가 능력있는 기도를 하기 원하십니다. 효과적인 기도를 하기 원하십니다. 그것은 엘리야와 같은 사람의 기도입니다. 그는 우리와 똑같은 사람입니다. 그러나 그는 열심히 비가 오지 않기를 기도했습니다. 그래서 3년 반 동안이나 비가 오지 않았습니다. 다시 그가 기도했더니 주님은 하늘의 창을 여셨습니다. 그는 비를 주셨습니다. 하나님은

1. Humbleness and Brokenness

The first is humbleness and brokenness. In Psalms 51 : 17, we read the sacrifices that are acceptable to God are a broken spirit. "A broken and a contrite heart, O Lord, You will not despise."

Every powerful, effective person, in the Scripture, of prayer was a humble person. They were broken before God. They humbled themselves before God. Whether it was Nehemiah, whether it was Daniel, whether it was Jesus, whether it was Mary, the mother of Jesus, they were humble before God. They did not go to God and demand things from Him. They sought His will. They sought communion with Him.

Nehemiah wept and fasted and prayed for days. He came into deep communion with God before he ever asked God for anything. I am convinced, when Nehemiah asked God, that it was not Nehemiah's plan. Nehemiah was very comfortable and very important as a cupbearer to the king. But after being in deep communion with God for several days, God gave him vision to become a leader to rebuild the walls of Jerusalem. God willing, we're going to study some of Nehemiah together before the week is over.

We need to begin on our knees, or on our faces before God not just in physical posture, but with humbleness and brokenness of our hearts. Totally helpless and willing to be dependent upon God. That is where we begin.

2. Praise, Adoration and Worship

The second is praise and adoration and worship. Let's turn to Psalm 51 for just a moment. There are many verses in the Scripture that speak about praise and adoration and

우리가 엘리야와 같기를 원하십니다. 그를 신뢰하기를 원하십니다. 기도에 있어서 능력있기를 원하십니다. 어떻게 우리가 그것을 할 수 있습니까? 능력있고 효과적인 기도의 몇가지 기본적인 요소들을 생각해 봅시다.

1. 겸손과 상한 마음

첫번째는 겸손과 상한 마음입니다. 시편 51 : 17에서 우리는 하나님이 받으시는 제사를 알게 됩니다. 즉 상한 심령입니다. "하나님이여 상하고 통회하는 마음을 주께서 멸시치 아니하시리이다."

성경에서 능력있고 효과적인 기도의 사람들은 겸손한 사람들입니다. 그들은 하나님 앞에서 깨어진 사람들입니다. 하나님 앞에서 그들을 낮춥니다. 느헤미야건 다니엘이건 예수님이건 예수님의 어머니 마리아이건, 그들은 하나님 앞에서 겸손합니다. 저는 느헤미야가 하나님께 구했을 때 그것은 느헤미야 자신의 계획이 아니었음을 확신합니다. 느헤미야는 왕의 술 맡은 관원장으로 매우 편안하게 생활하였고 중요한 사람이었습니다. 그러나 몇일 동안 하나님과의 깊은 교제 후에, 하나님은 그에게 지도자가 되어 예루살렘 성벽을 건축하는 비젼을 주셨습니다. 우리는 이번 주가 끝나기 전에 느헤미야를 좀더 연구할 것입니다.

우리는 무릎을 꿇고 시작해야 합니다. 하나님 앞에 엎드려 시작해야 합니다. 단지 육체적 모양 만이 아닙니다. 겸손과 상한 마음을 말합니다. 완전히 무력하여 하나님을 의지하려는 것입니다. 그것이 우리가 시작하는 곳입니다.

2. 찬양, 숭배, 경배

두번째는 찬양과 숭배와 경배입니다. 잠시 시편 51편을 펴 봅시다. 성경에는 찬양과 숭배와 경배에 관한 많은 구절들이 있습니다. 그러나 시편 51 : 15을 살펴봅시다. 이것은 놀라운 절입니다.

worship. But let's share Psalm 51 : 15. That's a wonderful verse, isn't it?

O Lord, open my lips,
And my mouth will declare Your praise.

The prayer of Nehemiah began with worship. With adoration. Praise. The prayer that Jesus taught His disciples to pray begins with praise and adoration and worship.

Our Father who art in heaven,
Hallowed be thy name.

As we know, it's a very powerful element of prayer. To humble ourselves before God. And to worship Him. As Isaiah saw Him 'high and lifted up.' When we see the Lord high and lifted up, it is not very difficult to humble ourselves. When we compare ourselves with each other, it's easy to become proud. When we come into the presence of a Holy God, the Creator of all the universe. When we see Him high and lifted up, and we compare ourselves to Him, we are like Isaiah. We are humbled before Him. We feel we are people of unclean lips and uncleaned hearts. And we need to be cleansed.

3. Confession and Repentance

That leads us to a third basic element of powerful and effective prayer. It is the element of confession, the element of repentance. Whenever we come into the presence of God, it helps us reestablish our communion with God. It helps us

주여, 내 입술을 열어 주소서
내 입이 주를 찬송하여 전파하리이다

느헤미야의 기도는 경배로 시작했습니다. 숭배와 찬양으로 시작했습니다. 예수님이 제자들에게 가르치신 기도는 찬양과 숭배와 경배로 시작합니다.

하늘에 계신 우리 아버지,
이름이 거룩히 여김을 받으시오며.

우리가 아는 바와 같이, 하나님 앞에서 겸손한 것과 그를 예배하는 것은 매우 능력있는 기도의 요소입니다. 이사야가 높고 승귀하신 그를 보았을 때와 같이 말입니다. 우리가 높고 승귀하신 주님을 볼 때, 우리 자신을 낮추는 것이 그렇게 어렵지 않습니다. 그러나 우리가 우리 자신을 다른 사람들과 비교할 때, 교만해지는 것은 쉽습니다. 우리가 온 우주의 창조주이신 거룩하신 하나님 존전에 나아갈 때, 우리가 높고 승귀하신 그를 보고 우리 자신을 그와 비교할 때, 우리는 이사야와 같이 됩니다. 우리는 그 앞에서 겸손하게 됩니다. 우리는 우리가 부정한 입술과 깨끗하지 못한 마음의 사람임을 느낍니다. 그리고 우리는 깨끗함을 받아야 한다고 느낍니다.

3. 고백과 회개

그것은 우리를 능력있고 효과적인 기도의 세번째 요소로 이끕니다. 그것은 고백이라는 요소입니다. 회개라는 요소입니다. 우리가 하나님의 존전에 나아갈 때마다, 그것은 우리가 하나님과의 교제를 재확립하도록 도와줍니다. 그것은 우리가 하나님과 올바른 방향으로 가는 것을 재확립하도록 도와줍니다. 우리의 눈이 그에게 촛점을 맞추도록 도와줍니다. 우

reestablish that we're going the right direction with God. That our eyes are focused upon Him. That our feet are turned to follow Him. And that we are willing to follow Jesus, as Lord.

4. Helplessness and Dependency on God

There is a fourth basic element of powerful prayer. That is dependency upon God. In John 15:5, Jesus spoke about this. You remember, He said, "I am the vine and you are the branches. He, who abides in Me and I in him the same bringeth forth much fruit. For without Me you can do nothing." It's a wonderful way to pray: "Lord, I am helpless. Lord, I am dependent upon you. Lord, unless You do it, it cannot be done." I have found this kind of praying to be so helpful in the pastorate.

So many times pastors are called to situations of emergency. When I was a pastor, I never liked the phone ringing in the middle of night. I always hoped and prayed that it was a wrong number, because I knew if it wasn't it was an emergency. Someone was in desperate need. Someone was dying. Someone's son had just been killed in a motorcycle accident. A daughter had run away. A husband had left his wife. Some kind of major crisis had come. And the people were calling, and they wanted their pastor to come and help them. So often I found my heart was breaking. I didn't know what to say. And I didn't know what to do. When I would get in my car and begin to drive to the hospital or drive to the home or wherever the crisis was taking place, I would cry out to God, "Lord, help! I don't know what to say. I don't know what to do. Lord, help!" God always

리의 발이 그를 따르도록 도와줍니다. 그리고 우리가 기꺼이 주님되신 예수님을 따르도록 도와줍니다.

4. 무력함과 하나님께 의지함

능력있는 기도의 네번째 요소가 있습니다. 그것은 하나님께 의지하는 것입니다. 요한복음 15 : 5에서 예수님은 이것에 관해 말씀하십니다. 여러분은 예수님이 "나는 포도나무요 너희는 가지니 저가 내 안에 내가 저 안에 있으면 이 사람은 과실을 많이 맺나니 나를 떠나서는 너희가 아무 것도 할 수 없음이라"라고 말씀하신 것을 기억합니다. 이것은 기도의 놀라운 방법입니다 : "주님, 저는 무력합니다. 주님, 저는 주님께 의지합니다. 주님, 당신이 그것을 하지 않으면 이루어질 수 없습니다." 저는 이런 종류의 기도가 목회사역에서 매우 도움이 된다는 것을 발견했습니다.

목회자들은 매우 자주 위급한 상황에 부름을 받습니다. 제가 목회자였을 때, 저는 한밤중에 걸려오는 전화를 아주 싫어했습니다. 저는 그것이 잘못 걸려온 전화이기를 항상 바라며 기도했습니다. 저는 그것이 위급상황인지 아닌지 알았기 때문입니다. 어떤 사람은 절망적인 위기에 있었습니다. 어떤 사람은 죽어가고 있었습니다. 어떤 사람의 아들은 오토바이 사고로 죽었습니다. 딸이 가출했습니다. 남편이 아내를 떠났습니다. 어떤 종류의 중요한 위기가 닥쳐왔습니다. 그리고 그 사람들은 그들의 목회자를 부르고 있었고 와서 도와주기를 원했습니다. 저는 매우 자주 제 마음이 깨어지는 것을 발견했습니다. 저는 무엇을 말해야 할 지 몰랐습니다. 무엇을 해야 할 지도 몰랐습니다. 저는 차에 타서 호텔로 운전하기 시작했을 때, 또는 집으로 올 때, 또는 위기가 발생하는 곳은 어디에서든지, 하나님께 부르짖곤 했습니다 : "주여, 저를 도와주소서. 저는 무엇을 말해야 할 지 모릅니다. 무엇을 해야할 지도 모릅니다. 주여, 저를 도와주소서." 하나님은 항상 매우 놀라운 방법으로 그 기도에 응답하셨습니다. 종종 사람들은 말합니다 : "목사님, 당신은 어떻게 그런 적절한 말씀

answered that prayer in a most remarkable way. Often people would way, "Pastor, how would you know just the right thing to say? How did you know just the right thing to do?" I would tell them the truth, "I didn't know. But God knew. I asked for His help. And He gave me His help."

As you know, friends, prayer is that practical. God wants to help us do His will. It is marvelous to realize without Him, we can do nothing. But in contrast, the apostle Paul wrote to the Philippian Christians. "I can do all things through Christ, who gives me the power." Philippians 4 : 13. That's a wonderful, wonderful promise of God. Alone we cannot do it. With Christ we can do anything He calls us to do. Praise be to God.

5. Simplicity and Openness to God

Let us turn to Philippians 4 for just a moment. For there is a fifth principle of powerful and effective prayer. I would call it simplicity. Openness to God. Prayer is not complicated. When people try to make prayer complicated, they are abusing prayer. Prayer is very simple. Even a child can understand prayer. Even those who are mentally retarded can understand prayer.

I have a very dear friend who's mentally retarded. He is a man in thirty years of age. But he has the mind of a child of six or seven. He is a powerful man of prayer. We were prayer partners for years. I'd love to get together with Steve and pray. He had childlike faith. He believed the promise of God. He didn't have any hidden agendas. He wanted God's will to be done. He believed God could do anything. And soon, word spreading all over that large church, "If you

을 하십니까? 어떻게 그런 적절한 일을 하십니까?" 저는 사실을 말합니다 : "저는 몰랐습니다. 그러나 하나님은 아셨습니다. 저는 그의 도움을 구했습니다. 그랬더니 그는 제게 도움을 주셨습니다."

여러분이 아는 바와 같이, 기도는 이렇게 실제적입니다. 하나님은 우리가 그의 뜻을 실천하기를 돕기 원하십니다. 그가 없이는 아무것도 할 수 없다는 것을 깨닫는 것은 놀랍습니다. 그러나 반대로 바울 사도는 빌립보 교인들에게 다음과 같이 편지를 썼습니다 : "내게 능력 주시는 자 안에서 내가 모든 것을 할 수 있느니라." 빌립보서 4 : 13입니다. 이것은 하나님의 놀랍고 놀라운 약속입니다. 우리 홀로는 그것을 할 수 없습니다. 그리스도와 함께할 때, 우리는 하도록 부름받은 어떤 일이라도 다 할 수 있습니다.

5. 단순성과 하나님께 열린 마음

잠시 빌립보서를 펴 봅시다. 거기에는 능력있고 효과적인 기도의 다섯 번째 원칙이 있습니다. 저는 그것을 단순성이라고 부릅니다. 하나님께 열린 마음이라고 부릅니다. 기도는 복잡하지 않습니다. 기도를 복잡하게 만들려고 한다면 기도를 오용하고 있는 것입니다. 기도는 매우 단순합니다. 심지어 어린아이도 기도를 이해할 수 있습니다. 심지어 정신박약자들도 기도를 이해할 수 있습니다.

저에겐 정신 박약자인 매우 사랑하는 친구가 있습니다. 그는 30세의 남자입니다. 그러나 그는 6세 내지 7세 아이의 정신능력을 가지고 있습니다. 그러나 그는 능력있는 기도의 사람입니다. 우리는 오래동안 기도의 파트너였습니다. 저는 스티브와 함께 기도하는 것을 좋아했습니다. 그는 어린아이와 같은 믿음이 있었습니다. 그는 하나님의 약속을 믿었습니다. 그에겐 어떤 숨겨진 의제가 없었습니다. 그는 하나님의 뜻이 이루어기기를 원했습니다. 하나님은 무엇이든지 다 할 수 있다고 믿었습니다. 그러자 그의 소문이 모든 큰 교회 마다 다 퍼졌습니다. "당신이 누군가

want someone to pray for you, go to Steve. He is a man of great prayer."

Prayer is simple. Prayer is powerful because prayer depends upon God. Let us read Philippians 4 : 6～7.

> Do not be anxious about anything, but in everything, by prayer and petition, with thanksgiving, present your requests to God. And the peace of God, which transcends all understanding, will guard your hearts and your minds in Christ Jesus.

Don't worry about anything. Instead, pray about everything. Isn't that a wonderful way to live? We don't have to worry. Instead, we can pray. Tell God your needs. Now notice the Scripture says, "Tell God your needs." As we've said it doesn't say, "Tell God your solutions." Tell God your needs and then don't forget to thank Him when He answers. If you'll follow these simple steps, you will have God's peace which is far more wonderful than the human mind can understand. And His peace will keep your thoughts quite and at rest as you are trusting in Christ Jesus.

Friends, that is very simple. It's also very, very powerful. The key is to come to God like a simple child. To share our need. To receive His answers. To thank Him for His answers. And to enjoy His peace that passes all understanding. To have quiet and peaceful hearts as we trust in Christ Jesus. And that is the next key element to number 6, is trust, faith, obedience, surrender.

당신을 위해 기도해 주기를 원한다면 스티브에게 가라. 그는 위대한 기도의 사람이다."

기도는 단순합니다. 기도는 능력이 있습니다. 기도는 하나님께 의지하기 때문입니다. 빌립보서 4 : 6~7을 읽어봅시다.

아무것도 염려하지 말고 오직 모든 일에 기도와 간구로 너희 구할 것을 감사함으로 하나님께 아뢰라 그리하면 모든 지각에 뛰어난 하나님의 평강이 그리스도 예수 안에서 너희 마음과 생각을 지키시리라

아무것도 염려하지 마십시요. 대신에 기도하십시요. 이것이 살아가는 놀라운 방법이 아닙니까? 우리는 걱정할 필요가 없습니다. 대신에 기도할 수 있습니다. 하나님께 여러분의 필요를 말하십시요. 성경말씀이 "너희 구할 것을 하나님께 아뢰라"고 한 것을 주목해 봅시다. 우리가 이미 말한 것처럼, 성경은 "너희 해결책을 하나님께 아뢰라"고 하지 않았습니다. 여러분의 필요한 것들을 하나님께 말씀드리고, 그가 응답하실 때 감사드리는 것을 잊지 마십시요. 여러분이 이 간단한 절차를 따른다면 모든 지각에 뛰어난 하나님의 평강을 갖게 될 것입니다. 그리고 충만한 그의 평강이 여러분의 생각을 지킬 것입니다. 그것도 평안한 쉼 가운데서 말입니다. 여러분이 예수 그리스도를 신뢰하고 있을 때 말입니다.

여러분, 그것은 매우 간단합니다. 또한 매우 매우 능력있습니다. 핵심은 우리가 순진한 어린아이처럼 하나님께 가는 것입니다. 우리의 필요를 나누는 것입니다. 그의 응답을 받는 것입니다. 그 응답에 대해 그에게 감사드리는 것입니다. 그리고 그의 평강을 즐기는 것입니다. 그 평강은 모든 지각을 뛰어넘습니다. 그평강은 조용하고 평안한 마음을 갖습니다. 우리가 예수 그리스도를 신뢰할 때 말입니다.

6. Faith, Trust, Surrender and Obedience

I believe many Christians need to take a handkerchief out of their pocket purse. Just like an army surrendering, they need to raise their white handkerchief and wave it to God. Just say, "Lord, I give up. I surrender. I will stop struggling. I will stop fighting. I will stop lusting for my own desires. Lord, I surrender to You. Thy will be done. Thy kingdom come. Through me." What a way to live! What a wonderful way to pray! That's why Jesus shared in John 14 the wonderful verses 13~14 we spoke about a few moments ago. That if we ask anything in His name, He will do it.

7. Communion —Praying without Ceasing and life Style

There's one final element of powerful prayer. Of course, you may want to add some other elements to it. It's one of the most difficult verses in the Bible to understand. But it is so marvelous when we understand it. It is found in 1 Thessalonians 5. Most of you have memorized 1 Thessalonians 5: 17, "Pray continually. Pray without ceasing."

How can you do that? As a pastor I've had people ask that of me many, many times. "How can I spend all my time praying? If I prayed continually, I couldn't go to work in the morning. I couldn't support my family. They won't let me pray, I am a salesman. I have to be talking to people about my product. How can I pray without ceasing? How can I pray continually?"

We are back to our basic word about prayer. Prayer is communication. Yes, but the deepest kind of communication is communion. Prayer is continually communing with God. Being in communion with God every minute of every day.

6. 믿음, 신뢰, 굴복, 복종

그리고 이것은 다음 여섯번째의 핵심요소입니다. 그것은 신뢰입니다. 믿음이며 복종이며 굴복입니다.

저는 많은 그리스도인들이 지갑에서 손수건을 꺼낼 필요가 있다고 믿습니다. 군대가 항복하는 것과 같이 많은 사람들이 하얀 손수건을 들고 하나님께 흔듭니다. 그리고 말합니다. "주여, 저는 포기합니다. 굴복합니다. 다툼을 멈추겠습니다. 싸움을 멈추겠습니다. 나 자신의 욕구들을 갈망하지 않겠습니다. 주여, 저는 당신께 굴복합니다. 당신의 뜻이 이루어지소서. 당신의 나라가 임하옵소서. 저를 통해서 말입니다." 얼마나 놀라운 삶의 방법입니까! 일마나 놀라운 기도의 방법입니까! 이것이 바로 예수님이 요한복음 14장에서 그것을 말씀하신 이유입니다. 그 놀라운 14절과 15절이 몇분 전에 그것에 관해 말했습니다. 우리가 그의 이름으로 무엇을 구하든지 그가 시행하시리라는 것 말입니다.

7. 교제 — 끊임없는 기도와 삶의 형태

능력있는 기도의 마지막 요소가 있습니다. 물론 여러분은 몇가지 다른 것들을 첨가할 수 있습니다. 그것은 성경에서 가장 이해하기 어려운 절들 중 하나입니다. 그러나 그것은 우리가 이해한다면 매우 놀라운 것입니다. 그것은 데살로니가전서 5장에 있습니다. 여러분 중 대부분은 데살로니가전서 5 : 17을 암기하고 있을 것입니다. "항상 기도하라. 쉬지 말고 기도하라."

여러분은 어떻게 그렇게 할 수 있습니까? 목회자로서 저는 사람들에게서 그 질문을 여러번 받았습니다. "난 어떻게 모든 시간을 기도하는데 쓸 수 있나? 내가 계속 기도한다면 아침에 출근할 수 없을 텐데. 내 가족을 부양할 수도 없고. 그들은 나로 기도하게 하지만 난 세일즈맨인데. 난 내 물건에 관해 사람들에게 이야기해야 한단 말이야. 어떻게 끊임없이 기도할 수 있나? 어떻게 계속 기도할 수 있나?"

For most of us that begins early in the morning. And reestablishing that communion with God, recommitting ourselves again to be going the right direction. That's why the apostle Paul said, "I die daily. I die to myself every day. Then I follow Jesus."

We are in communion with Him. It is a wonderful thing to live in the life of communion with God. To pray without ceasing. For prayer to become the very heart of our lifestyle. To live in the presence of Jesus. To live by the power of the Holy Spirit. We overflow in praise. That's another wonderful verse on this subject.

Turn over a few pages to Hebrews 13 : 15. And again this is a wonderful verse that many of us memorized.

Through Jesus, therefore, let us continually offer to God a sacrifice of praise — the fruit of lips that confess his name.

What a wonderful way to live! To be living in communion with God. To be praying without ceasing. To be continually offering to God the sacrifice of praise. People who live that way never need to worry about a critical spirit. Christians who live that way will never be destructive. When we are in communion with God. When we live our lives in the presence of God. When we are allowing Jesus to be the Lord of our lives. When the Holy Spirit is continually controlling our lives. When the fruit of the Spirit are flowing from our lives. When we are abiding in Christ, and He is abiding in us, we will bear much fruit. And our lives cannot help but overflow with praise, worship, and thanksgiving.

우리는 기도에 관한 기본적인 단어로 돌아갑니다. 기도는 대화입니다. 그렇습니다. 그러나 가장 깊은 종류의 대화는 교제입니다. 기도는 계속적인 하나님과의 교제입니다. 매일 모든 순간에 하나님과 교제 안에 있는 것입니다. 우리들 대부분은 아침에 그 교제를 시작합니다. 그리고 하나님과의 그 교제를 재확립합니다. 바른 방향으로 가도록 우리 자신을 재의탁합니다. 그것이 다음과 같이 바울 사도가 말한 이유입니다 : "나는 매일 죽는다. 나는 매일 나 자신을 죽인다. 그리고 예수님을 따른다"

우리는 그와 교제 안에 있습니다. 하나님과 교제의 삶을 사는 것은 놀랍습니다. 끊임없이 기도하는 것은 놀랍습니다. 기도가 우리 삶의 형태의 핵심부분이 되는 것은 놀랍습니다. 예수님의 임재 안에 있는 것은 놀랍습니다. 성령의 능력으로 사는 것은 놀랍습니다. 우리는 찬양으로 넘칩니다. 이것이 그 주제에 대한 또다른 놀라운 구절입니다.

몇 페이지를 넘겨 히브리서 13 : 15을 펴봅시다. 이것은 우리 중 많은 사람들이 암송하는 놀라운 절입니다.

이러므로 우리가 예수로 말미암아 항상 찬미의 제사를 하나님께 드리자 이는 그 이름을 증거하는 입술의 열매니라

얼마나 놀라운 삶의 방법입니까! 하나님과 교제 안에 사는 것 말입니다. 끊임없이 기도하는 것 말입니다. 계속 찬미의 제사를 하나님께 드리는 것 말입니다. 이런 방식으로 사는 사람들은 비판적인 영에 대해 걱정할 필요가 전혀 없습니다. 이런 방식으로 사는 그리스도인들은 결코 파괴적이지 않습니다. 우리가 하나님과 교제 안에 있을 때, 우리가 하나님의 임재 안에서 삶을 살 때, 우리가 예수님을 우리의 삶의 주인이 되도록 허락할 때, 성령께서 항상 우리의 삶을 통제하실 때, 성령의 열매가 우리 삶에서 넘쳐날 때, 우리가 그리스도 안에 거하고 그리스도께서 우리 안에 거하실 때, 우리는 많은 열매를 맺을 것이며, 우리의 삶은 찬양과 경

That's why it's so exciting for Christian brothers and sisters to come together to worship. People who live that kind of lifestyle. When they come together to worship with other Christians is a foretaste of what heaven is going to be like. I am convinced that a Christian worship service is the closest environment to heaven that we can experience on earth. People who are continually offering praise to God, coming and doing it corporately. Some do it quietly, some do it with great emotion and exuberance. Most of us do a combination of both, but the important thing is our hearts are reaching to God in praise and worship and thanksgiving. And our hearts are in communion with God.

In the Christian church, we gather together for a communion service. Jesus said we should do it until He comes. We should be reminded of His shed blood for the remission of our sins. We should be reminded of His body broken for us. And we should do it as an opportunity to examine our hearts and to make sure that we are cleansed and forgiven.

The communion service is one of the highest expressions of worship. But we do not have to wait for a communion service to commune with God. We can do it continually. And we can live the life of praise and worship continually. Praise God for the wonderful privilege!

F. The power of Corporate Prayer

Finally, there is the power of corporate prayer. I find that most Christians in the United States do not understand this principle at all. When I invite them to prayer meetings in the church, they usually use the same excuse. They say, "Pastor,

배와 감사로 넘쳐나게 될 것입니다.

이것이 그리스도인 형제 자매들이 함께 모여 예배하는 것이 매우 흥분되는 이유입니다. 이런 종류의 삶의 형태를 사는 사람들이 다른 그리스도인들과 함께 모여 예배드리는 것은 천국을 미리 맛보는 것과 같습니다. 저는 기독교 예배가 우리가 지상에서 경험할 수 있는 천국에 가장 가까운 환경이라고 확신합니다. 계속 하나님께 찬양을 드리는 사람들이 있습니다. 함께 모여 찬양을 하는 사람들이 있습니다. 어떤 사람들은 조용히 찬양을 합니다. 어떤 사람들은 격렬한 감정으로 찬양을 합니다. 우리들 대부분은 두 방식을 모두 취합니다. 그러나 중요한 것은 우리의 마음이 하나님께 도달하는 것입니다. 찬양과 경배와 감사에서 말입니다. 그리고 우리의 마음은 하나님과 교제 가운데 있습니다.

기독교회에서 우리는 공중예배를 위해 함께 모입니다. 예수님은 그의 재림 때까지 우리가 이 예배를 드려야 한다고 말씀하셨습니다. 우리는 우리의 죄를 용서하기 위해 흘리신 그의 피를 기억해야 합니다. 우리를 위해 찢으신 그의 몸을 기억해야 합니다. 그리고 우리는 우리의 심령을 살피는 기회로서 예배를 드려야 합니다. 또한 우리가 깨끗이 되었고 용서받았는가를 확인하는 기회로서 예배를 드려야 합니다.

공중예배는 예배의 가장 고귀한 표현들 중에 하나입니다. 그러나 우리는 하나님과 교제하기 위하여 공중예배를 기다릴 필요는 없습니다. 우리는 계속 그것을 할 수 있습니다. 그리고 우리는 끊임없이 찬양과 경배의 삶을 살 수 있습니다. 이 놀라운 특권을 주신 하나님을 찬양합니다!

F. 합심기도의 능력

마지막으로, 합심기도의 능력이 있습니다. 저는 대부분의 미국 그리스도인들이 이 원칙을 전혀 이해하지 못한다고 생각합니다. 제가 그들을 교회의 기도모임에 초대하면, 그들은 보통 똑같은 변명을 사용합니다.

why do I need to come to a prayer meeting at church to pray? I can pray at home. I can pray at work. I can pray anywhere." But the question is "Do they?"

And the second question is there is certainly an important place for personal prayer. The effectual fervent prayer of one person can make a difference. But there is great potential power in corporate prayer.

Let's turn again to Matthew 18. Dr. Kwon will read verses 18~20.

> I tell you the truth, whatever you bind on earth will be bound in heaven, and whatever you loose on earth will be loosed in heaven. Again, I tell you that if two of you on earth agree about anything you ask for, it will be done for you by my Father in heaven. For where two or three come together in my name, there am I with them.

I tell you if two of you on earth agree about anything you ask for, it will be done for you by my Father in heaven. What a wonderful promise! God desires for Christians to come and to be together.

There is something very powerful about a group of Christians coming together to pray. As we know, that's how the church was born. Jesus didn't send His followers home to pray in their separate homes. He told them to gather in one place and one accord. They prayed together. They were in communion with God. But they were also in communion with each other. That is a most powerful kind of prayer. For two or three or tens or hundreds or thousands to agree to-

그들은 말합니다. "목사님, 제가 왜 교회의 기도모임에 와야합니까? 전 집에서 기도할 수 있습니다. 전 직장에서도 기도할 수 있습니다. 전 어디서나 기도할 수 있습니다." 그러나 문제는 "그들이 정말 기도하는가?"에 있습니다.

두번째 문제는 개인적인 기도를 위한 어떤 중요한 장소가 있다는 것입니다. 한 사람의 효과적이고 강렬한 기도는 중요합니다. 그러나 합심기도의 놀라운 잠재적인 힘이 있습니다.

마태복음 18장을 펴봅시다. 권 박사님께서 18~20절을 읽어 주시겠습니다.

진실로 너희에게 이르노니 무엇이든지 너희가 땅에서 매면 하늘에서도 매일 것이요 무엇이든지 땅에서 풀면 하늘에서도 풀리리라 진실로 다시 너희에게 이르노니 너희 중에 두 사람이 땅에서 합심하여 무엇이든지 구하면 하늘에 계신 내 아버지께서 저희를 위하여 이루게 하시리라 두 세 사람이 내 이름으로 모인 곳에는 나도 그들 중에 있느니라

"너희에게 이르노니 너희 중에 두 사람이 땅에서 합심하여 무엇이든지 구하면 하늘에 계신 내 아버지께서 저희를 위하여 이루게 하시리라." 얼마나 놀라운 약속입니까! 하나님은 그리스도인들이 와서 함께 기도하기를 원하십니다.

함께 기도하는 그리스도인들 모임에는 매우 능력있는 뭔가가 있습니다. 우리가 아는 바와 같이, 그것이 교회가 생겨난 방식입니다. 예수님은 그를 따르는 자들이 각각의 집에서 기도하도록 보내시지 않았습니다. 그는 그들이 한 장소에서 한 마음으로 모이라고 말씀하셨습니다. 그들은 함께 기도했습니다. 그들은 하나님과 교제 안에 있었습니다. 그러나 그들은 또한 서로서로 교제하였습니다. 그것은 일종의 매우 능력있는 기도

gether in prayer. The church was born in such a prayer meeting. All through history we see that pattern being followed. Whenever there've been great movements of the Holy Spirit. Whenever there've been periods of great revival. Whenever there've been powerful spiritual awakenings. They've come as a result of corporate prayer meetings.

Friends, we need to practice corporate prayer. Again, I am so blessed by the Korean Church. We are so blessed by the tens of thousands of you who gather early in the morning to pray together. No wonder God's blessing has been upon the church in Korea. No wonder God's blessing has been on Korea in so many ways. I commend you, but I also encourage you to keep on keeping on. To keep praying. And to keep praying together according to the will of God.

G. Practicing Prayer in our Lives

Now we come to our final subject of today. Practicing prayer in our own lives. I would like to close this session in the same way we closed the session this morning, except I would specifically ask that we may close with a session of silent prayer. There is a place for praying aloud. Normally I would recommend that we would pray aloud and we would pray corporately.

But after a day like this, I think it's important for each of us to build a sanctuary in our own hearts and to just draw apart from the people who are seated around you. Not to move to another seat. But to just remain where you are. But just to come into the presence of God. And to focus upon Him. And to ask a very important question. "Lord, what

입니다. 둘 또는 셋 또는 수십명 또는 수백명 또는 수천명의 사람들이 기도 안에서 함께 일치하는 것 말입니다. 교회는 그러한 기도모임에서 생겨났습니다. 역사 전체를 통하여 우리는 그러한 패턴이 계속되는 것을 봅니다. 성령의 큰 운동이 있었을 때마다, 대부흥의 기간 때마다, 능력있는 영적 각성이 있었을 때마다, 그것들은 합심기도모임의 결과로 생겨난 것입니다.

여러분, 우리는 합심기도를 해야 합니다. 저는 한국교회로부터 복을 받습니다. 우리는 아침 일찍 일어나 함께 기도하는 수십만의 한국사람들로부터 매우 많이 복받습니다. 의심할 여지 없이 하나님의 복이 한국의 교회에 임하고 있습니다. 확실히 하나님의 복이 여러 방식으로 한국에 임했습니다. 저는 여러분을 칭찬합니다. 그러나 저는 또한 여러분이 계속 그렇게 하시기를 격려합니다. 계속 기도하시기를 격려합니다. 그리고 함께 기도하기를 격려합니다. 하나님의 뜻에 따라서 말입니다.

G. 기도의 실천

지금 우리는 오늘의 마지막 주제까지 왔습니다. 우리 삶에서 기도를 실천하는 것 말입니다. 저는 오늘 아침 강의를 끝냈던 방식으로 이 강의도 마치고 싶습니다. 우리가 조용한 기도로 마치도록 특별히 요청받은 것을 제외하고 말입니다. 통성으로 기도하는 장소가 있습니다. 보통 저는 우리가 크게 그리고 함께 기도하기를 추천합니다.

그러나 이 같은 날 후에 저는 우리 각자가 자신의 마음 안에 성전을 건축하는 것이 중요하다고 생각합니다. 그리고 여러분 주위에 앉아있는 사람들로부터 마음을 집중하는 것이 중요하다고 생각합니다. 다른 자리로 가지 마시고, 지금 있는 곳에 머무십시오. 그러나 하나님의 존전으로 가십시오. 그에게 촛점을 마추십시오. 그리고 매우 중요한 이 질문을 하십시오 : "주여, 당신은 기도에 관해 제게 무엇을 가르쳐 주기를 원하십니

would You want to teach me about prayer?" For the most powerful and effective person of prayer in this room can become even more powerful and more effective, as we let the Holy Spirit teach us more of how to pray. So I would ask we would take just a few minutes. I am going to pray for you now, and then when you're done praying where you are sitting, then you may slip out and be on your way. We hope you'll drive safely. Look forward to sharing with you tomorrow.

Let us bow our heads and hearts together now.

Our Father and our God,
We would remember the words of your disciples.
When they said to our Lord Jesus, "Lord, teach us to pray,"
O Lord, I acknowledge I'm in the midst of a praying people.

But Lord, may none of us be satisfied.
May we continue to learn to pray even more powerfully,
And even more effectively.
And may we be an encouragement to others,
So they also may be more effective and powerful in prayer.
So Lord, teach us to pray.
And Lord, teach us to be more faithful in Your Word.
May we know the great power
And potential of these spiritual disciplines,
The spiritual discipline of the Word of God,
The spiritual discipline of prayer.

까?" 왜냐하면 우리가 성령께서 우리에게 기도하는 방법을 더 많이 가르쳐 주시도록 허용한다면, 이 강의실에 있는 가장 능력있고 효과적인 기도의 사람이라도 훨씬 더 능력있고 효과적인 기도의 사람이 될 수 있기 때문입니다. 그래서 저는 우리가 몇분간 휴식할 것을 부탁합니다. 제가 지금 여러분을 위해 기도하겠습니다. 그리고 여러분은 앉아 계신 곳에서 기도를 마치시면 이곳을 빠져나가 여러분의 목적지로 가셔도 좋습니다. 우리는 여러분이 안전하게 운전하시기를 원합니다. 여러분과 내일 만나기를 기대합니다.

다같이 머리 숙여 함께 기도합시다.

우리의 아버지 하나님,
우리는 당신의 제자들의 말씀을 기억합니다.
그들이 "주여, 우리에게 기도를 가르쳐 주소서"라고 말했을 때를 기억합니다.
오 주님, 저는 제가 기도하는 사람들 중에 있음을 인정합니다.
그러나 주님, 우리 중 아무도 만족하지 않습니다.
우리가 더욱 능력있는 기도를,
더욱 효과적인 기도를 계속 배우도록 하소서.
그리고 우리가 다른 사람들에게 격려가 되어,
그들 또한 기도에서 더욱 능력있고 효과있게 하소서.
주님, 우리에게 기도를 가르쳐 주소서.
주님, 우리가 당신의 말씀에 더욱 충실하도록 가르쳐 주소서.
그래서 우리가 이 영성훈련의 놀라운 능력과 잠재력을,
하나님 말씀의 영성 훈련의 놀라운 능력과 잠재력을,
기도의 영성 훈련의 놀라운 능력과 잠재력을 알게 하소서.
주님, 우리가 우리의 삶을 주님께 의탁합니다.
우리의 가족을 주님께 의탁합니다.

So Lord, we commit our lives to You.
We commit our families to You.
We commit our ministries to You.
We pray these things in the name of Jesus.
Amen.

우리의 사역을 주님께 의탁합니다.
이 모든 것을 예수님의 이름으로 기도합니다.
아멘.

크리스챤의 영성계발(상권)

1993년 8월 5일 초판 발행
2002년 3월 15일 초판 8쇄 발행

지은이 • 폴 시다 박사
발행인 • 김수곤
발행처 • 선교횃불
등록일 • 1997년 9월 21일 제54호
등록주소 • 서울시 송파구 삼전동 103번지
전　화 • (02)2203-2739
팩　스 • (02)2203-2738

총　　판 • 선교횃불